벼랑 끝
활주로

CLIFF-END RUNWAY

벼랑 끝
활주로

초판 1쇄 발행 2020년 3월 30일

지 은 이 김순복
발 행 인 권선복
편 집 오동희
디 자 인 김소영
전 자 책 서보미
마 케 팅 권보송
발 행 처 도서출판 행복에너지
출판등록 제315-2011-000035호
주 소 (157-010) 서울특별시 강서구 화곡로 232
전 화 0505-613-6133
팩 스 0303-0799-1560
홈페이지 www.happybook.or.kr
이 메 일 ksbdata@daum.net

값 16,000원

ISBN 979-11-5602-794-2 (03190)

Copyright ⓒ 김순복, 2020

가장 결정적인 순간, 1%의 용기를 보태는
세상을 향한 그녀의 벼랑 끝 메시지!

벼랑 끝
활주로

CLIFF-END RUNWAY

김순복 지음

도서
출판 행복에너지

"벼랑 끝 활주로로 뛰어오를 가장 결정적인 순간의 1%의 용기를 보태드립니다."

꿈을 꾸는 자! 도전하는 자의 심장은 늙지 않는다. 긍정과 열정의 에너지로 늙지 않는 심장으로 힘차게 도전! 도전! 도전하자. 꼭 필요한 1%의 용기를 보태니 일단 도전해보라. 그리고 당당하게 마음껏 나아가라. 가슴을 활짝 열고 가슴에 태양을 담아 미래에 대한 기대감으로 심장의 고동소리를 마음껏 심취해 보라. 새벽으로 향하고 있는 정적이 흐르고 있는 지금, 독자와 만날 기대감으로 두근두근 들떠서 뛰고 있는 심장소리에 가슴 벅찬 미소가 지어진다. 책들이 빼곡하게 쌓인 책장과 마주하고 앉아 열심히 살아온 지난날들의 필름을 보면서 뿌듯한 감정으로 가슴이 충만해져 온다. 탈고를 막 마치고 출판사에 최종 원고를 보내려 하니 눈시울이 붉어지고 기분이 묘하다. 딸을 시집보낼 때 이런 기분일까?

"강사님! 앞으로 100년 동안 강의하실 건가요?"
"강의를 못 하게 되는 날부터는 제 책으로 대신하겠습니다."

이제는 청중에게 약속했던 강의 A/SAfter-Sales Service 100년의 약속을 지킬 수 있을 것 같다. 공무원 퇴직한 지 1년이 지나 현직이 아님에도 불구하고 지금까지도 경기도교육청 내부강사로 직무강의 했던 것에 대한 업무문의가 오고 있다. "강의 A/S기간 100년이란 말에 용기를 내서 전화한다."며 해가 몇 번 바뀌어도 문의가 종종 오고 있다. 그런 문의를 받을 때마다 뿌듯하고 기쁘다. 내 전화번호를 저장해 두고 기억해 주고 있으니 이 얼마나 고마운 일인가? 누군가의 기억 속 한자리를 차지하고 있다는 것은 참 뿌듯하고 행복한 일이다.

어릴 적 찌질한 흙수저였던 나는 늘 존재감이 없는 아이였다. 누구 앞에서 말 한마디 제대로 할 줄도 몰랐고, 드넓은 우주에 하나의 흙먼지만큼도 존재가치를 느낄 수 없었다. 가난으로 인해 주눅 들어 불만만 꿀꺽꿀꺽 삼켰기 때문에 그 속에 스스로의 모습까지도 삼켜버려서 나란 존재는 보이지 않았다. 39세에 야간대학에 다니기 시작하면서 세상에 내가 보이기 시작했다. 그 순간부터 이웃들이 눈에 들어오고 세상도 눈에 들어왔다. 39세에 세상에 눈을 뜨고 악착같이 치열하게 한풀이하듯 배움으로 허전함을 가득 채우며 살아왔다. 대학 4년을 전액장학금으로 수석졸업하고 대학원까지 돈을 벌면서 학업을 마쳤다. 하위직 공무원 생활을 하면서 대학 강단에 서기까지 미친 듯이 살아왔다. 너무 씩씩하게 살아서 시험에 말려든 것이었을까? 가족들의 잇따른 죽음의 문턱에서 사투를 벌여야 하는 큰 병으로 자꾸만 옥죄이며 벼랑 끝으로 내몰리기 시작했다. 벼랑 끝에 내몰려 바닥을 경험한 사람들은 더 이상 잃을 것도 무서울 것도 없다. 그러면 그럴수록 한순간도 느슨해지지 않고 악다구니를 물고 세상에 도전장을 내밀며 대들 듯 쌈닭처럼 '그래, 누가 이기나 해보자. 꼭 내 손으로 해내고야 말겠다.'는 다짐을 하며 고삐를 조였다. 거침없이 죽기 살기로 덤비며 나답게 도전하는 것으로 상처받아 쪼그라든 내 마음근육을 스스로 위로했다.

그러다 보니 초강력 태풍을 몰고 온 시련의 검은 그림자까지 긍정과 열정 도전으로 똘똘 뭉쳐 틈을 내어주지 않는 내 앞에서 모두 항복하고 달아났다. 이 세상은 나를 중심으로 돌아간다. 더이상 나는 관객이 아니다. 내 삶의 당당한 주인이다. 벼랑 끝으로 내몰릴수록 숨조차 쉴 수 없을 만큼 가장 힘든 때일수록 가

장 하고 싶었던 일을 찾았다. 가장 행복했던 일 한 가지쯤 하면서 에너지를 분산해야 행복에너지가 생겨 어려움을 이겨낼 수 있다. '어떠한 경우에도 절대 나약해지지 말자.', '어느 한 순간도 틈을 내어 주지 말자.' 틈을 내어주다 보면 도미노처럼 우수수 무너져 내릴 것만 같았다. 모진 시련 속에서도 굴하지 않고 꿋꿋하게 나답게 박차고 일어나 살아갈 수 있는 방법을 이 책 속에 담아 두었다.

『벼랑 끝 활주로』는 총 5장으로 구성했다.

1장은 인고의 세월을 애처롭게 몸부림치면서 피어난 진주 같은 눈물겨운 삶의 스토리를 소개한다. 시련마저도 기쁨과 희망을 주는 행복으로 향하는 통로임을 말해준다. 시련은 견디는 것이 아닌 이겨내는 것임을 그 해법으로 제시하고 있다.

2장은 긍정적 사고와 감사하는 마음이 얼마나 가치 있는 일인지를 말해준다. 인생이란 늦었을 때는 없다. 39세에 뒤늦은 대학 공부를 통해 얻어졌던 행복, 대학교수와 강사가 되기까지 변화된 삶을 통해 위기는 곧 기회임을 말해준다. 실패조차도 즐기며 실패를 발판 삼아 발전된 모습에서 자신을 객관적으로 들여다보게 된다.

　3장은 저자가 사용해 온 써보실 꿈 노트를 통해 꿈을 키우고 삶의 주인공으로 살아갈 수 있는 해법을 제시한다. 저자가 진정성 있는 강사다운 강사가 되기 위해 노력한 여정 속에서 진정한 삶의 주인으로 살 수 있는 방법을 엿볼 수 있다.

　4장은 오늘 하루만 살고 가는 하루살이처럼 치열하게 오늘을 살아가는 방법을 제시하고 있다. 이웃과 세상을 감동시키고 나 스스로를 감동시킬 수 있는 삶! 끌림 속 울림의 행복한 동행 속에서 아름다운 인생의 만남을 전한다.

　5장은 위기에 처해 가장 힘든 때일수록 자신을 벼랑 끝에 세워 운명에 도전장을 내밀 수 있는 배짱을 가질 수 있도록 과감한 용기로 세상과 맞설 수 있는 도전정신을 엿볼 수 있다.

　그동안 마음에 빗장을 채워뒀던 서운함의 무게, 힘들어했던 고통의 무게의 잔재를 이제 그만 벼랑 끝 활주로에 올려 모두 내려놓으려 한다. 고속도로 하이패스를 기분 좋게 시원스레 진입해 통과하던 꿈길의 느낌으로 밝은 긍정의 에너지로 활주로를 마음껏 달릴 것이다.

벼랑 끝 활주로를 통해 용기를 얻고 희망을 가지며 미래에 대한 설렘으로 많은 분들이 터질 듯 부푼 가슴에 행복이라는 두 글자가 선명하게 새겨지길 바라본다.

아직 만나지 못한 미래의 나와 떳떳하게 마주하기 위해 최선을 다해 소신껏 살아온 나에게 응원과 위로의 박수를 보낸다. 지금까지 살아온 내 인생의 파노라마의 필름을 벼랑 끝 활주로에 올려 용기를 얻고 꿈을 얻고 싶은 분들에게 이 책을 배달한다. 다소 위로가 되고 용기를 얻어 희망이 되고 꿈이 되길 바라면서….

2020년 3월 봄기운이 완연한 좋은 날에

행복멘토 **김순복**

진퇴양난의 위기에서 기회를 찾아내고, 파란만장한 인생에서 파란을 일으킬 지혜를 배우며, 절벽 앞의 절망에서 새벽의 희망을 건져올린 가능성의 파수꾼이다. 그녀는 반복되는 우여곡절의 우기와 역경 속에서도 역경을 뒤집어 경력을 만들어낸 희망의 전도사다. 삶이 무료하다고 생각하는 사람, 좌절과 절망 속에서 방황하는 사람, 미래가 보이지 않는다고 불평하는 사람에게 김순복 대표의 『벼랑 끝 활주로』는 '되는 대로' 살지 않고 '하는 대로' 살아야 하는 이유를 몸으로 증명해준다. 견딜 수 없는 상처 속에서도 궁리를 거듭하며 살아나갈 대처 방안을 찾아내고, 견딤의 크기가 곧 쓰임의 크기를 결정한다는 말에 공감하는 사람은 이 책을 참고서가 아니라 삶의 지침서이자 필독서로 읽어도 손색이 없다고 생각한다.

– 지식생태학자 **유영만**

한양대학교 교수, 『이런 사람 만나지 마세요』 저자

저자 김순복은 『벼랑 끝 활주로』에서 자신에게 닥친 시련을 겸허히 받아들이고, 강한 정신력과 긍정적 마인드로 고난을 극복해야 한다고 말한다. 이 책은 힘든 세상을 살아가는 현대인들에게 위로와 위안을 주는 마음의 근육 단련서다. 오늘의 실패가 내일의 진주가 될 것이라고 믿는 그녀의 신념과 경험을 엿볼 수 있어 행운과 동시에 행복을 바라는 사람들에게 필요한 양서로 추천한다.

– 한국강사신문 대표 **한상형**

『톡! 톡! 톡! 생각을 디자인하라』 저자

세렝게티에 우기가 가고 건기가 찾아오면 야생동물의 대이동이 시작된다. 초식동물과 육식동물 할 것 없이 모두가 물을 찾아 이동을 시작한다. 한마디의 변명도 없이 그들은 나름의 속도로 북으로 이동한다. '한마디의 변명도 없이' 자신을 격려하고 보듬으며 몸으로 살아내는 사람이 있다. 눈이 탁한 하이에나들은 호시탐탐 그녀의 뒤꽁무니를 기웃거리며 자신들의 침침한 눈을 비벼볼 터다. 모두가 먹이를 찾아 이동을 시작할 때 그녀가 왜 주위를 살피며 분주하게 움직이는지. 김순복 작가는 줄 것이 있는 사람이다. 낮은 곳, 아픈 곳 그리고 빈 곳에는 늘 그녀가 있다. 벼랑 끝에서 날아 본 사람들은 알게 될 것이다. 자신의 겨드랑이에 날개가 숨어 있다는 사실을, 협곡 아래에 활주로가 있었다는 사실을. 김순복 작가는 이제 저 높은 협곡을 넘어 평야로 진입할 것이다. 바야흐로 세렝게티에는 예정보다 일찍 우기가 찾아올 것이다.

– 동기면담 훈련가 **김영돈** 작가

『말주변이 없어도 대화 잘하는 법』 저자

세상을 '부지런'하게 사는 분이 있고 '강단' 있게 사는 이도 있습니다. 한쪽만 이뤄가기도 힘든데 이 둘을 억척스레 해내는 사람이 있습니다. 그 둘을 넉넉히 성취해 낸 주인공이 바로 김순복 교수입니다. 잠시 짬도 두지 않고 현장을 누비며 많은 이들에게 오랫동안 동기부여 강연을 해왔음을 잘 압니다. 자기계발도 너끈히 담금질할 뿐만 아니라 쉽사리 시도하기에도 만만찮은 '작가'의 길에 당당히 도전하여 훌륭한 결과물을 이번에 내놓았습니다. 좀체 꺼내기 힘든 가슴속 응어리진 이야기를 한 움큼 펼쳐보였습니다. 아슬하고 아차 할 뻔한 질곡의 삶 고비마다 오래 체득한 내공으로 한 발짝씩 디뎌가는 모습에 몇 번이고 읽으며 지나온 책장을 뒤로 넘깁니다. 정답 없는 인생에 한 칸 한 칸 검은 점 표시를 답안지에 남기듯 살아온 김순복 교수님의 삶은 지금을 살고 있는 많은 이들에게 '울림'을 주기에 충분합니다. 살아온 날들이 살아 갈 날들에 밑거름이 될 수 있다면 『벼랑 끝 활주로』 제목처럼 비상할 희망을 품게 됩니다. 벼랑 끝에 서 있다면 이 책을 손에 거머쥐고 활주로에서 takeoff 하십시오.

– 어성호 글쓰기연구소 대표 **어성호** 작가

『나를 다시 일어서게 하는 글쓰기의 힘』 저자

먼저, 『벼랑 끝 활주로』라는 책을 발간하게 된 것을 축하합니다. 삶의 시간들이 얼마나 빨리 지나가는가에 대해 장 자크 루소는 최초의 1/4은 깨닫지도 못하는 사이에 지나가고 마지막 1/4은 즐거움을 누릴 새도 없이 지나가며 그 사이의 2/4 절반의 기간도 '노동, 고통, 의무, 슬픔' 등으로 소비된다고 하였습니다. 그리고 배움의 중요성에 대해 공자는 '남자가 배우지 않으면 어리석고 둔하게 되고 여자가 배우지 않으면 거칠고 추하게 된다'는 말을 남겼습니다. 이 책의 저자 김순복 대표는 선현들의 이 두 가지 경구를 잘 새겨서 실천해 온 지성인입니다.

김순복 대표는 그동안 절차탁마切磋琢磨로 시련을 극복하면서 위기를 기회로 반전시킨 경험을 모아 이 책을 만들었습니다. 남들과의 경쟁보다는 오히려 자신과의 싸움에서 성취를 일궈 냈다고 할 수 있겠습니다. 이 책이 21세기 평생학습사회를 살아가는 모든 분들에게 그 해답을 얻는 데 도움이 될 수 있기를 기대합니다.

−가천대학교 글로벌미래교육원장, 평생교육학박사 **신재홍**

겨울이 지나면 봄이 오듯 인생도 마찬가지다. 암울한 시기가 지나면 환하게 밝아지는 날이 오기를 소망하며 자연스레 흐르는 세월 앞에 운명을 거역하지 못하고 살아가는 것이리라.

그러나 겨울 세찬 바람과 어두운 터널 한가운데 헤어나지 못하고 벼랑 끝에 서 있던 가냘픈 여인이 있었고 누구도 그녀를 위로해줄 엄두도 내질 못했다. 에둘러 밝히자면 바로 김순복 작가이다. 앉아 울 힘조차 없어 얼마의 깊이에서 나오는지도 모르면서 흘리는 눈물은 작가를 도전과 각오로 다시 일어나 운명의 목덜미를 잡고 실컷 두들겨 패는 슈퍼우먼으로 만들었다. 모든 시련과 고난을 긍정으로 감사하며 운명을 거슬러 역행하는 작가의 모습을 지켜보노라면 가슴이 뭉클하고 숙연해진다.

『벼랑 끝 활주로』는 세상 힘들어 지친 이들에게 꿈과 희망으로 끝나는 것이 아니라 '자신의 삶을 기다리지 말고 스스로 찾아 나서라'는 메시지를 분명히 전달해 주는 지침서로 어려움 앞에 고개 숙이는 모두에게 감탄을 주는 멘토로서 충분하다.

『벼랑 끝 활주로』의 출간을 축하하며 김순복 작가의 정열 앞에 꿈과 희망이 활활 타오르기를 바라는 마음이다.

– 한국문인협회 이천시 지부장 **홍선표**
시집 『꽃잎에 쓰여진 시인의 노래』 저자

'결핍의 크기가 곧 성장의 크기'라는 저자의 지나온 삶의 궤적에서 많은 것을 생각하게 된다. 저자는 지독하고도 처절한 결핍 속에서도 굴하지 않고 당당히 피어난 한 송이 찔레꽃처럼 아름다운 향기를 세상에 뿌려준다. 혹독한 '역경'을 뒤집으니 이제는 당당한 '경력'이 되었다. 그 속에는 눈물로 점철된 삶의 조각들과 이 세상을 향한 영혼의 외침과 파편들이 쉼 쉬고 있으리라···. "내가 세상을 버릴지언정 세상이 나를 버리도록 두지는 않겠다."라는 철鐵의 여인만이 가질 수 있는 영혼의 절규가 이 시대를 사는 우리들에게 삶의 소중함과 귀한 가치를 되돌아보게 한다. "살아야 할 이유를 아는 사람은 어떤 상황에서도 견딜 수 있다."라는 빅터 프랭클의 말을 실행에 옮긴 저자의 여정에 마음 가득 뜨거운 심장의 응원을 보낸다.

－ 고객심리전문가 **윤중원**

진짜 나 찾기 자기혁명 프로젝트 회원

똑똑똑···. 바쁨이라고, 힘들다고, 어느 누가 말할 수 있겠는가?

바로 부지런함이고 실행가로서 김순복 교수님과 함께임이 자랑스럽고 존경스런 멘토님이다.

몸이 아플 때는 병원으로 달려가고, 먹는 약도 있고 바르는 약도 있지만 마음이 아플 때는 응급실에 갈 수도 없고 약도 없다는 것을 누구보다도 잘 아는 김순복 교수님! 누구를 원망하면 상처가 된다는 것을 알기에 스스로 다독이며 스스로에게 위안을 주며 일어선 당신의 몸짓을 우리는 영원히 기억하게 될 것이다. 자기혁명프로젝트로 새벽을 깨워주고 하이라이트 시간으로 기쁨을 샘솟게 해주신 김순복 교수님의 사랑!

그저 오늘은 비가 온다면 우산을 쓰지 않고 온통 몸으로 비를 맞고 싶다.

김순복 교수님! 고맙습니다. 감사합니다. 사랑합니다. 존경합니다. 자랑합니다.

이 모든 영광을 주님께 올려드립니다.

– KJ교육연구소장 **오경자**

진짜 나 찾기 자기혁명 프로젝트 회원

1장

시련은
빛이 들어오는
문이다

"이제 다 나을 수 있어. 엄마 꿈 잘 맞는 것 알지?"

"응, 무슨 꿈 꿨는데?" 힘없이 딸이 물었다.

무균실에서 조혈모세포(골수) 이식을 기다리며 딸이 급성 백혈병으로 사투를 벌이고 있을 때 꿈을 꾸었다. 시골집을 향해서 혼자 길을 걷고 있었다. 막연히 한참을 걷다 보니 가시덤불로 온통 길이 막혀 있었다. 더 이상 갈 수가 없었다. 아무 동요도 망설임도 없이 반사적으로 가시덤불을 묵묵히 걷어 내기 시작했다. 맨손으로 당연한 듯 길을 막고 높게 쌓여 있는 가시덤불을 걷어 내고 또 걷어 냈다.

'이것을 치워 내야 해. 그래야 우리 딸이 올 수 있어.' 오로지 그 생각 하나였다. 가시에 찔려 피가 나는데도 아무런 아픔을 느끼지 못했다. 무엇에 홀린 듯 무표정한 모습으로 걷어 내기만 했다. 한참을 걷어 내고 보니 깨끗한 길이 눈에 들어왔다. 넓은 신작로가 환하게 드러나 마음이 확 트이는 순간, '아, 이제 다 되었다. 이제 된 거야.'라는 생각이 들었고 무표정했던 표정이 살아나면서 꿈에서 깨어났다. 신기하게도 꿈이 너무 생생했다. 병실에 가자마자 확신 가득한 마음으로 딸에게 꿈 이야기를 해 줬다.

얼마 전, 자기가 아팠을 때 엄마가 해 줬던 꿈 이야기가 생각난다며 딸이 말해 준 덕분에 생각났다. 참 신기하게도 내 꿈은 잘 맞는다. 예지몽을 꾸는 능력이 숨겨져 있는 걸까?

"아픔의 수렁 속에서 미친 듯이 발악하며 발버둥 쳐 본 적이 있는가?"

조개에서 진주가 만들어지는 데 5~10년이 걸린다. 이물질과 끊임없이 사투를 벌이며 인고의 세월 속에서 영롱한 진주를 만들어 낸다. 무엇인가를 견디기 위해 애쓰고 몸부림쳐 본 사람은 상처가 깊은 영혼에서 삶의 깊이가 느껴진다. 그 삶의 향기는 진주조개처럼 그윽하고 아름답다. 인고의 세월을 견디며 애처롭게 몸부림치며 피어난 진주 같은 삶, 눈물겨운 시간을 아름답게 승화시켜 꽃망울을 터트리며 피어난 고귀한 삶에는 가치가 있다.

잠글 수 없는 수도꼭지처럼 울음을 토해 내고, 고통 속에서 몸서리치게 만드는 피할 수 없는 삶의 한 조각이 예고도 없이 비수처럼 툭 던져져 꽃 몽우리를 위협했다. 기나긴 어두운 터널 속에서 홀로 심장 구석구석에 삶의 의지를 처절하게 새기며 묵묵히 걸어 나와야만 할 때, 이때 얻어지는 것은 아무런 시련 없이 얻어지는 것과는 분명 귀함의 가치가 다르다.

　급성 백혈병과의 사투를 벌이는 딸을 어찌지도 못한 채 지켜 봐야만 했다. 안타까움에 가슴이 저며졌다. 그 아픈 경험들은 돈으로 살 수 없는 보석이 되어 인생을 보다 값지게 살 수 있도록 해 주었다. "엄마, 여기 좀 봐 줘 봐요. 잇몸이 떨어져 나간 것 같아. 구멍이 뚫렸어." 딸의 잇몸은 독한 항암치료로 너덜거려 떨어져 나가 구멍이 횅하니 뚫려 있었다. 마음의 구멍까지 황량하게 뚫려 애꿎은 바람이 또 내 속을 후비고 가 허허롭기 그지없다. 동병상련이랄까? 아파 본 사람만이 아픈 사람을 쉽게 알아볼 수 있다. 아파하는 사람을 보면 그 느낌이 그대로 전해져 와 안타까움이 앞서곤 한다. 힘들어하는 사람들을 보면 나도 모르게 손을 잡아 주고 싶다.

　2019년에 경기도 지체장애인협회 장애인 인식 개선 강사 역량 강화 교육에 강사로 참여한 적이 있었다. 강사들에게 공감 스피치 강의를 하던 중에 가장 이루고 싶은 꿈을 발표하도록 하였다.
　"2년 전 신장암 진단을 받았어요. 꼭 완쾌되어 명강사가 되고 싶어요."
　갑자기 가슴이 먹먹해 오며 가슴 조였던 옛 기억이 떠올랐다.
　"강사님! 긍정마인드와 살고자 하는 강한 의지만 있으면 반드시 완쾌할 수 있어요. 파이팅!" 교육생 모두에게 큰 응원의 박수를 보내 달라고 부탁했다. 안타까움이 앞서 더욱 용기를 주고 싶었다. 나을 수 있다는 희망을 주고 싶었다. 급성 백혈병을 이겨 낸 딸의 이야기, 팔순의 노인으로서 폐암 말기에 재발까지 했는데도 7년째 건강하게 살아계신 아버지 이야기, 패혈증과의 사투 속에서 온갖 부작용을 극복하고 살아난 남편의 이야기 등으로 꼭 나을 수 있다는 확신을 갖게 해 주려 했다.

행복과 시련은 이란성 쌍둥이인가 보다. 행복에는 행복한 만큼의 시련이 뒤따르는 것 같다. 그런 이유로 이 세상은 참 공평한 듯하다. '나에게만 왜 이런 일이 일어날까?', '도대체 내가 뭘 잘못했다고 이런 일을 겪어야만 해?', '내 삶은 왜 이 모양인 거야?' 이렇듯 시련 속에서 허우적거리며 속수무책으로 당한다는 느낌에서 벗어나지 못한다면 행복은 가까이 다가오지 않는다.

허우적거릴수록 점점 수렁 속으로 깊이 빠려 들어가고 말 것이다. 한 걸음 뒤로 물러나 현명하게 대처할 수 있는 용기가 필요하다. 한 걸음 떨어져 잠시 시간을 가지는 것만으로도 마구잡이로 뻗어나가는 생각을 멈출 수 있다. 어차피 일어난 일, 돌이킬 수 없는 일이라면 우리는 선택을 해야 한다. 경기를 시작해 강해질 것인가? 아니면 시련 속에서 저항도 하지 못하고 무력하게 포기하고 말 것인가? 이미 일어난 일을 원망하고 한탄한들 우리의 인생에 이미 새겨진 기록을 지울 수 있을까? 없던 일로 만들 수 있을까?

나 역시도 처음에는 시련을 받아들이기 힘들었고 내게 주어진 상황들이 원망스러웠다. 딸이 아팠을 때는 더욱 무기력해져 '주르륵 주르륵' 고장 난 수도꼭지처럼 봇물 터지듯 한없이 눈물만 났다. 슬픔이 너무 깊어 눈물조차 나오지 않게 되자 허탈함이 엄습해 왔다. 울음을 한입 물고 '어떻게 하면 좋을까? 내가 할 수 있는 일이 뭘까?' 생각하며 궁지에 몰린 정신의 끝을 더듬다 보니 벽에 기대어 망연자실하게 쪼그리고 앉아 무력해진 내 모습이 눈에 들어왔다. 더는 현실을 외면할 수도 도피할 수도 없다. 어찌할 수 없는 상황이라면 '그래, 정면으로 부딪쳐 보자.'고 생각하고 두 주먹을 불끈 쥐었다. 더 이상 무력하게 무너질 수 없어 이를 악물었다. 무엇보다 이대로 스물셋이라는 가장 예쁜 나이의 꽃 몽우리 딸을 영영 놓쳐 버릴 수는 없었다. 딸을 잃는 것이 제일 무서웠다. 어떻게든 기운을 차리고 살아남아 지켜 내야만 했다. 암담했던 시간 속에서 '내가 할 수 있는 일이 무엇인가?'를 생각했다. 막막했다. 스스로 질문을 던지며 답을 찾았다.

'넌 그동안 무엇을 할 때가 가장 행복했니? 무엇이 가장 너를 살맛 나게 했었니?'

더는 무너지지 않아야 했다. 나를 지탱해 주기 위해 배움을 선택했다. 마침 광주하남교육지원청에 근무하면서 강사 활동을 하고 있었던 때였다. 좀 더 강사다운 강사가 되고 싶었다. 좋아하는 일을 한 가지쯤 하면서 어떻게든 활기차게 살아 보고 싶었던 때였다. '누군가의 꿈이 될 수 있는 강사가 되어 보자. 내가 할 수 있는 최선을 다하다 보면 분명 우리 딸도 좋아질 거야.'라는 결론을 내렸다.

그 순간, 내일은 생각하지 않기로 했다. 현재 내게 주어진 순간만 살기로 했다. 그러다 보니 마음이 조금씩 편해지기 시작했다.

매 순간 "긍정과 열정으로 힘차게 도전! 도전! 도전하자."를 미친 듯이 외쳤다. 딸이 무서운 급성 백혈병을 반드시 극복해 내기를 바랐다. 골수 공여자가 꼭 나타나 주기를 간절히 바라고 또 바랐다. 삶을 살아 내기 위해 처절한 심정으로 일반 사람들과 섞여 허공을 붕붕 떠다녔던 그 시절은 '울부짖음'이었다는 표현을 붙이는 게 맞을 것 같다. 부정이라도 탈까 봐 애써 긍정적인 생각만 했다. '반드시 다 잘될 거야.' 이 생각 하나로 머릿속을 가득 채웠다. 서로 입이라도 열게 되면 눈물이 또 주르르 터져 버릴 것 같아 우리 가족은 무언의 대화 속에서 서로 눈빛으로 응원하며 힘이 되어 주었다.

힘들이지 않고 노력 없이 얻어지는 행복이 있을까? 때로는 전혀 뜻하지 않았던 일들이 예고 없이 찾아와 우리를 암담하게 만들기도 한다. 그렇게 크고 작은 고난과 시련 속에서 영글어 가는 법을 배우게 된다. 어둠이 있어야 빛이 보이듯 시련은 기쁨과 행복을 주는 하나의 과정이다. 즉 행복으로 향하는 통로이고 축복의 터널이다. 힘든 일일수록 마음 근육을 키워 가는 과정을 지나고 있는 것이라는 생각이 든다. 시련이 거듭될수록 다가올 어떠한 어려움도 두렵지 않게 되는 내공이 쌓이게 된다. 크고 작은 고비를 통해 가장 나답게 살아갈 수 있는 지혜를 얻었다. 행복의 크기는 얼마만큼의 시련을 극복했느냐와 비례한다. 시련은 성장을 돕는다. 고통마저도 기꺼이 받아들이며 내 앞에 펼쳐진 경기에 임하자. 고통이 없다면 경기에서 제외된 것이다. 시련은 나답게 성장하며 고난을 극복할 수 있는 자기경영 능력을 펼칠 절호의 기회다. 시련과 결핍의 크기가 곧 성장의 크기이며 간절함의 크기다. 지금 이 순간 얼마나 간절하고 절박한가? 이 시간 고통 속에서 헤매고 있는 모든 분이 조금만 더 힘을 모아 낙오 없이 절박한 마음으로 완주하길 바란다. 모든 것은 내 마음먹기에 달려 있다.

시련은 나답게 성장하며 고난을 극복할 수 있는 자기경영 능력을 펼칠 절호의 기회다. 시련과 결핍의 크기가 곧 성장의 크기이며 간절함의 크기다. 지금 이 순간 얼마나 간절하고 절박한가?

내 생의 밑줄

"엄마, 나도 강사를 해 볼까?"

딸이 새 생명을 얻은 지 1년쯤 되어 갈 무렵 했던 말이다. 그 순간, 가슴이 벅차올랐다. 엄마의 뒤를 이어 강사를 하겠다는 것은 엄마의 모습이 딸에게 동기부여가 되었다는 뜻이기도 하다.

강의하면서 느꼈던 가슴 벅찬 에너지를 딸이 느낄 수 있다면 딸의 병도 더 빨리 나을 수 있을 것 같았다. 명강사과정에 등록한 딸은 기대 이상의 성과를 거두었다. 한 번도 강의해 본 적 없는 딸이 교육과정 중 '명강사 경진대회'에서 최우수상을 받았다.

외부 심사위원들의 평가 결과 쟁쟁한 현업 강사들을 제치고 2등을 차지했다. 딸이 등록한 명강사 과정은 20대에서 70대까지 연령대가 다양했다. 그 당시 24세였던 딸은 항상 웃는 얼굴로 동료들에게 사랑받으며 잘 섞여 들어갔다. 강사과정 개강식에 다녀오면서 "엄마, 내게도 이제 인맥이라는 것이 생겼어."라고 말하던 모습이 눈에 선하다. 첫날이라 서먹했을 텐데도 할아버지뻘 되는 70대와 짝꿍을 하고 와서 했던 말이다. 어찌나 대견하던지 역시 다부진 내 딸답다고 생각했다. 내 딸답다는 것은 어떠한 상황에서 어떠한 시련을 만나도 포기하지 않고 자신의 힘으로 이겨 내고 자존감 있게 사는 모습을 말한다. 어릴 적부터 아이답지 않게 뭐든 스스로 해결하려고 하는 야무진 아이였다. 길을 가다 넘어져도 울지 않았다. 오뚝이처럼 벌떡 일어나 손을 탈탈 털며 배시시 웃는 대견한 아이였다.

2016년 2월, 딸은 그때도 잠시도 쉬지 않고 바쁘게 살았다. 대학생이었던 딸은 방학을 이용해 디자인 회사에서 1개월짜리 전일제 아르바이트를 했다. 아르바이트를 시작하자마자 무기력해지고 쉽게 피로를 느끼며 몸이 급속도로 나빠지는 것이 눈에 띄게 보였다. 급기야 온몸에 핏기가 없이 창백해져 갔다. 계단이나 약간의 언덕조차 오르지 못할 정도로 몸이 나빠졌다. 그때까지만 해도 바쁘게 살다 보니 피로가 쌓여 과로로 그런 줄만 알았다.

"아르바이트 그만두고 우리 병원부터 가 보자."
"어떻게 그래. 한 달이어도 약속은 약속이야."

딸은 약속한 대로 마무리를 해 줘야 한다며 아픈 몸을 이끌고 책임감 하나로 매일 출근했다. 점차 출퇴근이 어려울 정도의 몸이 되었다. 보다 못해 승용차로 출퇴근을 시켜 줬다. 토요일에 외래 진료를 받은 뒤 어렵게 아르바이트를 마친 다음 날 오전, 검사를 마친 후 오후에 응급실로 급하게 호출당했다. 병원에 등록된 딸의 전화번호로 연락이 되질 않자 얼마나 급박했던지 주소지의 동사무소로 병원에서 연락을 했다. 동사무소에서는 그당시 세대주로 되어 있는 내게 전화를 걸어 왔다. 현재 위험한 상태이니 최대한 빨리 응급실로 딸을 데려오라는 연락이었다. 순간, 가슴이 철렁 내려앉았다. 얼마나 긴박한 상황인지 짐작이 갔다. 역시 딸의 전화가 꺼져 있었다. 순간, 노트북을 들고 나가던 딸의 모습이 생각났다. PC 카카오톡은 될 것 같아 카톡으로 연락하니 답장이 왔다.

'후우 다행이다.' 가슴을 쓸어내렸다. 택시를 타고 최대한 빨리 응급실로 오라는 말을 남겼다. 딸은 엄청 놀랐을 텐데 병원으로 오는 길에 문자를 보내왔다. "엄마, 걱정하지 마세요. 가고 있어요. 별일 아닐 거야." 참았던 눈물이 주르륵 흘러내렸다. 그날로 응급실에 도착하자마자 마스크가 씌워지고 응급 1인실로 격리되어 급성 백혈병 진단을 받았다. 당장 골수를 이식받아야 할 만큼 상태가 좋지 않았다. 긴박하게 돌아가는 틈에서 혈액 수치가 사망 수준이라는 말을 들었다.

"어머니, 손 좀 줘 보세요. 어떻게 이 지경이 될 때까지 병원에 안 왔습니까?"

내 손과 딸 손을 비교하며 의사 선생님이 채근하셨다. 딸 손은 핏기라고는 전혀 찾아볼 수 없이 창백하게 늘어져 있었다. 마치 죽은 사람의 손 같았다. 그때야 딸의 손이 제대로 내 눈에 들어왔다. 무지한 엄마였다. 둘 다 건강을 돌볼 여유 없이 정신력으로 버티며 너무 바쁘게만 살고 있었다. 하는 일이 많아 피곤해서 그러려니 하면서 우리 둘은 언제나 일이 우선이었다.

당장 골수를 이식해야 했다. 조혈모세포은행에는 딸과 맞는 조혈모세포가 없었다. 해외까지 다 찾아 달라고 부탁했지만 찾을 수가 없었다. 무균실로 격리되어 조혈모세포 공여자가 나타날 때까지 여러 차례의 힘든 항암치료를 하며 무작정 기다려야 했다. 차마 눈 뜨고 볼 수 없을 만큼 참담했다. 독한 항암치료에 살점이 떨어져 나갈 만큼 고통이 심했다. 담당 주치의가 골수 이식을 하루라도 빨리 해야 하니 이제는 주위에 알려 도움을 청하라고 했다. 딸이 용기를 내 줬다. 자신의 페이스북에 "조금은 무섭고 떨리지만 살고 싶다. 백혈병 환우들을 도와 달라."는 글을 올렸다. 내가 할 수 있는 일은 그것을 캡처해 전단지를 만들어 돌리는 일이었다.

"도와주세요. 백혈병 환우들을 살려 주세요. 간단한 피 검사만이라도 해 주세요."

지푸라기라도 잡는 심정으로 조혈모세포 공여자를 찾기 위해 여기저기 호소했다. 딸은 손가락 까딱할 힘만 있어도 어떻게든 버텨 보려고 노력했다. 투병 중에도 노트북을 가지고 디자인 공모전을 준비할 만큼 디자인을 연구하며 지독한 병마와 싸우고 있었다. 디자인은 아픈 딸을 지탱해 주는 유일한 힘이었다. 머리를 식히고 싶을 때는 블록을 조립해서 완성되면 병실 창가에 나란히 진열해 놓곤 했다. 급성 백혈병 진단을 받은 지 7개월 만에 기적적으로 공여자가 나타나 골수 이식을 받았다. 공여자의 조혈모세포가 생착해서 피를 만들어 내기까지 한순간도 긴장을 놓칠 수 없었다. 이식한 후에도 숙주 반응 등 부작용을 이겨 내야 했다. 인고의 고통 속에서 딸의 혈액형은 공여자의 혈액형으로 바뀌며 새 생명을 얻었다. 사경을 넘나드는 극한 상황에서도 안간힘을 쓰고 이겨 낸 딸이 고맙고 자랑스럽다. 그 불굴의 의지를 존경한다. 기적적으로 살아난 딸은 지금은 강의를 통해 누군가에게 빛이 되고 있다.

딸은 골수를 이식한 후 채 1년도 안 되어 완쾌되지 않은 상태에서도 명강사과정 공부를 시작하는 불굴의 의지를 보였다. 경진대회에서 최우수상을 받을 만큼 열심히 노력했다. 빛나는 영광의 수료식 날, 딸의 모습에서 진주조개를 보는 듯했다. 고등학교 때부터 디자인을 전공하며 죽음의 문턱에서도 디자인을 놓지 않았기에 이룩한 결과라 해도 맞을까? 경진대회에서 '맛있어 보이는 PPT 밥상 차리기'란 주제로 PPT 디자인을 밥상 차리는 것에 비유해 아주 쉽고 자연스럽게 이야기를 풀어 갔다. 심사위원들과 교수진, 원우들의 칭찬이 끊임없이 이어졌다. 나는 수료식 날에도 딸 덕분에 인사받기 바빴다. 어른들 틈에서 무리 없이 자연스럽게 섞여 자기 몫을 다하며 영롱한 빛을 발하는 딸은 분명 곱디고운 아름다운 진주다. 지금은 이모티콘 작가로도 활동한다. 이모티콘 유튜브 강사로도 유명하다. 전문 출판사와 출판 계약을 체결한 후 원고도 집필 중이다.

"코코 샤넬의 슬픔을 아는가?"

코코 샤넬은 홀로 딸아이를 키우면서 아픈 아이를 병원에 데려갈 돈이 없어 너무나 절박한 마음에 단 한 번 자신의 몸을 판 돈으로 아이의 목숨을 살렸다. 그 수치, 세상에 대한 분노, 노여움 위에 자신의 꿈을 쌓아 전 세계 톱클래스의 사업을 일궈 죽어서도 영원히 살아 숨 쉬는 신화를 만들었다. 이 세상 어느 누구도 힘든 고비를 겪지 않고 시련 없이 성공한 사람은 없다. 중요한 것은 실패와 시련이 아니라 그 실패와 시련으로부터 무엇을 배우는가이다. 상처를 입은 조개만이 진주를 만들듯이 실패하지 않으려고 몸부림만 칠 것이 아니라 그 실패로 인해 얻을 수 있는 것들을 찾아내야 한다. 지금 내가 받은 상처와 흘린 눈물들이 내일의 진주가 될 것이다. 딸은 23세라는 가장 예쁜 나이에 죽음의 문턱을 넘나들며 인고의 세월을 보냈기에 더욱 빛을 발했다. 딸의 고통 속에서 승화된 삶의 깊이는 앞으로 더욱 영롱하고 아름답게 빛날 것이다. 혈액형이 바뀌는 고통 속에서, 피가 마르고 살점이 떨어져 나가는 상황에서도 살아남기 위한 처절한 몸부림 속에서 꽃망울을 예쁘게 터트리며 피어났다. 꿈을 이루기 위한 열정을 고통을 정복하는 도구로 승화시켰기 때문에 가능한 일이다. 처절한 사투 속에서도 손을 놓지 않았던 디자인으로 딸의 꿈은 더욱 빛을 발하고 있다.

　인생에서 좋은 스펙만 가질 수는 없다. 실패와 시련도 성공의 밑거름이 되는 중요한 스펙이다. 실패와 시련 속에서 주저앉지 말고 굳건히 이겨 내자. 어둠이 있어야 빛이 보이듯 이른 아침에 활짝 피어난 꽃들이 아름다운 것은 어두운 밤이 있었기 때문이다. 인간 역시도 고난을 통해 가장 강해지고 현명해진다. 장애물과 실패에 마주했을 때 극복하는 정도에 따라 성공의 크기도 결정된다. 지금 이 순간, 고통의 소용돌이 속에 빠져 있는 분들에게 이런 말을 전하고 싶다. '시련을 딛고 강하게 박차고 일어나라! 정신력으로 얼른 빠져나와라!'

상처를 입은 조개만이 진주를 만들듯이 실패하지 않으려고 몸부림만 칠 것이 아니라 그 실패로 인해 우리는 무엇을 배울 것인가를 꼼꼼하게 따져 봐야 한다. 분명 지금 내가 받은 상처와 흘린 눈물들이 내일의 진주가 될 것이다.

내 생의 밑줄

태풍은
반드시
지나간다

　"초강력 태풍 내륙 관통, 강력한 비바람 피해 예상." 이런 뉴스가 보도되면 대부분의 사람이 초긴장 상태가 된다. 태풍이 지나간 자리엔 위풍당당했던 나무가 허리가 잘린 채로 애처로운 모습을 보이기도 하고, 어떤 나무는 뿌리를 훤히 드러내고 누워 신음하기도 한다. 시설물들이 부서져 산산조각이 나기도 하지만 결국 태풍은 머물러 있지 않는다.

　1980년대 후반쯤, 홍수로 인해 영산강 둑이 유실되어 내가 가서 본 마을 하나가 형태도 없이 사라진 적이 있었다. 당시 이모님 댁이 홍수 피해를 입었다고 해서 방문했었다. 마을에 집터의 형태가 남아 있는 집은 고작 서너 채뿐이었다. 눈 뜨고 보기 힘든 아비규환의 현장이었다.

천재지변 앞에서는 잘난 사람도 속수무책이다. 자연에서 발생되는 태풍만 있는 것이 아니다. 인위적인 태풍도 존재한다. 우리는 인생에서 절대적으로 원하지 않지만 어쩔 수 없는 상황을 만나기도 한다. 하루아침에 세상의 끝을 보는 사람들도 있다. 하지만 태풍이 지나가면 속이 비고 썩은 나무들이 깔끔히 정리가 된다. 지구환경이 깨끗해지고 건강해지기도 한다. 어려움이 닥치면 속이 빈 사람과 주변 사람들에게 피해를 주는 사람, 도움이 안 되는 사람들이 쉽게 구별이 된다. 우리 인생에서도 가끔씩 불필요한 인간관계를 정리해야 할 때가 있다.

유지나는 "어려움에 처할 때 그 사람의 지혜를 알 수 있고, 궁지에 몰릴 때 그 사람의 인격을 알 수 있고, 다툼이 일어났을 때 그 사람의 본심을 알 수 있고, 모든 걸 잃었을 때 그 사람의 성품을 알 수 있다."고 했다. 이렇듯 인간관계에서도 태풍이 필요할 때가 더러 있다.

지인이 곤경에 처한 적이 있었다. 옆에서 지켜보기 안타까울 정도로 무척 힘들어했다. 여러 날 병원에 입원할 만큼 극심한 정신적 고통으로 인해 몸까지 망가져 갔다. 가장 가까이에서 지켜본 바로는 소통의 부재로 인해 오해가 쌓인 듯했다. 많은 사람으로부터 존경받던 그분 곁에는 늘 강의를 배우고 싶다며 많은 강사가 따랐다. 그런데 어떤 단체에 민원이 제기되어 그동안 쌓아온 강사로서의 이미지가 실추되고 말았다. 모든 걸 내려놓고 단체를 떠나야 할 만큼 오해가 짙어진 것을 보고 안타까웠던 적이 있다. 어느 날 갑자기 태풍이 순식간에 불어와 그분을 휩쓸고 지나가는 듯한 느낌이었다. 강사는 이미지가 생명이다. 현명하신 분이라 "언젠가는 오해가 풀리고 진실이 밝혀지겠지."라고 생각했다. 그분은 애써 화를 삭혀 가며 고통을 견뎌 나갔다. 처음과 다르게 움직이는 사람들을 보면서 "달면 삼키고 쓰면 뱉는다."라는 속담이 왜 생겼는지 알 것 같았다.

내 생각에도 관계에는 빈부 차가 큰 것 같다. 인간관계를 잘 이어간다는 것은 마음과 달리 참 어려운 일이다. 사소한 말 한마디가 돌멩이가 되어 상대에게 던져져 비수로 꽂히기도 한다.

몇 해 전의 일이다. 카카오톡 단체방에서 공격을 당한 적이 있었다. 서울 모 대학의 평생교육원 동기 수료생끼리 워크숍을 가는 날이었다. 행사 당일에 꼭 해결해야만 하는 중요한 일이 있어서 개인 사정으로 동기 워크숍에 참석하기가 어렵다고 사전에 통보했었다. 행사 당일 오전에 그 일을 마치고 나간 김에 오후에 시간 여유가 있어 모 협회 세미나에 갔었다. 그때 찍은 세미나 단체 사진이 단톡방에 공유되자 인신공격적인 말들이 올라왔다. 더 이상 함께할 가치를 느끼지 못해 단톡방을 나온 적이 있다.

오해는 깊어질수록 서로의 마음에 상처를 내고 마음 근육이 쪼그라들어 골이 깊어지기 마련이다. 선동자인 태풍의 눈을 중심으로 여러 명이 한꺼번에 모여 태풍에 세력을 더해 덤비면 혼자서는 그 태풍을 피할 길이 없다. 뿌리째 뽑히고 만다. 하지만 태풍이 지나간 자리가 아비규환이 되어 폐허만 남을지라도 잃은 만큼 배우는 점도 많다. 썩은 나무가 부러져 정리되듯 평소 인지하지 못한 불필요했던 인간관계가 싹 정리된다. 앞으로는 더 튼튼하고 단단하게 지내면서 태풍 따위는 나의 적수가 못 되도록 만들어 가면 될 일이다. 태풍이 몰아칠 때마다 마음 근육이 단단해져 처음보다 두 번째의 내가 더 강하고, 두 번째보다는 세 번째의 내가 더 강해지게 된다.

"아시다시피 김순복은 환자입니다. 굴곡 있는 인생을 열정 하나로 앞뒤 없이 열심히 하는 모습이 융합과 화합에 도움이 안 된다는 것을 잘 모르는 것 같기는 하지만, 잘 풀어 가도록 지도하지 못한 저의 불찰입니다. 자랑스런 O기 대표자는 OOO 회장님이십니다."

이렇듯 멀쩡한 사람을 환자로 몰고 가는 경우도 있었다.

때로는 억울하고 슬픈 일들이 있지만 진실은 밝혀지고 오해는 풀리게 되어 있다. 진정성 있는 진실은 반드시 밝혀져 빛을 보기 마련이다. 어떠한 어려움을 겪더라도 겨울날 밟으면 밟을수록 강해지는 보리처럼 더욱더 강해져야 한다. 던져진 돌멩이에 춤추듯 물결을 덩달아 출렁이지 말고 마음을 잘 조절해야 한다. 오해를 당해 힘들었던 일들이 촉매제가 되어 덕분에 보란 듯이 더욱 열심히 살며 성장할 수 있었으니 지나고 보면 오히려 그분들께 고맙고 감사할 일이다.

태풍은 반드시 지나가는데 아쉽게도 많은 사람에게 선망의 대상인 큰 별들이 마음의 고통을 견디지 못하고 극단적으로 목숨을 내려놓았다는 소식을 접할 때면 안타까움이 앞선다. 곧은 성정 때문에 그럴 수 있다는 것, 그 심정이 충분히 이해는 간다. 나역시도 인생에 하나의 오점도 남기지 않으려고 '남들한테 싫은 소리 듣느니 차라리 죽는 것이 나아.'라며 아등바등 살아온 적이 있었다. 조그만 오점이라도 남으면 자신을 스스로 볶아 대며 견뎌 내질 못했다. 내 마음을 그대로 표현해 준 것 같은 윤동주 님의 「서시」를 주저리주저리 읊어 대며 한 점 부끄럼 없이 살고자 노력해 왔다.

2000년도 초반, 초등학교에 근무했을 때의 일이다. 교직원들은 나에게 "선생님은 뭐든 완벽해야만 직성이 풀리시는 분 같아요.", "너무 완벽하면 재미없는데요."라는 말을 했다. 예전에 내성격이 좀 까칠했던 부분이 보였던 모양이다. 마음에 안 드는 것이 있으면 자꾸만 생각나서 잠도 제대로 못 자고 스스로 신세를 볶는 스타일이었으니 그럴 만도 했다. 그런데 이 모든 것도 다지나갔다. 지나고 보니 사는 것이 별거 아니었다. 모두 다 지나가게 되어 있고 어느 순간 부질없게 생각될 때가 있다. 지금은 힘든 일이 있을 때마다 '죽고 사는 일 아니면 괜찮다. 다 괜찮아.' 하면서 가볍게 넘기곤 한다. 이제는 죽음마저도 자연스럽게 자연의 섭리로 받아들일 수 있을 것 같다. 비우고 내려놓으니 태풍이 지난 후 청명함이 찾아오듯 마음이 평온해졌다.
 '괜찮다. 이만하면 괜찮다. 세상에는 나보다 더 힘들고 고통스러운 사람들도 많잖아? 이만하길 다행인 거야, 그래 이것도 고마운 일이지.' 지금 당장 고통스럽고 힘든 것들도 이렇듯 지나가더라. 다 지나가더라. 내 인생에 기록으로 남겨진 고통의 순간들을 없었던 것처럼 깨끗이 잊고 살 수는 없다. 되돌릴 수도 없다.

하지만 지금까지 살아온 경험으로 비춰 보면 너무나 힘들었던 고통의 시간들은 모두 다 지나간다.

자연은 늘 우리에게 많은 것을 일깨워 준다. 태풍이 지나가 깨끗해진 자리처럼 지금까지 이룬 것들도 다 버리고 한 계단부터 다시 시작할 수 있는 용기가 필요하다. 가슴에 박힌, 뼈에 박힌 상처들이 불쑥불쑥 고개를 내밀며 심술을 부리지 않도록 마음의 여유를 가져 보자.

어려운 일들을 경험하다 보면 하나하나 다시 정리되고 단순화되는 경우가 있다. 극단에 가까운 경험은 삶에 있어 불필요한 걸림돌이 되는 많은 것, 사소한 걱정들까지도 태풍처럼 순식간에 싹 쓸어가 마음을 정리해 주기도 한다. 굳이 경험하고자 했던 것이 아닐지라도 힘든 고통일수록 그것이 가져다주는 힘은 대단하다. 마음먹기에 따라 지금까지 살면서 고여 있던 썩은 것들이 다 빠져나가 한꺼번에 정리가 되기도 한다.

무에서 유를 창출하듯 처음부터 다시 시작해야 할 때 오히려 몸도 마음도 저항감이 없다. 때로는 '왜 나만 겪는 고통이냐. 왜 나만 힘들어야 하느냐.'라고 소리치며 울부짖지만 다른 사람들도 그들만의 고통을 겪기 마련이다. 모든 것을 받아들이고 난 후 겸허히 다시 시작할 수 있는 그것, 그것이야말로 가장 값지고 참다운 내 것이다. 아무리 힘든 고통일지라도 나의 모든 경험은 내 인생의 성장의 발판이 되는 가장 큰 자산이다.

비우고 내려놓으면 태풍이 지난 후 청명함이 찾아오듯 마음이 평온해진다. '괜찮다. 이만하면 괜찮다. 이만하길 다행인 거야, 그래 이것도 고마운 일이지.' 지금 당장 고통스럽고 힘든 것들도 이렇듯 이 또한 지나가더라.

내 생의 밑줄

냉대와
무관심 속에서
살아남는 법

"할머니 웬만하면 힘드신데 입원 치료를 하시지 그러세요."

"보험도 없고, 어디서 돈 나올 곳도 없어서 그래요."

딸이 무균 병동에 입원했을 때의 일이다. 혈액암으로 무균실에서 격리 치료를 받아야 하는데도 병원비가 없어서 혼자 살면서 입원 치료를 받지 못하는 할머니가 계셨다. 면역력이 약해 세균 감염에 취약한 환자셨지만 대중교통을 타고 다니시며 외래로 치료를 받으러 다니다 증상이 심해지면 무균실로 들어오시기도 했다. 할머니를 뵐 때마다 안타까움이 앞서 마음이 아팠다. 딸과 입원 기간이 겹칠 때면 할머니가 드실 만한 것을 만들어 딸 것 가져갈 때 같이 넣어 드리곤 했다. 정이 많으신 할머니는 뭐든 주고 싶으셔서 가져온 김을 내어 주기도 했다. 그런 할머니가 어느 날부터 영영 보이지 않았다. 혼자 사시면서 그 힘든 치료를 견디기가 너무 버거우셨나 보다. 어쩌면 우리 사회의 무관심 속에서 이렇게 연기처럼 사라지는 분들이 한둘이 아닐 것이다. 벼랑 끝으로 몰리며 힘들게 하루하루를 위태롭게 버티며 살아가는 사람들이 있지만 많은 사람들은 굳이 알려고 하지 않는다. 대부분의 사람은 관심 있는 것만 보고 관심 있는 것만 기억하기 때문이다.

삶의 여유가 없고 힘겹게 살아가는 우리 사회의 소수 빈곤층 사람들의 삶을 들여다보면 주름이 많고 상처가 깊다는 것을 알 수 있다. 눈에 보이지 않는 투명인간 취급을 받는 경우도 종종 있다. 하루하루 살아가기가 팍팍하고 버거울 것이다. 빚에 쪼들리는데 큰 병까지 얻으면 속수무책이다. 아파도 맘 놓고 치료를 받을 수 없다.

백혈병의 경우 정부에서는 단순히 나이를 기준으로 해서 치료비 지원을 제한하고 있다. 어린아이들에게만 지원을 해 준다.

20세가 넘으면 지원이 중단된다. 치료비가 없는 20세가 넘은 백혈병 환자들은 죽거나 말거나 정부에서는 관심이 없는 모양이다. 의료 지원 관련 협회에서도 성인은 지원 대상이 아니다. 소아 때 발병해서 20세가 넘어 재발하게 되는 경우, 소아 때 병원비를 많이 써서 성인이 되면서 민간보험이 끊긴 사람들도 있다.

지원비가 끊기니까 병원비가 없어서 치료도 받지 못하고 죽어가는 사람이 많지만 무관심 속에서 서럽게 버려지고 있다. 실비보험이 없는 사람은 그 많은 병원비를 모두 부담해야 한다. 아플까 봐 겁난다. 나 역시도 공무원이었을 때는 단체보험이라 실비보험이 가능했지만, 퇴직한 후 보험에 가입하려 하니 병원 치료 이력 때문에 보험사마다 모두 거절했다. 그러다 보니 아파도 자연스럽게 병원을 멀리하게 된다. 꾹꾹 참았다 병원 한번 실려가 입원하고 나면 참았던 것이 모두 헛일이 되고 만다.

"사전에 안내도 하지 않고 어떻게 이럴 수 있어요? 이런 일은 사전에 안내를 해 줘야죠."

쥐도 궁지에 몰리면 고양이를 문다는 말이 있듯이 악에 받쳐 쌈닭처럼 병원을 상대로 따졌던 적이 있다. 딸이 조혈모세포(골수)를 이식할 때의 일이다. 이식에 소요되는 3주간의 병원비가 평소 병원비의 3배 이상이었다. 1주일마다 발행되는 입원비 청구서를 보고서는 '잘못 발행되었나?' 하고 두 눈을 의심했다. 1주일 병원비가 천오백만 원대가 훌쩍 넘는 청구서를 보고 병원 원무과로 내려갔다. 조혈모세포(골수) 이식은 가능하지만 공여자와 일치하지 않는 조혈모세포(골수)라서 건강보험이 적용되지 않는다는 얘기를 들었다. 건강보험공단에 전화해서 따지고 여기저기 알아봤지만 정부 정책이 그렇다고 어쩔 수 없다고 했다. 그동안 쌓인 것들로 인해 분풀이가 필요했었나? 괜히 화가 나고 심통이 났다.

병원 측에 계속 따졌다. 하지만 소용없었다. 안내했다고 한들 그 상황에서 자식이 죽어 가는데 조혈모세포(골수) 이식을 포기하는 부모는 없을 것이다. 주위에서 도움 주신 분들이 많아 그나마 우린 좀 나았다. 도움받을 곳도 없고 정부 지원 혜택을 받지 못하는 빈곤층이라면 사정이 더 열악했을 것이다. 소외계층 중에서는 무서운 병원비 때문에 치료조차 받지 못하고 병보다 병원비가 무서워 생명을 포기할 수밖에 없는 분들도 있을 것이다. 이것은 두 번 죽는 일이다. 세상에서 제일 서러운 일일 수도 있다.

스웨덴에서는 국민의 의료비 부담을 한 해 진료비와 약값을 합쳐 얼마 이상 넘지 않도록 제한한다. 이를 소득과 재산에 관계없이 모든 국민에게 똑같이 적용한다고 한다. 그리고 장거리 진료의 경우에도 일정 금액이 넘는 교통비는 모두 정부가 지원해 준다. 이렇게 공공의료가 발달되어 있기 때문에 병이 나도 의료비 걱정을 하지 않아도 된다. 우리나라에도 건강보험이 전 국민을 대상으로 갖춰져 있기는 하다. 하지만 큰 병에 걸리면 건강보험이 적용되지 않는 부분들이 있어서 실손 보험이 없으면 치료비가 없어 치료를 포기해야 하는 경우가 있다. 우리나라 국민 의료비 지원제도가 스웨덴처럼 모든 국민에게 똑같이 적용되면 어떨까? 불합리한 정부 정책이나 규제 제도 등에 대하여 어려운 사람들끼리라도 목소리를 내고 힘을 모아 청원도 하면서 많은 건의가 이루어져야 개선이 될 수 있을 것이다. 자기 일 아니면 대다수가 별 다른 관심을 가지지 않는 세상이지만 소외계층에 조금씩만이라도 관심을 가져 주었으면 한다.

인간관계로 인한 상처로 엄청나게 마음 아파한 적이 있었다. '가장 믿었던 사람에게 받는 상처가 가장 크게 느껴지는 이유는 무엇일까?' 상처 중에서 사람에게 받는 상처가 가장 아프다.

쉽게 치유되지도 않는다. 사람과의 관계는 서로 다른 사람들이 모여 이해하고 맞춰 가야 하기 때문에 해결하기가 더욱 힘들고 어렵다.

내 인생에서 가장 힘든 시기에 숨 쉴 곳이 필요해 찾았던 명강사과정을 공부하면서 어려움을 이겨 낼 수 있었다. 그래서인지 그 과정에 더욱 큰 애정을 가지고 기수마다 후배를 추천했다. 운영진으로 참여하며 등록금이 비싼데도 한 기수에 5명까지 추천해 등록한 적도 있었다. 내 과정처럼 많은 애정을 쏟으며 운영진으로 여러 기수에 참여했다. 그런 과정에서 사전에 조언까지 구했음에도 가천대학교에서 명강사과정을 개설하자 말 한마디 없이 운영진 단톡방을 다시 개설하고 나를 제외했다. 나는 운영진에서 빠진 줄도 모르고 개강식에 갔었다. 처음 만난 몇 분과 명함을 주고받는 모습까지도 오해를 하고 문자가 왔었다.

문자를 보는 순간, '마음 수양이 부족한 탓이었을까?' 비수처럼 말들이 심장에 꽂혔다. 가장 아픈 상처는 사람의 말에서 비롯된다. 비수가 된 말은 사람을 절망의 늪에 밀어 넣기도 하고 죽이기도 한다. 비수 같은 말이 정해져 있는 것은 아니다. 가장 믿고 사랑하고 아끼는 사람들의 말이 비수가 된다. 가까운 사람일수록 쉽게 생각하는 경우가 더러 있다. 곁에 있을 때 소중한 사람을 아끼고 사랑해야 한다는 걸 알면서도 가장 실수하기 쉬운 부분이다. 가까운 사람일수록 상처를 더 많이 받는다. 인간관계에서 받는 상처는 주변의 무관심에서 오기보다는 내 편이라고 가장 믿었던 사람에게 외면당하는 데서 온다. 나를 챙겨 줄 것이라 기대했던 사람들에게 외면당했을 때의 고통이 제일 크다. 어쩌면 사랑받고 싶은 허황된 욕심 때문일 것이다. 하지만 결과적으로 덕분에 '더 보란 듯이 잘 살아 보겠노라.' 다짐할 수 있는 계기가 되기도 했다. 힘들 때마다 떠올리며 이를 악물고 역경을 이겨 낼 수 있는 명약이 되었다.

세상을 살다 보면 좋은 인연도 만나고 나쁜 인연도 만난다. 우리가 만나는 사람들을 모두 자신의 입맛에 맞게 선택할 수는 없다. 부모도 내가 선택할 수 없다. 그리고 인연은 상대적이라 내게 나쁜 인연이라고 해서 다른 사람들에게도 모두 나쁜 인연은 아니다. 서로가 살아가는 방법이 다를 뿐이다.

우리의 인생은 크고 작은 상처로 인한 슬픔과 고통의 연속이다. 그 상처를 어떻게 받아들이느냐의 과정이 매우 중요하다. 성장의 기회로 받아들이느냐, 절망으로 받아들이느냐에 따라 상처의 깊이가 달라진다. 치유 속도도 달라진다. 당신이라면 어떻게 받아들일 것인가? 마음먹기에 따라 행동이 바뀌고, 행동이 바뀌면 습관이 바뀌고 삶이 바뀐다. 생각을 조금만 바꿔도 살아갈 이유를 찾을 수 있다. 마음 근육을 키워서 사람들의 예고 없는 돌팔매질 때문에 상처가 생기는 일이 없기를 바란다. 더욱 강해져서 더 성공할 수 있는, 즉 박차고 일어설 수 있는 계기가 되길 바란다. 상처가 되는 힘든 일일수록 성장의 발판을 삼아라. 그 발판을 딛고 용기를 가지고 일어서라.

우리의 인생은 상처로 인한 슬픔과 고통의 연속이다. 그 상처를 내가 어떻게 받아들이느냐의 과정이 매우 중요하다. 성장의 기회로 받아들이느냐, 절망으로 받아들이느냐에 따라 상처의 깊이는 달라진다. 치유 속도도 달라진다.

내 생의 밑줄

'양동이로 물을 퍼붓듯 앞이 전혀 보이지 않는다. 비상라이트
를 켰다. 갓길도 없다. 차를 세울 수도 없다. 엉거주춤 잔뜩 움
츠려 긴장하며 운전대를 잡은 양손에 더욱 힘이 들어간다. 온몸
이 뻣뻣하게 굳어지는 느낌이다.' 진퇴양난의 형국인 이런 경우
를 겪은 적이 있는가? 운전하다 앞이 보이지 않을 정도로 내리는
소나기를 한 번쯤 만나 본 적이 있을 것이다. 이런 상황에서 빗
속을 헤치고 가는 사람들의 방식은 각양각색이다. 위협적인 비
와 상관없이 쌩쌩 달리는 사람, 비상라이트를 켜고 한 발짝도 움
직이지 못하고 도로에 서 있는 사람, 엉거주춤 거북이걸음으로
기어가듯 가는 사람, 당신은 어느 쪽인가? 이것이 인생길인 듯
하다. 소나기는 멈추게 되어 있다. 흠뻑 내리고 나면 언제 내렸
는지 모르게 맑은 하늘을 볼 수 있다. 덤으로 아름다운 무지개가

선물처럼 나타날 때도 있다.

인생의 소나기!

인생을 살면서 시련의 소나기를 맞게 될 수 있다. 뜻하지 않는 어느 누군가에 의해, 또는 내 의지와 상관없이 어떤 상황에 부딪혀 인생의 우기를 만날 수도 있다. 50여 년을 살아오면서 크고 작은 우기가 많았지만 2012년부터 가장 힘들게 나를 강타했던 우기는 가족의 병으로 인한 연속된 시련이었다.

첫 번째 우기는 2012년 봄, 몸이 열 개라도 부족해 종종거리며 바쁘게 지내던 시기에 찾아왔다. 직장을 다니면서 시간강사로 동원대학교와 경기과학기술대학교에서 각기 두 과목씩 모두 네 과목을 맡아 바쁘게 보내던 시기였다. 근처에 소일거리로 폐휴지를 주워 팔면서 홀로 지내는 아버지가 계셨다. 근처에는 큰오빠도 살았지만 아버지는 까칠한 성격 탓에 혼자 살기를 고집하며 살고 계시다 폐암 말기라는 진단을 받으셨다. 가슴 중앙에 11cm짜리 암 덩어리가 자리해 수술도 할 수 없었다.

팔순이 된 노인이 방사선 30번에 항암 치료 6번을 병행하면서 힘든 과정을 견뎌 내야 했다. 조금도 짬이 안 나는 바쁜 생활을 하면서도 아버지를 집으로 모셔올 수밖에 없는 상황이었다. 아무리 바빠도 나를 태어나게 해 주신 아버지인데 모셔다가 내 손으로 꼭 살리고 싶었다. 차츰 나아지나 싶더니 치료 도중에 재발하였다. 병원에서는 치료를 받아도 몇 개월밖에 못 사신다고 했다.

그래도 포기할 수 없었다. 나는 '아니, 꼭 내 손으로 살리고 말

거야.'라고 다짐하며 지극정성으로 모셨다. 학교에 유연근무제까지 신청해서 점심시간이면 집에 와 죽을 끓이고, 상태가 괜찮아지시면 뜨끈하게 돌솥에 뜨신 밥을 지어 누룽지까지 만들어 드리며 최대한 매끼에 신경을 썼다. 그런데도 정신만 들면 내 속을 후비셨다. 기력이 딸려 자꾸만 정신이 오락가락하는 그 몸으로 아버지 집으로 가시겠다고만 하셨다. 너무 그러시니까 어느 날 오빠가 와서 아버지 댁으로 모셔갔다. 따라 나가시는 뒷모습을 보며 너무 속이 상해 울면서 이렇게 퍼부어 대기도 했다.

"그래, 갈 거면 가요. 가면 다시는 오지 마. 나도 이제 아빠 안 볼 거야." 소리소리 지르고 속상해서 온종일 울기도 했다. 그러다 더 나빠지면 다시 모셔 오곤 했다. 힘든 상황에서도 포기할 수 없었다. 그러다 재발해서 처음부터 다시 치료를 들어가야 하는 상황이 왔다. 항암 치료를 다시 시작하며 망가진 몸을 회복시켜 드리기 위해 안 끓여 본 죽이 없었다. 암 환자 죽 조리법 책을 써도 될 만큼 많은 죽을 끓여 봤다. 생선을 보기만 해도 징그럽고 무서운 생각에 요리하는 것조차 꺼려했는데 살아서 징그럽게 꿈틀거리는 장어를 산 채로 참기름에 달달 볶아 뽀얀 국물을 내서 드리기도 했다. 온갖 정성을 다해 모셨다. 그 덕분인지, 아버지의 긍정의 힘 덕분인지 폐암이 나아서 지금은 건강하게 지내신다. 이는 누가 봐도 기적이다.

두 번째 우기는 아버지가 폐암 진단을 받아 병마와 싸우고 있던 해의 가을날에 찾아왔다. 이번에는 남편이 무서운 패혈증으로 쓰러졌다. 퇴근하고 집에 와 보니 침대에서 고열로 꿍꿍거리며 움직이지도 못했다. 119 전화를 걸어 구급차를 불렀다. 40도가 넘는 고열로 정신을 잃고 침대가 들썩거릴 정도로 온몸을 떨며 내는 괴이한 신음소리에 병실에는 늘 긴장감이 맴돌았다. 5일 안에 맞는 항생제를 찾지 못하면 죽는다고 했다. 나쁜 병균이 혈액을 타고 약한 장기는 모두 침투하며 돌다 보니 합병증이 여기저기 생겼다. 급성 맹장염으로 입원 첫날 수술을 급하게 하기도 했다. 중이염으로 귀에서는 고름이 줄줄 흘러내렸다. 허리디스크까지 생겨 꼼짝하지 못할 정도로 고통이 심했다. 배양검사를 해 가며 맞는 항생제를 찾느라 긴박한 5일이 지나면서 마지막 5일째 다행히 항생제를 찾았다. 항생제를 찾으니 40도가 넘었던 고열이 내리기 시작했다. 한동안 치료를 받고 퇴원하고도 패혈증 합병증으로 망가진 허리디스크 때문에 지팡이 없이는 일어설 수도, 걸을 수도 없었다.

그때의 모습이 아직도 생생하다. 그때는 뼈에 거죽만 붙어 지팡이에 의지해 비틀비틀 겨우겨우 움직일 수 있었는데, 체중은 15kg 이상 줄고 온순한 사람이 몸이 아프니 성격까지 까칠해졌다. 중요한 시험이 있어서 공부하려고 5일 휴가를 내고 퇴근해 보니 남편이 병상에 누워 있었다. 정신을 잃고 고통스러워하다가 잠깐이라도 정신이 들면 시험공부 못 해서 어떻게 하냐며 가서 공부하고 오라고 내 걱정부터 했다. 시험에 떨어지면 자기 때문이라고 자책할까 봐 그 상황에서도 병원 자판기 불빛 아래서 책을 펴고 틈틈이 공부했었다. 포기할까 고민하다가 시험 당일

딸에게 병실을 맡기고 시험을 봤는데 기능직 공무원이었던 나는 운 좋게도 교육행정직 공무원 시험에 합격했었다.

세 번째 우기는 남편도 차츰 나아져 가고 아버지도 치료는 계속 받고 있지만 좋아져서 그나마 숨 좀 쉬려나 하는 생각을 하고 있을 때 찾아왔다. 그 무렵 세 번째 찾아온 우기는 우리 집을 처참하게 강타했다. 그건 우기가 아니라 강력한 태풍이었다.

2016년 2월에 겨우 23살의 딸이 급성 백혈병 진단을 받았다.

골수이식을 하루라도 빨리 해야 할 만큼 긴박한 상황의 연속이었다. 이식할 수 있는 조혈모세포가 없어 하루하루가 피가 마르고 너무나 암담했던, 내 인생의 최대 우기였다. 엄마들의 심정이 다 그럴 것이다. 내 몸을 녹여서라도 아이를 살리고 싶었다. "도와주세요. 제발 우리 아이를 살려주세요. 백혈병 환우들을 도와주세요. 피검사만이라도 해 주세요." 전단지를 만들어 돌리며 골수 공여자를 애타게 찾고 또 찾았다. '신이 계시다면 제발 도와주세요. 하루빨리 골수 공여자를 만나 이식받을 수 있도록 도와주세요.' 기도도 해보고 애태우며 지푸라기라도 잡는 심정으로 여기저기 도움을 청했다.

하루하루 피 마르는 고통 속에서 겨우겨우 버티며 견뎌 내는 핏기 없는 창백한 딸을 보면서 속이 새카맣게 타들어 갔다. 길 가는 젊은 사람만 봐도 '저 사람이 맞을까? 이 사람이 맞을까?' 하는 생각부터 앞섰다. 더는 울 수도 없었다. 슬픔의 깊이에 눈물이 말라 울음도 더 이상 나오지 않았다. 가슴만 새까맣게 타들어 갔다. 엄마니까, 엄마가 힘을 내야 하니까 의연해져야 했다.

그렇게 착잡한 심정으로 오매불망 초조한 마음으로 공여자를 기다리고 또 기다렸다. 피가 마르고 속이 타들어가는 힘겨운 기다림의 연속이었다. 가슴 깊숙이 휑하니 큰 구멍이 뚫려 허허롭기 그지없었다. 온전히 나로 살 수 없었던 내 인생의 우기, 힘들다기보다는 너무나 허했다. 언제 끝날지 모르는 우기 속에서 가슴이 무너져 내리던 시간이었다. 급기야 오기가 생겨났다.

'왜 나를 이렇게 괴롭히는 걸까? 그래. 세상아, 해 볼 테면 어디 해 봐라. 계속해 봐.'라고 생각하며 세상과 맞서기로 했다. 끊임없이 나를 괴롭히는 세상에 맞장 뜨며 덤비고 싶은 오기가 일었다. '그래 죽기밖에 더하겠어? 누가 이기나 끝까지 해 보자.' 하면서 거침없이 세상과 맞서며 덤비기 시작했던 시기다.

네 번째 우기, 온통 딸에게 정신을 쏟으며 살다 보니 모든 생활이 엉망이었다. 딸에게 정신 팔려 있던 어느 날, 베란다에 가득한 화초들이 시들어 죽어 가는 것이 보였다. 죽어 가는 모습이 딸의 모습 같아 안타까웠다. 화초에 물을 주다 그만 "악!" 하는 신음소리를 내뱉으며, 허리 이상을 느껴 꼼짝을 할 수 없었다. '신이 존재한다면 이럴 수는 없을 것이다. 이 와중에 아이는 어떻게 챙기라고 내 몸까지 꼼짝 못 하게 만드는 걸까?' 몸을 움직일 수가 없었다. 겨우겨우 전화를 걸어 구급차 신세를 지며 응급실에 실려 갔다. 허리디스크가 문제였다. 하루에 두 번씩 병원 무균실에 있는 딸에게 면회를 가야 했다. 입맛이 살아날 수 있도록 뭐라도 만들어다 줘야 했다. 움직일 수가 없어 이제 그 일마저도 할 수 없었다. 화장실도 남편이 들어서 변기에 올려 줘야만 볼일을 볼 수 있었다. 급한 대로 꼬리뼈에 척추 주사를 맞고 열흘을 꼬박 침대에서 지냈다.

아파 본 사람이 아픈 사람의 심정을 잘 알기 때문에 허리를 쓰지 못해서 고통을 당했던 남편이 지극정성으로 보살펴 줬다. 딸 면회 다니랴, 마누라 신경 쓰랴, 사무실 일 챙기랴, 몸이 열 개라도 부족했을 텐데도 힘든 내색 한 번 없이 신경 써 줬다. '얼마나 힘들었을까?' 계속 자리보전할 형편이 못 되어 열흘 정도 누워 있다 주섬주섬 일어나 움직였다. 그러나 그게 무리였을까? 며칠 안 되어 하혈이 시작되었다. 한 달 넘게 지속되는 하혈로 병원을 찾았다. 출혈의 원인인 자궁의 혹을 찾아 제거 수술을 긴급하게 했다. 자궁 수술한 지 채 한 달도 되지 않아 예정되어 있던 어깨 수술은 물론 허리디스크 시술과 목 디스크 시술까지 3종 세트를 한꺼번에 했다.

일주일 사이에 전신 마취를 4번, 한 달 사이에 5번이나 했다.

딸이 입원해 있는 동안 모두 해치우자 싶어 무리를 하며 강행했다. 딸은 종일 무균실에 홀로 있다 하루 두 번 면회 시간에만 만날 수 있다. 가서 용기를 불어넣어 줘야 하기 때문에 아플 여유도 없었다. 퇴원해서 집에 오면 기력이 회복될 수 있도록 신경 써 줘야 하고 집 안을 무균실 환경으로 유지해 줘야 했기 때문에 아파도 아플 여유가 없었다. 하루 24시간 동안 온통 신경을 써도 갈증이 났다. 그렇다고 교육청 일까지 소홀히 할 수도 없는 상황이라 아픈 내 몸으로는 정말 힘겹게 생활할 수밖에 없었다.

내 인생의 우기는 이렇듯 몇 년 동안 마음까지 쓸어버릴 깊은 슬픔으로 나를 송두리째 삼켜 버렸다. 끊임없이 벗어나고자 발버둥 쳐 본들 조금 나아지나 싶으면 또 제자리걸음이었다. 하지만 끝까지 포기하지 않았다. '올 테면 와 봐라. 덤빌 테면 덤벼 봐. 누가 이기나 끝까지 해 보자.' 오기가 생겼다고 할까? 무서울 것이 없었다고 할까? 힘든 일을 여러 번 겪다 보니 처해진 환경에서 '지금 내가 할 수 있는 일이 무엇인가?'를 먼저 생각했다.

삶이 버거울 때마다 그때그때 상황에 맞게 내게 주어진 삶에 최선을 다하자고 다짐했다. 그렇게 다짐하고 현재에 충실하며 죽기 살기로 실천했기 때문에 잘되든 잘못되든 결과를 받아들일 각오를 하게 되었다.

돌멩이가 자갈이 되기까지 모진 풍파를 겪으며 닳고 닳아 반질반질 둥글둥글해지듯 까칠하고 화나 있고 어두웠던 내 성격이 원만해지고 밝아져 갔다. 많은 시련이 내 성격을 바꾸어 주고 있었다. 죽는 그 순간까지 난 이렇게 내게 주어진 인생의 실타래를 스스로 풀어 가며 최선을 다하며 살아갈 것이다. 난 신을 믿지 않는다. 아니, 신이 있다고 해도 의지하고 싶은 마음이 없다. 내 삶의 실타래는 내 스스로 풀어 가야 할 나의 숙제이고 나의 몫이고 나의 운명이다. 지금까지 그래 왔던 것처럼 앞으로도 내 인생의 문제는 누구의 도움 없이, 누구에게도 의지하지 않고 내 스스로 해결해 나갈 것이다.

'내 인생에 이러한 질곡들이 없었다면, 내 인생의 우기가 없었다면 오늘의 내가 있었을까?' 내 인생의 우기마저도 값진 경험이고 소중하고 감사하다. 어떠한 환경에서든 인생에 의미를 부여하고 나만의 교훈을 배워 갈 것이다. 단 한 번뿐인 인생이기에 더욱 그러하다. 인생은 연습이 아니다. 실전이다. 그 누구도 나를 강제로 불행하게 만들지는 못한다. 나 자신의 마음먹기에 따라 행복과 불행이 결정되는 것이다. 마음의 바닥에 붙어 있는 좌절감을 털어 낼 수 있도록 의지의 바람을 힘껏 불어넣어야 한다.

내 마음의 창을 두드리는 것은 나다. 스스로 일어나야 한다. 행복도 불행도 내가 만들어 내는, 내 삶의 결과물이다. 외부 환경과 거기에 반응하는 나 사이에는 공간이 있다. 이 공간을 무엇으로 선택할지가 곧 나의 의지이며 나는 행복과 불행을 결정할 수 있는 내 마음의 주인임을 잊지 말자. 행복할 것이냐, 불행할 것이냐는 내가 결정한다. 여러분은 어떠한 인생을 그려 가고 싶은가?

나 자신의 마음먹기에 따라 행복과 불행이 결정되는 것이다. 마음의 바닥에 붙어 있는 좌절감을 털어 낼 수 있도록 의지의 바람을 힘껏 불어넣어야 한다. 내 마음의 창을 두드리는 것은 나다. 스스로 일어나야 한다. 행복도 불행도 내가 만들어 내는, 내 삶의 결과물이다.

내 생의 밑줄

한겨울에 피는 꽃이 더 아름답다

"아주머니! 계모예요?"

아들이 초등학교 3학년 때의 일이다. 아이가 입원한 병실 문을 열자마자 환자 보호자들이 쏘아붙이며 했던 말이다. 뇌수막염 진단을 받아 아들을 병원에 입원시키고 학교 일이 바빠서 아이를 혼자 병원에 남겨 두고 학교로 복귀했었다. 아이의 자립심은 그때도 빛났다. 입원시키자마자 "엄마가 좀 바빠서 그러는데 학교 갔다 퇴근하고 와도 될까?"라고 말했더니 알았다고 해 아이만 병원에 두고 갔었다. 간호사를 따라다니며 혼자서 온갖 검사를 받는데 심지어 척추에서 척수검사까지 받아 몇 시간째 꼼짝 못 하고 누워 있는 중이었다. 병실 문을 열자마자 병실에 있던 다른 환자들의 엄마들이 일침을 가할 만했다. 4시간 동안 움직이지 말라 해서 가엾게도 그 조그만 아이가 웅크리고 옆으로 누워 있었다. 초등학교 3학년이지만 조기입학해서 또래보다 나이가 한 살 어렸다. 어린아이 혼자 감당하기에는 무섭고 힘든 고통이었을 텐데도 엄마를 원망하는 기색이 전혀 없었다. 오히려 병실 아주머니들의 눈초리가 무서워 눈치를 봐야 했다. 어찌나 미안하고 대견하던지 지금도 옆으로 웅크리고 누워 있던 아이의 왜소한 모습이 생생하다.

"엄마, 나 미국으로 유학 가고 싶은데 그래도 될까?"

"그래? 가고 싶으면 가 봐. 그런데 엄마가 많은 도움을 줄 수는 없는데 어떻게 하지?"

아들이 고등학교 1학년을 다니다 말고 유학을 가기 위해 자퇴를 했다. 유학을 보낼 수 있는 가정 형편은 아니었다. 하지만 자식이 원하는데 꿈을 키워 보기도 전에 꺾어 버리고 싶지 않았다.

가난으로 인해 중학교도 가지 못했던 내 어린 시절의 고통을 아이들에게 느끼게 하고 싶지 않았다. 아이들이 원하는 것은 무엇이든 해 주고 싶었다. 어린 아들은 혼자서 미국에 유학 갈 수 있는 방법을 알아보고 지인들께 추천서를 받아 원서를 내고 장학금 지원까지 받으며 합격 통보를 받아 냈다. 실로 대견했다.

초등학교 때부터 SNS를 통해 영어권 아이들과 채팅을 해 가며 영어를 자유자재로 구사했다. 미국 유학길도 짐 꾸러미를 들고 혼자 떠났다. 비행기 값 아끼겠다고 일본을 경유해 미국에 내려서도 국내선을 타고 애리조나 주까지 이동해야 했다. 가는 길에 우여곡절도 많았다. 경유지 일본에서 여권을 분실해 안내 데

스크를 통해 찾기도 하고, 미국에서 국내선으로 이동하던 중에 캐리어의 지퍼가 고장 나 가방이 열려 수화물을 부치는 데 어려움을 겪었다. 씩씩하게 미국 학교에 무사히 도착해 어학 코스를 밟지 않고 곧바로 정규 고등학교에 입학했다.

자립심을 키워 주기 위해 어렸을 때부터 무엇이든 스스로 결정하고 스스로 행동하게 했다. 사막에 내놔도 스스로 살아갈 수 있는 아이들로 자라 줬다. 몇 개 국어를 능수능란하게 원어민처럼 구사하면서 멋지게 자기 몫을 해내는 아들의 모습이 자랑스럽고 아들이지만 존경스럽다.

2018년 여름, 한국강사협회의 명강사 육성과정에 다녀왔다.

선배와의 대화 프로그램에 참가하려는 목적으로 갔지만 혹독한 추위를 견디고 새로 태어나 예쁘게 피어나고 있는 딸의 모습을 보려는 목적이 더 컸다. 모 대학 명강사과정을 수료하자마자 한국강사협회 명강사 육성과정에 도전했던 딸의 열정에 찬사를 보내며 응원해 주고 싶었다. 명강사 육성과정에서 최연소 강사로 제 몫을 다하고 있는 딸의 모습에서도 배울 점이 참 많다. 도착했을 때는 이미 분반수업으로 2차 강의 코칭이 진행되고 있었다. 딸이 있는 교육장에 가 보고 싶었지만 중간에 들어갈 수 없어 다른 교육장으로 갔다. 딸이 시연하는 모습이 보고 싶어 카카오톡 메시지를 보냈다.

"엄마가 강의를 시연하는 것 보고 싶어서 그러는데 가도 괜찮아?"

"응, 와서 보는 것은 상관없어. 쉬는 시간에 와요." 불편함 속에서도 승낙해 줬다. 밝은 모습으로 당당하고 여유 있게 시연하는 모습을 보며 '역시 엄마보다 낫다.'라는 생각을 했다. 교육과정이 끝나고 운영진 중의 한 분이 다가왔다. "이사님! 어제는 더 잘했어요. 어제 하는 것 보면서 우리끼리 정말 잘한다고 했어요. 그런데 오늘은 엄마가 사진 찍고 비디오 찍어 가며 보고 있으니 얼마나 부담스러웠겠어요."라고 했다. 아는 사람 앞에서 강의하는 것은 부담스러운 일이다. 그런데 강사라면 그런 부담도 이겨 낼 수 있어야 한다. 그런 부담스러운 훈련과정을 거쳐야지만 명강사로 거듭날 수 있기 때문이다. 그래서 딸이 더욱 고맙다. 죽을 만큼 힘들었던 혹독한 병마와 싸워 이겨 내고 자기 의지로 명강사가 되고자, 디자인을 더욱 발전시키고자 스스로 개척해 가는 모습이 참 아름답고 자랑스럽다.

하얀 눈 속에 묻혀 빼꼼히 고개를 내민 한 송이 예쁜 꽃이 눈앞에 있을 때 느낌이 어떠한가? 꽁꽁 얼어붙은 땅속에 뿌리를 내리고 추운 날씨에도 예쁘게 피어난 가녀린 꽃잎을 보면 가슴속이 환하게 열린다. 모진 시련 속에서 굴하지 않고 승화된 눈부신 아름다움이 보는 사람의 마음을 열게 한다. 사람도 그렇다. 온갖 시련을 다 이겨 내고 피어난 아름다운 삶은 나이를 불문하고 존경스럽고 아름답다. 자수성가한 사람들의 삶이 돋보이는 이유도 마찬가지다.

겨울은 식물에게도 혹독한 계절이다. 잎은 말라 떨어지고 가지만 앙상히 남은 나무가 참 볼품없이 추워 보일 수 있다. 하지만 나뭇가지는 겨울에 더욱 빛난다. 무성했던 푸른 잎들을 모두 내려놓고 앙상한 모습을 그대로 드러낸다. 그동안 잎에 가렸던 자신의 진면목을 그대로 보여 준다. 자기 자리에서 꼼짝없이 혹독한 추위를 견뎌 내는 앙상한 겨울 나무를 보면 안타깝고 측은해 보이기도 하지만 나무가 살아온 결을 그대로 볼 수 있어 위풍당당한 그 모습이 굳세어 보이고 아름답게 느껴진다.

사람도 자신다운 모습을 보여 줄 때가 가장 아름답듯이 잎이 없는 나무는 나무 본연의 아름다움을 가장 잘 드러낸 모습이기도 하다. 마음에 굳은살이 박여 가며 혹독한 시련과 아픔을 견디고 나답게 피어날 때 가장 존경스럽고 빛이 난다. 나다운 모습을 갖추려면 냉담한 현실에서 스스로 모든 어려움을 이겨 낼 수 있어야 한다.

내 인생은 어느 누구도 대신 살아 주지 않는다. 부모가 자식의 인생을 끝까지 책임질 수 있을까? 책임질 수 없다면 스스로 판단하고 결정하면서 나답게 사는 법을 배우고 익혀 갈 수 있도록 자립심을 길러 줘야 한다. 아이 둘을 키우면서도 고 3병이 뭔지 단한 번도 느끼지 못했다. 사춘기마저도 자연스럽게 지나갔다. 어릴 때부터 아이의 인생에 엄마가 끼어들지 않았기 때문이었던 것 같다. 불면 꺼질 새라 치마폭에 싸서 키웠다면 아마도 딸은 죽음의 문턱에서 살아 돌아오지 못했을 것이다. 아들도 지금처럼 해외를 내 집처럼 드나들며 제 몫을 다하는 아이가 되지 못했을지도 모른다.

　아이들의 인생을 좌지우지하려 드는 부모가 되어서는 아이들의 인생에 도움이 되지 않을 것이다. 아이도 하나의 인격체로 봐 주고, 아이 스스로 헤쳐 나가고 자립심을 기를 수 있도록 돕는 지원자가 되는 것이 부모의 역할이라 생각한다. 부모는 아이가 도움을 요청할 때 인생 선배로서 내비게이션 역할만 해 주면 되지 않을까 싶다. 스스로 판단하고 결정 내리며 나답게 살아갈 수 있도록 도와주어야 한다. 안타까운 마음에 부모교육 강의를 하면서 늘 강조하게 된다. 겨울이 추울수록 이듬해 봄에 피어나는 꽃들이 더 아름답듯이 혹독한 시련 속에서도 스스로 아름답게 꽃을 피워 준 사랑하는 아들, 딸이 존경스럽고 고맙다. 사랑한다. 나의 아들, 딸!

> 사람도 마음의 굳은살이 박여 가며 혹독한 시련과 아픔을 견디고 나답게 피어날 때 가장 존경스럽고 빛이 난다.
>
> 내 생의 밑줄

시련은
빛이 들어오는
문이다

"고통이 남기고 간 뒤를 보라! 고난이 지나면 반드시 기쁨이 스며든다. 고난이 있을 때마다 그것이 참된 인간이 되어 가는 과정임을 기억해야 한다." 괴테가 한 말이다. 어둠이 있어야 반딧불도 빛나듯 고통이 있어야 고난 속에서 피어난 삶이 더욱 빛난다.

너무 암담해서 앞이 보이지 않았던 암울했던 시기, 어떻게든 살아 보고자 엉켜진 삶의 실마리를 찾아야 할 때가 있다. 내 인생에 어느 날 갑자기 어렵다고 포기할 수 없고 피해갈 수 없는, 꼭 풀어야 할 수수께끼가 장애물로 툭 떨어졌다면 어떻게 할 것인가?

포기하지 않는 사람에겐 길이 열리기 마련이다. 긴 마라톤 경주에서 결승점을 향해 달려가는 길은 숨이 턱에 차오를 정도로 힘들고 고된 길이다. 하지만 끝까지 인내심을 가지고 자신의 페이스를 조절해 가며 달리다 보면 결국 결승점에 도달하게 된다. 포기하지 않으면 언제나 길은 열리게 되어 있다. 갑자기 닥쳐온 슬픔과 두려움에 어찌할 바를 모르고 손 놓고 있기보다는, 어떻게든 해결하려고 발 벗고 나설 용기가 있어야 한다. 고난은 견디는 것이 아니다. 내 힘으로 이겨 내는 것이다. 이겨 낸다는 것은 뒤돌아보는 것이 아니라 앞으로 나아가는 것이다. 들판을 휘몰아치는 세찬 바람이 불면 나무가 뽑히지 않으려고 뿌리를 아래로 견고하게 내리는 것처럼 힘들지만 조금씩 전진해야 한다.

어려움 없이 성숙해질 수 있는 사람은 없다. 삶에서 어떤 고통을 겪더라도 그것에 절망하기보다는 빛이 될 수 있는 희망을 찾아야 한다. 살아야겠다는 새로운 삶의 의지로 새로 태어날 수 있는 일만큼 위대한 일은 없다. 찢어지게 가난한 데다 아버지의 권위만이 존재했던 시절, 초등학교를 함께 졸업한 동급생들 중에서 나 혼자만 중학교에 입학하질 못했다. 학교 가야 할 시간에 가방 대신 호미를 들고 밭으로 나가야 했다. 틈만 나면 산에 가서 땔감용 나무를 해야만 했다. 저녁이면 동네 우물에서 물지게로 물을 길어다 저녁밥을 지어야 했다. 물지게를 지고 무거워 비틀거릴 즈음이면, 내가 꿈에도 그리던 교복을 입은 친구들이 가방 들고 왁자지껄하게 얘기를 나누며 하교하는 모습을 볼 수 있었다. 물지게를 진, 한없이 초라한 모습을 친구들에게 들키고 싶지 않았다. 하지만 그 모습으로 어디 숨을 수도 없었다. 친구들 앞에서 초라해질 때로 초라해지던 안쓰러운 어린 내 모습이 아직도 선하다.

엄마도 그 시절 엄청나게 힘들어하셨다. 어쩌다 막걸리라도 마시게 되면 우시기도 했다. 시집살이도 유난히 심하게 겪었던 울 엄마! 그동안 힘겹게 살아온 설움 때문에 가끔씩 가슴을 치며 "책을 쓴다면 열 권도 더 쓰겠다."라고 울분을 토해 내시곤 했다.

그 당시 아빠는 계속 밖으로만 겉도시고 집안에 별 관심이 없는 분으로 보였다. 내 인생에 빛이라고는 보이지 않았지만 인내하다 보니 어찌어찌 중학교에 진학할 수 있었다. 자존심이 강했던지라 동생들과 함께 친구로 지내야 하는 중학교 생활이 마냥 즐거운 것만은 아니었다. 중학교 3학년 때는 담임선생님께서 학교에서 왕복거리가 8km였던 집을 몇 번씩 가정 방문하여 부모님을 설득해 주신 덕에 비록 상고지만 오빠들도 가지 못한 고등학교에 다닐 수 있었고 그 후 대기업인 삼성에 취직했다.

어릴 적 가난에 대한 설움 때문에 세상에서 가장 싫어하는 1순위는 항상 돈이었다. 취직해서 그렇게 싫어하고 증오했던 돈을, 먹을 것 입을 것 줄여 가며 악착같이 모았다. 나 자신을 위한다기보다는 집안에 보탬이 되기 위해, 집에 보내드리는 재미로 돈을 모았다. 젊은 시절의 나는 돈벌레였다. 여전히 어려운 환경에서 고생하며 어느 정도 마음의 여유가 생기니 이번엔 다른 방법으로 시련이 찾아왔다. 잇따른 가족의 투병과의 사투 속에서 무너지지 않으려고 발버둥 쳤다.

남편에게 패혈증이 찾아왔을 때는 아들이 군 입대를 한 직후였다. 가까스로 패혈증이 나았으나 허리를 못 쓰게 되어 지팡이에 의지하면서 겨우 몸을 움직여야 했을 때 아들이 훈련소를 퇴소하게 되었다. 부모가 가서 이등병 배지를 달아 주는 기회를 놓치지 않기 위해 남편은 아픈 몸을 이끌고 훈련소에 가겠노라 고집했다.

아픈 환자를 태우고 난생 처음으로 경기도 광주에서 부산까지의 먼 거리를 당일치기로 왕복해서 운전해야 했다. 허리 디스크 환자인 남편은 조금이라도 충격을 주면 고통을 느꼈기 때문에 빨리 달릴 수도 없었다. 휴게소마다 들러 아픈 몸을 부축하며 앞에도 앉혀 봤다 뒷좌석에도 눕혀 봤다 위치를 바꿔 가면서 태우고 갔다. 남편은 아들의 모습을 보기 위해 고통을 참아 냈다. 새벽부터 나서서 겨우 시간에 맞춰 도착해 지팡이를 짚고 주춤주춤 부축을 받으며 아들의 어깨에 이등병 배지를 달아 주며 격려하던 모습이 생각난다. 극심한 고통을 참아 가며 아들을 격려해 주러 먼 길까지 참고 달려가 주는 그것이 바로 부모의 마음이다.

딸에게 급성 백혈병이 발병했을 때는 한가하게 신세 한탄할 시간조차 없었다. 급성으로 찾아온 백혈병이라 조혈모세포 이식을 받아야 했기 때문에 공여자를 하루빨리 찾아야만 했다. 억장이 무너졌지만 마냥 슬퍼할 수도 없는 상황이었다. 대신 아파 줄 수도 없고 도움도 못 주고 지켜봐야만 하는 심정이니 애가 탔다. 하지만 씩씩해야만 했다. 아무렇지도 않은 듯 씩씩한 모습을 보여 줘야 딸도 힘을 낼 수 있을 것 같았다. '절대 나약해지지 말

자. 약한 모습 보이지 말자. 우리는 분명히 이겨 낼 수 있어. 이 난관은 아무것도 아니야. 잘할 수 있어. 분명히 나을 수 있어.'

수도 없이 이렇게 다짐하면서 마음을 굳건히 하며 버티려고 안간힘을 썼다. 병원 무균실에 들어가면 아이를 볼 수 있는 시간은 하루에 고작 20분이다. 10분씩의 면회를 하루에 두 번 할 수 있기 때문이다. 그것도 교대로 한 명씩밖에 들어갈 수 없었다.

면회시간은 10분씩이었지만 너무 안타까워하니 30분까지 만날 수 있도록 병원에서 배려해 주곤 했었다. 기약 없는 장거리 장애물 경기에서 살아남아야 했다. '어떻게 하면 이 힘든 상황을 이겨 낼 에너지를 얻을 수 있을까?'라는 생각이 가장 먼저 들었다. '힘든 상황이지만 내가 가장 좋아하는 일을 한 가지쯤 하는 것이 좋겠다'는 결론을 냈다. 그래야 그 힘으로 가족을 지켜 낼 수 있을 것만 같았다. 숨을 쉴 구멍이 필요했다고 해야 더 맞을까?

그 암담한 상황에서 강사다운 강사가 되기 위해, 어떻게든 살아남기 위해 명강사과정을 찾았다. 아이가 아픈 상황에서 내 몸까지 나빠져 한 달 사이에 5번의 전신 마취를 하고 퇴원한 직후였다. 어깨 수술 때문에 어깨 보조기기를 찬 초췌한 모습으로 살아보겠다고 교육과정 설명회를 하는 곳에 찾아갔었다.

힘든 상황에서도 희망을 놓지 않았기 때문에 시련 속에서 빛을 찾을 수 있었다. 딸도 골수 공여자를 만나 이식 수술을 한 후 건강을 되찾았고, 나 역시도 청중과 만나서 희망을 노래하고 행복을 노래하며 누군가에게 꿈이 되는 오늘의 내가 될 수 있었다.

내 인생이 평탄했다면, 고난 속에서도 살아 보려고 이루고자 하는 목록들을 재정립하지 않았다면 꿈을 이룰 수 없었을 것이다.

오늘의 나로 살 수 있는 계기가 되었던 수많은 시련은 돈으로도 살 수 없는 값진 경험이고 선물이다. 시련이 있어야 우리의 삶에도 깊이가 생긴다. 시련으로 얻어진 풍부한 경험으로 넉넉해지고 행복해진다. 행복도 고통도 모두 우리가 살아가는 삶의 일부이며, 고통은 우리가 성장할 수 있도록 도와주는 핵심 동력이다.

시련이 가져다주는 귀한 경험을 문틈으로 빛이 들어오는 것으로 기꺼이 받아들이고 극복하여 그 기쁨으로 행복해지기를 바란다. 시련은 견디는 것이 아니다. 때로는 시련을 인생에 있어서 반드시 주어지는 기본값으로 인정하는 대범함도 필요하다. 기본값이기에 당당히 내 힘으로 이겨 내는 것이다. 고통 속에서 힘들어하는 사람들에게는 "사랑하는 가족을 잃은 것이 아니라면 슬퍼하지 마. 죽고 사는 일이 아니라면 그냥 웃어 버려."라고 말해 주고 싶다.

갑자기 시아버님이 생각난다. 참 좋은 분이셨는데 지금은 하늘나라에 계신다. 자식들 김장해 주시려고 시부모님 두 분이서 밤새 깐 마늘을 아침에 자전거에 가득 싣고 방앗간에 빻으러 가시다가 동네 어귀에서 교통사고를 당하셨다.

과속으로 달리던 승용차와 부딪혀 처참하게 돌아가셨던 그때 그 널브러진 현장의 생생한 모습을 잊을 수가 없다. 사고를 낸

차 앞 유리는 자전거와 부딪혀 산산조각이 나 있었고 마늘 조각
들은 여기저기 흩어져 있었다. 신발도 아무렇게나 내팽개쳐져
있고 자전거는 부서져 있었으며 아버님이 쓰러진 자리엔 하얀
페인트의 안쓰러운 실루엣이 그려져 있었다. 힘들 때면 가끔 그
모습이 생각난다. 따뜻한 음성을 듣고 싶고 수줍은 듯한 아버님
의 미소가 그립다.

자신이 언제 어떻게 죽음을 맞이하게 될지 아무도 모른다. 시
아버님의 외롭고 처참한 죽음을 생각하면 이 순간, 열심히 살지
않을 수 없다. 현재 내 앞에 주어진 이 순간의 소중함을 그냥 무
의미하게 흘려버릴 수는 없다. 지금 이 순간이 모여 평생이 된
다. 순간순간 내가 할 수 있는 최선을 다해 살아갈 것이다. 누
구를 위해서가 아닌 죽음의 마지막 순간에 마주할 나와 떳떳하
게 만나기 위해 지금 이 순간 하루만 살다 가는 하루살이처럼 치
열하게 살아갈 것이다. 이는 마지막 순간의 나와 마주하며 '김순
복, 수고했다. 참 열심히 살았구나.'라고 위로하며 흐뭇한 미소
로 다음 생을 향해 발걸음을 떼기 위한 것이다. 그러기 위해서 1
분 1초를 소중하게 여기며 젖 먹던 힘까지 발휘하여 최선을 다할
것이다. 하루를 살아도 스스로 만족하며 당당하기 위해서….

시련은 견디는 것이 아니다. 때로는 시련을 인생에 있어서 반드시 주어지
는 기본값으로 인정하는 대범함도 필요하다. 기본값이기에 당당히 내 힘으
로 이겨 내는 것이다. "사랑하는 가족을 잃은 것이 아니라면 슬퍼하지 마.
죽고 사는 일이 아니라면 그냥 웃어버려."

내 생의 밑줄

벼랑 끝
활주로

CLIFF-END RUNWAY

2장

내 인생,
365 땡큐!

소중한 것은
가까이 있다

'또르르… 똑똑.'

길을 걷다 문득, 손등에 똑 떨어지는 이슬방울! 주책이다. 바람이 너무 거세게 불었나?

괜스레 눈가가 촉촉해지더니 오른쪽 뺨을 지나 손등까지 눈물방울이 맺혔다. 50여 년 넘게 맞이하는 계절이지만 가을걷이가 끝난 이맘때가 되면 유난히 가슴속에 허허로운 바람이 느껴질 때가 있다. 텅 빈 가슴속에 스며든 스산한 느낌이 눈물샘을 자극하더니 아리게까지 한다. 뒤숭숭함의 굴레가 자꾸만 옥조인다. 온통 뒤죽박죽해진 머리가 무겁게 느껴져 바람에 맡겨 보면 복잡한 머리와 가슴속이 좀 시원해질까 싶어 작정하고 나섰다.

집을 나서기 전에는 시원한 바람이 어지러운 머릿속을 깨끗하게 지워 줄 것만 같았다.

"엄마다. 바쁘냐? 호박식혜랑 찰밥 해 놨으니 ○○ 좀 보내라."

엄마는 자꾸만 내 눈치를 보신다. 딸한테 다녀가라 해도 될 것을 외손녀를 보내라 하신다. 팔순이 넘은 엄마는 지금도 딸에게 뭘 못 해 줘서 안달이 나신 듯 가끔씩 이렇게 전화를 하신다. 너무 바쁘다는 핑계로 전화 한 통 없는 딸의 무정함에 더욱 눈치를 보신다. 예전 같으면 "어디 이민 갔냐?" 하셨을 텐데 갈수록 신경을 쓰시는 것 같아 마음이 짠하다.

2019년에는 엄마와 동생네랑 함께 제주도에 다녀왔다. 오랜만에 뵈었는데 엄마 눈이 점점 감겨져 가는 모습에 가슴이 아팠다. 어쩌다 엄마 손에 용돈 몇 푼 쥐어 드리는 것이 고작인 딸인데, 어릴 때 음식 투정한다고 쥐어박기도 했던 것처럼 편하게 막 대해 줬으면 좋겠다.

이번에도 결국 딸이 할머니에게 다녀왔다.

"엄마, 할머니에게 전화 좀 해. 엄마가 좋아하는 것 엄마 안 주면 할머니 목에 안 넘어가신대." 딸은 들어오자마자 엄마를 원망하는 목소리로 쏘아붙였다. 자기도 일이 바쁜 상황에서 다녀오느라 심통이 난 걸까? 이번에도 엄마는 검은 봉다리 속에 이것저것 잔뜩 챙겨 주셨다. '전화 드려야지' 하고 생각하면서도 바쁘게 일하다 보면 깜박깜박 잊어버리기 일쑤다. 머릿속이 복잡하다 보니 요즘 들어 건망증이 더욱 심해졌다. 밥 먹는데 남편까지 옆에서 거든다. 시골 할머니도 병원에 입원해 계시는데 전화했냐며 너무한다는 말을 덧붙인다. 먹던 밥이 불편한 마음에 가슴에 꽉 막혔다. 숟가락을 그대로 내려놓고 화장실에 가서 "끄르륵 꺼억."거렸다. 냉장고에 있는 한방소화제를 꺼내 한 움큼 삼켰다.

'나더러 어쩌라고? 나도 죽을 만큼 힘들다고. 나 좀 내버려 두라고!' 이렇게 소리치고 싶었지만 꾹 참고 집을 나왔다. 요즘은 과로와 스트레스로 머릿속이 언제 터질지 모르는 활화산처럼 들끓고 있다. 면역력이 약해진 탓에 자꾸만 모세혈관이 터져 2년 넘게 두 다리에 시커먼 멍이 여기저기 들어 있는데 사라지지 않는다. 가슴에는 바윗돌이 하나 얹혀 있는 기분이다. 신경 쓰는 일이 많다 보니 늘 소화불량이나 위궤양에 시달리고 있다. 툭 하면 허리디스크로 병원 신세를 진다. 가만히 있어도 가끔씩 가슴이 울컥거리고 아리다 못해 쓰리다. 말을 안 하고 있어 그렇지 내가 이렇게 살아가는 것이 용할 정도로 겨우겨우 살아가고 있는데 양가 집안을 챙길 여력이 있을 리 만무하다.

2년 전, 가을 추수가 끝나고 이맘때쯤에도 엄마가 보내 준 봉다리가 나를 울렸다. 엄마의 봉다리 속에는 음식물과 함께 돌돌 말려 비닐에 싸인 엄마의 쌈짓돈 오십만 원이 함께 들어가 있었다. 엄마한테 다녀온 남편이 사진과 함께 '어머님께 전화 좀 드리고 잘해라.'라는 문자를 보내 줬다. 교육받던 중 쉬는 시간에 전화를 드렸다. "외손녀가 아파도 할머니가 돼서 해 줄 게 없어 미안하다. ○○에게 뭐 좀 해 줘라."라고 하셨다. 그 말을 듣고 눈물이 주르륵 흘렀다. 딸이 '급성 백혈병'을 앓고 있던 때라 온 집안 식구가 노심초사했던 시기였다.

새벽 4시에 일어나 미친 듯이 살아도 늘 시간이 부족해 허덕거린다. 일을 줄여야 하는데 좀처럼 줄일 수가 없어 가장 소중한 것들을 놓치기 일쑤다. 물과 공기처럼 우리 곁에 가장 가까이 있는 것들은 당연하게 느끼게 된다. 가족도 그런 것 같다. 가장 소중하지만 늘 가까 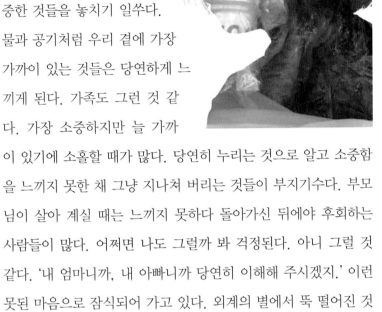 이 있기에 소홀할 때가 많다. 당연히 누리는 것으로 알고 소중함을 느끼지 못한 채 그냥 지나쳐 버리는 것들이 부지기수다. 부모님이 살아 계실 때는 느끼지 못하다 돌아가신 뒤에야 후회하는 사람들이 많다. 어쩌면 나도 그럴까 봐 걱정된다. 아니 그럴 것 같다. '내 엄마니까, 내 아빠니까 당연히 이해해 주시겠지.' 이런 못된 마음으로 잠식되어 가고 있다. 외계의 별에서 뚝 떨어진 것도 아닌데 참 무심하고 못된 딸이다. 효도하는 마음은 인간만이 가질 수 있는 권리이자 의무이기에 마음이 더 아파 온다.

홀로 계시는 시어머님께도 자꾸만 소홀해진다. 생각하면 짠하고 아프다. 남편을 교통사고로 잃고 10년 넘게 시골에서 홀로 계시는 어머님이다. 자식이 넷이지만 혼자 사시는 것이 편하다고 하셔서 모셔 오지 못하고 있다. 매번 반성하면서도 딸로, 며느리로, 엄마로, 아내로 도리를 다 지키며 일까지 잘하기란 너무 어렵다. 내 몸이 열 개라도 부족하다. 머릿속이 지끈지끈 쥐가 날 것 같다. 윙윙거리며 어지럽기까지 하다. 나 스스로도 어떻게 살고 있는지 모를 만큼 요즘은 내 인생에서 내가 잠시 출장 나간 것 같다. 전화는 드려야지 생각하면서도 일하다 보면 잊어버리기 일쑤다. 자꾸 누적되다 보면 더욱 전화를 못 하게 된다. 무거운 머리와 답답한 가슴으로 허공 속에서 바람을 맞으며 방황하고 있는 기분이다. 일들이 몰리다 보면 어쩔 수 없이 이렇게 힘들 때가 더러 있다.

길을 걷다 보니 엄마의 애틋한 마음이 길가의 앙상한 나무처럼 느껴져 눈물이 더 난다. 자식에게 퍼 주려고 봄부터 새싹을 틔우고 꽃을 피워 열매를 만들어 다 내어 주고 당신은 앙상한 가지만 남았다. 대롱대롱 매달린 이파리마저 다 벗어 주는, 엄마를 닮은 발가벗은 앙상한 나무가 나를 더욱 슬프게 하는 오늘이다.
'엄마, 엄마, 미안해 엄마….'
바쁜 생활 속에서 소중한 것들을 잃어 가는 기분에 가슴에 돌덩이가 박힌 것 같다. 돌덩이의 무게가 커다란 바위처럼 느껴져 갑갑하다. 찬 바람에도 씻기지 않는 머릿속 고뇌의 무게 중심이 한쪽으로 자꾸만 쏠린다. 거센 파도가 출렁이는 검은 바다가 갑자기 보고 싶어진다. 검은 파도에 이 답답한 마음을 좀 맡기면 시원해지려나? 이 지저분한 마음들을 파도에 다 내어 주고 싶다.
한참을 걷다 어느 카페에 들어와 대추차를 주문했다. 따끈한 대추차에도 엄마 얼굴이 그려진다. 겨울이면 대추를 진하게 고아서 해 주던 엄마의 포근한 손맛이 그립다. 대추차 한 모금에 마음이 조금 녹아드는 것 같다.

가장 소중하지만 늘 가까이 있기에 소홀할 때가 많다. 당연히 누리는 것으로 알고 소중함을 느끼지 못한 채 그냥 지나쳐 버리는 것들이 부지기수다. 부모님이 살아 계실 때는 무감각하다 돌아가신 뒤에야 후회하는 사람들이 많다. 어쩌면 나도 그럴까 봐 걱정된다.

내 생의 밑줄

'그래, 그가 이런 것도 해 줬었지. 고맙다. 정말 고맙다.'

하루 5가지 감사와 3가지 배려를 실천하는 5감사 3배려 일기를 쓰기 시작한 지 1년쯤 되니까 일기장의 분량이 두꺼운 책 2권쯤 되었다. 매일매일 감사 일기를 쓰다 보니 더욱 감사할 일들이 생기는 것 같다. 저녁에는 졸려서 쓰러질 때까지 일하다 꼬꾸라져 자기 일쑤다. 그러다 보니 거의 새벽에 일기를 쓰고 하루를 시작한다.

모든 것은 자기 자신에서부터 시작한다. 나를 지탱해 주는 활력은 쿵쾅거리는 심장으로부터 시작된다. 온전한 나로 바로 설수 있게 하는 힘은 나의 마음으로부터 시작된다는 뜻이다. 행복도 분노도 모두 자기 자신에서부터 비롯된다. 자신도 모르게 불평불만을 늘어놓고 쏟아 내다 보면 속이 후련해질 것 같지만 그렇지 않다. 그러고 나면 오히려 그런 자기 자신이 싫어지게 되고 기분이 나빠진다. 부정은 벌레처럼 파고들고 전염 속도가 빠르다. 아무리 친하고 좋은 사람도 다른 사람에 대한 불평불만을 하는 것을 계속 듣다 보면 어느 순간 싫어진다. 괜스레 나까지 그 기분에 물들 것 같기 때문이다.

불평불만은 하면 할수록 습관이 되기 쉽다. 부정적인 생각을 하는 것이 습관이 되면 삶에 대한 긍정적인 시선을 잃어버리게 된다. 가까운 사람과의 사이마저도 소원해질 수 있다. 불평불만이 많아지는 근본적인 이유는 상대방에 대한 기대치가 너무 높기 때문이다. 내 수준에 맞추어 요구하지 말고 섭섭할수록 상대방의 입장에 서서 생각하고 그에게 고마웠던 일을 찾아보자. "고맙다. 고맙다. 고맙다…" 이 말을 10번쯤 외쳐 보자.

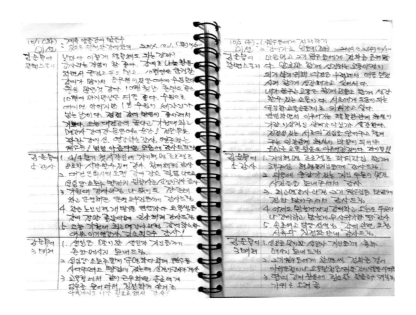

사람이 죽기 전에 가장 많이 후회하며 생각하는 것이 '그 사람을 그만 용서해 줄 걸…' 하는 마음이라고 한다. 불평불만 속에서 불편한 마음으로 살지, 긍정의 에너지로 용서하고 행복한 마음으로 살지는 자기 자신의 몫이다. 나에게도 역시 어려운 숙제다.

어쩐지 대할 때마다 마음이 불편한 사람에겐 무조건 주문을 걸듯 고마웠던 일을 생각하며 "감사합니다."를 백 번 이상 마음속으로 외쳐 보는 것은 어떨까?

감사는 축복이다. 감사한 생각을 많이 할수록 감사할 일만 생겨났다. 감사할 일이 많아지니 더욱 행복해졌다. 행복해지려고 마음먹은 사람에게는 자신에게 일어나는 모든 일이 행복한 이유가 된다. 행복한 긍정의 에너지는 반드시 부메랑이 되어 내게로 돌아온다. 내가 손해를 좀 보더라도 상대방이 행복해지기를 진심으로 빌어 보자. 몇 배로 내 자신도 행복해진다.

사람의 마음은 정원과도 같아서 얼마든지 스스로 지혜롭게 가꿀 수 있다. 주변을 돌아보면 하는 일마다 신기하게 잘되는 사람들이 있다. 그런 사람들을 살펴보면 꿈과 열정과 자신감으로 무장되어 있다는 것을 알 수 있다. 그들에게는 긍정의 에너지와 감사가 묻어난다. 사람들을 좋아하고 사람들을 감동시킨다. 얼굴빛 또한 맑고 투명하다. 당연히 그런 사람 주변에는 늘 사람들이 많다. 천국은 하늘에만 있는 것이 아니라 우리들의 마음속에도 있다. 천국도 행복도 얼마든지 마음으로 만들어 갈 수 있는 일이다. 아름다운 마음씨를 가지고 아름답게 살아가는 것이야말로 마음속에서 천국을 일궈 나가는 것이 아닐까?

행복한 사람은 표정만 봐도 충분히 매력적이다. 행복은 자신의 감정이 가장 진실한 순간에 느낄 수 있다. 아무리 성형을 하고 복잡한 화장술로 아름다운 얼굴을 그린다 해도 환하게 꽃처럼 피어난 행복한 사람의 얼굴은 흉내 내지 못한다. 내면 깊숙한 곳에서 피어나는 행복의 향기에 묻어난 빛깔은 그 어느 것으로도 따라잡을 수 없다. 행복한 사람의 얼굴은 금방 알아볼 수 있다. 유난히 얼굴빛이 밝고 맑으며 광채가 느껴진다. 정말 행복한 순간은 감춰지질 않는다. 분명 행복한 얼굴을 한 사람은 "무슨 좋은 일 있냐?"라는 소리를 들을 것이다.

우리는 너무 많은 사람과 어울려 사느라 자기 자신을 들여다보는 시간이 부족하다. 나는 강의 시간에 "하루 24시간 중 온전히 내 자신의 얼굴을 들여다보는 시간은 얼마나 될까요?"라는 질문을 자주 한다. 내가 내 얼굴을 바라보는 시간은 하루 24시간 중 고작 1시간도 안 될 것이다. 잠자는 시간을 제외한 나머지 시간은 타인이 나를 바라보는 시간이다. 우리는 수많은 사람과 마주하면서 살아간다. 그중에는 좋은 인상을 각인시켜야 할 직업적 관계에 얽힌 사람들도 있을 것이다.

'나는 나의 고객에게 어떤 모습으로 보이길 원하는가?' 얼굴은 내면의 창이고 영혼의 통로다. 좋은 인상을 만들어 가는 연습이 필요하다. 그러기 위해서는 자신을 객관적으로 볼 수 있어야 한다. 나를 객관적으로 들여다보면서부터 부족한 것들이 보였다.

그러면서부터 내게 필요한 가치 있는 일을 찾게 되었고, 나의 내면을 진솔하게 채워 갈 수 있었다.

내가 가장 잘할 수 있는 일을 찾아 즐겁게 즐길 때 감사와 행복을 얻을 수 있다. 즐거움은 최고의 경쟁력이다. 즐기면서 하는 자는 누구도 당해 낼 수 없기 때문이다. 신나게 즐기면서 할 수 있는 일을 찾아 행복을 실현해 나가는 것이 조물주가 선물한 듯한 꿈의 인생을 사는 길이 아닐까?

보물찾기를 해 보면 어떤 사람은 보물을 금방 찾아내고 어떤 사람은 한 번도 찾지 못하기도 한다. 자신의 재능을 발견 못 하고 적성에 맞지 않는 일을 하면서 스트레스를 받으며 인생을 허비하는 사람들도 많다. 자신만의 보물은 때로 조물주가 깊숙한 곳에 묻어 두어서 찾기가 어려울 수 있다. 하지만 그 보물은 타인이 아닌 자신만이 찾아낼 수 있다. 스스로 진정한 재능을 찾아 자신의 가치를 높일 수 있는 일을 하면서 위대한 자신의 모습을 발견하도록 노력해야 한다. 마음이 깨어 있고 열려 있어야 가능한 일이다. 노력 없이 먼 미래만 낙관적으로 그리며 산다면 진정한 행복을 찾을 수 있을까? 뭐든 적극적으로 두 팔을 걷어붙이고 달려드는, 샘솟는 용기와 열정이 필요하다. 자신의 능력을 맘껏 보여 주려는 적극성, 너그럽고 속이 깊은 마음씨, 사물을 꿰뚫어 보는 안목과 식견, 사람 됨됨이 등이 모여야 나의 매력에 덧붙여지는 시너지 효과를 기대할 수 있다. 넓은 마음으로 감사하며 내가 행복하게 살 수 있는 일들을 적어 보자.

행복해지고 싶다면 무엇을 해야 할까? 단 1%라도 더 행복하게 살기 위해서는 어떤 일을 해야 하는가? 소중한 것은 가장 가까이 있듯이, 행복은 내가 머물러 있는 지금 이곳에, 바로 지금 이 자리에 함께 있다. 지금 이 순간에 늘 나와 공존해 있지만 우리가 알아보질 못할 뿐이다. 아직 보이지 않을 뿐이다. 스스로 무의식중에 감추고 살지는 않는지 점검해 보라. 행복을 부르기 위해서는 우선 감사해야 한다. 감사는 감사를 부르고 그 속에서 행복은 덤으로 따라온다. 불행하다고 느껴지는 상황에서도 행복할 수 있다.

사람은 모든 상황에 대처할 수 있는 열쇠를 가지고 있고 언제든 자신이 바라는 모습으로 현재를 변화시킬 수 있는 능력을 가지고 있다. 사람의 성격은 변하지 않는다고들 하지만 많은 사람은 스스로 자신의 성격을 만들어 갈 수 있는 존재다. 부정적이고 비관적인 성격도 변화시킬 수 있다. 자신이 바로 인생의 창조자다. 자기 존재의 씨앗을 마음대로 관리하며 마음대로 심을 수 있다.

'내 마음밭에 어떤 씨앗을 심고 싶은가?'

내 마음밭의 정원에 긍정의 씨앗을 뿌려 적극적으로 행복을 위해 살고자 노력하는 실천의지를 거름으로 주면서 열정으로 가꾸어 감사와 행복이라는 아름다운 꽃을 피워 보자. 자신의 존재 가치를 높일 수 있는 삶에 대한 희망의 씨앗을 심어 자신을 올바르게 이끄는 진정한 주인이 되길 소망해 본다.

1년 전쯤 태국 방콕에서 가장 번화한 곳에 있는 멋진 건물의 잘 갖춰진 옥외 수영장에서 수영을 하며 오후 시간을 즐겼다. 가족이 여유롭게 함께 수영하며 즐기면서 거듭 감사함을 느꼈다.

수영장을 바라보며 기분 좋은 시원한 산들바람과 이야기하면서 글을 썼다. 오늘도 참 고마웠노라고 바람에게 이야기했다. 바람은 대답한다. 내 귓가에 "사랑해! 수고했어!"라고 속삭이며 살랑살랑 내 얼굴을 살포시 스치고 내 머리카락을 흩날려 준다. 또다른 시원한 바람들이 몰려온다. "또 고마워! 감사해!"라고 되뇌인다. 고마웠던 사람들이 같이 몰려온다. 가족들, 부모님, 직장동료, 소중한 지인들이 줄줄이 내 주변에 사랑스런 눈빛으로 머물다 간다. 정말 고마운 분들이다. 지금 이 시간, 오늘이 내 생애에서 가장 젊은 날이다. 이렇게 아름다운 행복을 느낄 수 있는 감각과 넉넉한 마음이 있어 감사하다.

이렇게 매 순간, 가슴속이 감사함과 행복함으로 충만하게 살 수 있는 것도 기적이다. 이런 마음으로 살 수 있는 것은 그동안 내 마음밭의 정원에 많은 분이 사랑의 씨앗을 뿌려 줬기 때문이다. 뿌려진 사랑의 씨앗을 정성으로 가꿔 가는 것은 나의 몫이다. 사랑의 씨앗이 뿌리 내릴 수 있도록 밭을 갈고 돌을 고르고 땅을 일구어 놓는 것 또한 나의 몫이다. 스스로 마음밭을 일구고자 움직이는 자만이 행복을 누릴 수 있다. 내 마음밭의 정원이 예쁘게 잘 가꾸어졌을 때 이름 모를 예쁜 새들도 모여들고 꽃과 나비들도 춤을 추며 향기가 나게 된다. 그리고 나 또한 다른 이의 마음밭에 사랑을 뿌려 줄 수 있게 된다. 더욱 많은 사람에게 희망과 사랑을 나눠 주고 누군가에게 꿈을 불어넣어 주는 행복을 노래하는 강사가 될 것이다. 누군가에게 희망이 될 수 있는 강사라는 직업이 참 좋다.

내 마음밭의 정원에 긍정의 씨앗을 뿌려 적극적으로 행복을 위해 살고자 노력하는 실천의지를 거름으로 주면서 열정으로 가꾸어 감사와 행복이라는 아름다운 꽃을 피워 보자.

내 생의 밑줄

정글을 여행하던 왕이 코코넛을 자르다가 실수로 자신의 발가락을 잘랐다.

"놀라운 일이로군요. 행운의 징조입니다." 예언자가 소리쳤다.

예언자의 말에 화가 난 왕은 그를 구덩이 속에 던지고 떠나 버렸다. 다음 날 왕은 신전에 바칠 제물을 구하던 식인종 부족에게 포로로 잡히게 됐다. 그때 식인종 사제가 왕의 발가락이 없는 것을 보았다. 제물은 조금이라도 결함이 있어서는 안 되기 때문에 왕은 풀려나게 됐다. 비로소 왕은 예언자의 말이 옳았음을 깨닫고 구덩이로 돌아가서 깊이 사과했다.

"사과하지 않으셔도 됩니다. 왕께서 저를 이 구덩이에 던진 것이 저로서도 커다란 행운이었으니까요."

"어째서 그렇소?"

"만약 제가 왕과 함께 있었다면, 그 식인종들이 저를 제물로 썼을 테니까요."

이렇듯 어느 누구도 당장 무슨 일이 일어날지 알지 못한다. 멀리 보지 못하고 눈앞에 보이는 것만 보고 기분 내키는 대로 행동하며 상처 주기 일쑤다. 남이 가진 것만 욕심내며 자신에게 돌아오지 않는 것에는 서운하다며 기분대로 말을 뱉어 내는 사람이 있다. 문자와 언어도 때로는 폭력이다. 인간관계를 잘 맺으려면 멀리 보는 시야가 필요하다. 무슨 일이 일어날지 당장은 알 수 없으므로 앞으로 일어나는 일들에 대해 긍정적인 마인드를 가져야 한다. 긍정적인 마음으로 간절히 원한다면 생각보다 쉽게 원하는 일이 이루어질 수도 있다. 행운은 언제나 긍정적인 마음가짐에서부터 비롯된다. 언제 어디서 무슨 일에서나 좋은 점을 찾아보고 감사하는 마음을 가져 보자.

살다 보면 때로 잘못된 일은 불과 10%도 안 되는데 그것을 포용하지 못하고 냉담해지는 경우가 있다. 그 잘못된 10%에 대한 불만으로 인해 찬란하게 펼쳐질 90%를 버리게 되는 경우도 있을 것이다. 우리는 자신이 이미 가지고 있는 것들은 거의 생각하지 못하고, 갖지 못한 것들에 대해서 연민에 빠지고 욕심을 내는 경우가 많다. 이는 우리 인간을 무척 불행하게 만드는 일들중 하나다. 무슨 일에 앞서 "생각하라. 그리고 감사하라Think and Thank."는 말을 항상 염두에 두어야겠다. 빛나는 인생을 살기 위해서는 우리가 가지고 누리고 있는 것들을 먼저 생각하고 감사하는 일이 습관처럼 되어야 할 것이다. 긍정적인 사고를 하는 것은 억만장자가 되는 것보다도 더 가치 있는 일이다. 늘 가진 것을 생각하고 감사하자. 음중양陰中陽, 양중음陽中陰의 마음가짐이 나의 삶의 파고에 따른 감정의 기복을 줄일 수 있다. 인생에서 영원한 것은 없기 때문이다.

"오빠, 왜 그래? 무슨 일 있어? 오빠, 어디야? 오빠, 술 마셨어?" 오빠가 이상했다.

"오빠, 왜 그래. 나 괜찮으니까 친구라 생각하고 무슨 말이든 해 봐."

"미안하다."

1년 전, 광주광역시에 사는 둘째 오빠한테서 전화가 온 적이 있었다. 전화를 분명 걸었는데도 한참 동안 말이 없었다. 아무 말도 하지 않았다. '무슨 일일까?' 평소와는 다른 오빠의 태도에 걱정이 됐다. 사업이 망하고 어렵게 살다 보니 왕래를 자주 하지 못 하고 산다. 오빠는 동생한테 전화를 걸어 놓고 감정에 복받쳐 급기야 말을 못하고 울기까지 했다. 회갑이 가까워지는 오빠가 여동생한테 전화를 걸어 울고 있었다. 가까이 산다면 전화를 끊고 달려가 보겠지만 밤중에 광주까지 내려갈 수는 없었다. 아무리 달래도 말이 이어지지 않고 울먹였다. 전화기 사이로 들려오는 떨리는 음성의 "미안하다."라는 말 한마디에 오빠의 복잡한 감정이 전해져 왔다.

딸이 아팠을 때도 오빠는 오빠 노릇을 제대로 못했다면서 연신 "미안하다."라는 말만 했다.

"오빠! 이제는 건강해졌고 우리 식구 다 건강하고 잘 사니까 미안해하지 마. 정말 괜찮아. 오빠가 왜 오빠 노릇을 못 해. 건강하게 살아 있는 것만으로도 오빠 노릇을 하고 있는 거야." 아무리 달래도 결국 오빠는 울다가 말도 하지 못하고 감정에 북받친 듯 전화를 끊고 말았다. 난 정말 괜찮은데 얼마나 마음의 짐이 되었으면 그랬을까. 2년 넘게 어떤 마음으로 마음의 멍에를 지고 살았을지 짐작이 가고도 남았다. 아직까지도 오빠의 심경이 느껴져 생각날 때마다 마음이 아프다. 형편이 어렵고 멀리 살다 보니 부모님과 형제들과도 자주 왕래하지 못하고 있는 오빠다. 오빠의 마음이 빨리 편해졌으면 좋겠다. 그렇게까지 자기 일처럼 마음 아파하며 마음 써 주는 오빠가 있어서 참 든든하고 감사하다.

우리 형제가 6남매지만 그중 둘째 오빠를 생각하면 항상 마음이 아려온다. 동지애가 느껴져서인가? 어릴 적부터 생각도 가장 많고 성실하게 살아온 오빠다. 너무 가난해 학교 갈 형편이 못되다 보니 중학교를 2년이나 늦게 들어갔고 공부를 엄청나게 잘했는데도 심한 두통 때문에 결국 고등학교 1학년 때 자퇴를 했었다. 왜 그렇게 학교도 다니지 못할 만큼 두통에 시달려야 했는지 그 심정을 이해하기 때문에 더 안타깝다. '어른이 된 지금까지도 그렇게 생각이 많다니….' 마음이 아프다. 오빠가 하루빨리 많은 생각에서 자유로워졌으면 좋겠다. 오빠가 생각하는 대로 오빠가 원하는 대로 오빠의 인생이 만들어졌으면 좋겠다. 더 이상 어느 누구에게도 미안해하지 말고 당당하게 예전의 멋진 오빠로 돌아와 줬으면 좋겠다. 마음먹는 대로 인생길을 디자인해 갔으면 좋겠다. 현재의 모습도 충분히 자랑스럽고 멋진 오빠라는 것을 오빠 자신도 알았으면 좋겠다. 오빠에게 행복한 일이 많이많이 생겨서 앞으로 감사할 일만 있기를 바라 본다.

인생은 우리가 생각하는 대로 만들어 갈 수 있다. 살다 보면 감사할 일들이 생겨나고, 즐거운 생각을 하면 일이 더욱 즐거워진다. 행복한 생각만 하면 기분도 좋아지면서 행복이 충전된다. '난 불행해. 왜 난 하는 일마다 잘 되지 않는 것일까'라고 생각하면 정말 될 일도 안 된다. 생각을 바꾸면 우리의 미래를 바꿀 수 있다. 마음은 내가 살아갈 수 있는 터전이다. 자신의 마음밭에 긍정적인 사고로 감사하는 마음으로 기쁘게 행복을 일궈 가자.

지인을 만나러 교회에 서너 번 가 보았는데 그곳에서 유독 내 귀에 들리고 내 마음을 적시는 찬송가 구절이 있다. 가끔씩 나도 모르게 흥얼거리게 되는 구절이다. "찬양하라 내 영혼아, 찬양하라 내 영혼아, 내 속에 있는 것들아 다 찬양하라. 감사하라 내 영혼아, 감사하라 내 영혼아, 내 속에 있는 것들아 다 감사하라. 기뻐하라 내 영혼아, 기뻐하라 내 영혼아, 내 속에 있는 것들아 다 기뻐하라." 제목은 모르지만 이 찬송가를 흥얼거리다 보면 마음이 정화되는 것 같기도 하고 평온해지는 것 같기도 했다.

몸과 마음, 나의 영혼까지 작은 일에도 감사하고 기쁨으로 받아들이다 보면 분명 나의 마음밭은 행복의 열매들로 주렁주렁 영롱하게 빛이 날 것이다. 생각의 힘은 우리가 믿을 수 없을 정도의 영향력을 가지고 있다. 긍정적인 생각은 우리가 살아가야 할 삶의 소중한 열쇠이고 에너지다. 자신의 마음밭에 사랑 가득 희망을 가꿔보자. 마음이 부자인 사람이 진짜 부자다.

긍정적인 사고를 하는 것은 억만장자가 되는 것보다도 더 가치 있는 일이다. 늘 가진 것을 생각하고 감사하자. 음중양(陰中陽), 양중음(陽中陰)의 마음가짐이 나의 삶의 파고에 따른 감정의 기복을 줄일 수 있다. 인생에서 영원한 것은 없기 때문이다.

내 생의 밑줄

"언제 가장 행복하세요?"

2018년, 광주하남교육지원청에 근무했을 때 김춘경 교육장님이 월례 조회에서 직원들에게 이름을 불러 가며 물었던 말이다. 순간, 모든 직원이 '나는 언제 행복했나?'라는 생각을 한 번쯤 해 봤을 것이다. '내게 물으면 뭐라 대답하지?' 나 역시도 머릿속 기억의 데이터와 마음속 감성이 마구 움직였다. '지금 이 자리에 이렇게 앉아 교육장님 말씀을 듣고 있는 지금이 행복해요'라고 할 참이었는데 나에게까지 질문은 하지 않았다. 생각해 보니 이래서 행복하고, 저래서 행복하고 행복한 것들이 무척 많았다. 행복을 생각하는 것 자체도 행복이다. '오늘부터 열 가지 행복일기도 써 볼까?' 하는 생각이 들었다. 그래서 바로 행복을 느낄 때를 열 가지로 정리하여 페이스북에 올린 적이 있다.

하나, 열심히 일을 하고 있을 때 행복하다.

둘, 날마다 새로운 날이 시작되고 밝은 해가 떠올라 행복하다.

셋, 아침이면 눈 뜨고 살아 숨 쉴 수 있고 움직일 수 있어서 행복하다.

넷, 하고 싶고 해야 할 일들이 계속 생겨나서 행복하다.

다섯, 함께할 수 있는 사람들이 있어서 행복하다.

여섯, 강의 다니면서 좋은 인연을 만들어 갈 수 있어서 행복하다.

일곱, 모르는 사람과도 SNS를 통해서 서로 마음을 나눌 수 있어서 행복하다.

여덟, 꿈들을 하나씩 이뤄 가면서 내가 성장하고 있음을 느낄 수 있어서 행복하다.

아홉, 맑고 파란 하늘에 떠 있는 예쁜 흰 뭉게구름을 볼 수 있어서 행복하다.

열, 반듯한 자식들과 자상한 남편이 있어서 행복하다.

행복은 그냥 얻어지는 것이 아니다. 만들어 가는 것이다. 준비된 자만이 행복의 열매를 수확할 수 있다. 마음밭을 일구어 사랑의 씨앗을 뿌리고 실천이라는 거름을 주며 정성을 다하다 보면 희망이 싹이 튼다. 희망의 싹이 자라 감사의 꽃이 피고 행복의 열매를 얻는다.

어떻게 실천하며 얼마만큼의 정성을 다 쏟았느냐에 따라 감사의 꽃으로 행복을 얻을 수 있다. 불행의 열매가 내 눈앞에 있다면 불평을 하기보다는 내가 최선을 다했는가를 먼저 생각해 볼 일이다. 어떤 일에 내가 최선을 다했다면 그 결과가 어떻게 나오든 감사한 마음으로 겸허하게 받아들일 수 있지 않겠는가.

수많은 어려움을 경험하다 보니 이제는 아주 조그만 일에도 감사함이 앞선다. 물 한 모금, 공기 한 모금, 바람 한 줌에도 감사함이 느껴진다. 가장 행복한 순간은 행복을 추억할 수 있는 지금 이 순간이다. 지금 이 순간, 내가 살아 있음에 감사하다. 숨쉬며 느낄 수 있고 볼 수 있음에 감사하다. 지금 일어나는 일들에 감사하다. 감사는 불안과 걱정에서 벗어나는 가장 좋은 방법이다. 행복해질 수 있는 인간의 최고 무기다. 지금 이 순간을 감사하며 산다는 것은 행복할 수 있는 지름길이고 성공으로 가는 열쇠라는 생각이 든다.

감사한 마음으로 살다 보니 가슴속 깊은 곳에서 새로운 에너지가 샘솟듯 솟아오름을 느낄 수 있었다. 그 에너지는 분명 '행복에너지'다. '행복에너지'가 내 안에 들어와 온몸에 퍼지면서 가슴이 환하게 열리며 입가에 자연스레 미소가 지어진다. 얼굴에는 화사하고 예쁜 핑크빛이 감돌며 행복에너지가 온몸을 부드럽고 포근하게 감싼다. 감사의 열매인 행복에너지가 온몸을 감싸고 있는 한, 나는 순도 100%의 '행복 덩어리'다.

어릴 땐 순복이란 이름이 정말 싫었다. '순댕이', '복댕이'라 불리는 것도 싫었다. 그런데 어른이 된 지금은 순복이란 이름이 사랑스럽고 좋다. 이보다 더 좋은 이름이 또 있을까 싶다. 그냥 복도 아닌 '순도 100% 순복'을 평생 지니고 사는 난 행복한 사람이다. 요즘은 좋은 일들이 생기면 이름 덕이 아닌가 싶은 생각이 든다. 나는 원래 어릴 적부터 사는 것이 버거웠고 힘들다 생각했었다. 돈을 원망하고 세상을 원망하며 불평으로 가득했을 때가 있었다. 울분을 참지 못하고 애꿎은 종이를 연필로 쿡쿡 찍어 구멍을 내며 스트레스를 해소했던 생각이 난다.

고등학교를 졸업하고 20대 초반에 사회생활을 하면서 서울 쪽 빵촌에 간 적이 있었다. 허리가 90도 정도로 구부정한 외할머니가 햇빛 한 줄기 들어오지 않는 쪽방촌에 살고 계셨다. 집에 화장실이 없어 공중화장실을 이용해야 하는, 조그만 방 하나에 간이부엌으로 되어 있는 집들이 다닥다닥 붙은 쪽빵촌에서 사촌 동생 둘을 데리고 함께 살고 계셨다. 어떻게 그런 곳에서 그렇게 힘들게 살 수가 있는지 그 모습은 정말 충격이었다.

할머니는 이미 돌아가셨지만 그때의 모습을 생각하면 지금도 눈물이 난다. 할머니에게 죄송했고 마음이 너무 아팠다. 그때부터 나의 불평불만은 사라졌다. 할머니가 허리도 못 펴고 화장실도 없는 좁은 곳에서 손주 둘을 키우며 고생하면서 사시는데 내가 불평하며 산다는 것은 사치이고 죄악이란 생각이 들었다. 너무 삶이 고되고 힘들 때는 외할머니와 사촌 동생들이 살고 있었던 그 쪽방촌을 생각했다. 나보다 잘난 사람을 생각하며 비교하기보다는 나보다 어려운, 나보다 힘들게 살아가는 사람들을 생각하며 내가 가진 것에 감사하기 시작했다. 매사에 감사하는 쪽으로 마음을 돌렸을 때 내 인생은 달라지기 시작했다. 안 되던 일들도 술술 풀리기 시작하고 하루가 무난하게 잘 지나갔다. 감사의 마음을 갖다 보니 행복은 덤으로 따라왔다. 힘겹게 살면서 버겁게 마음고생을 하는 분들에게 이 말을 꼭 해 주고 싶다. "마음먹기에 따라 현재가 달라진다."고. 이렇게 달라질 수 있다는 것을 모르고 스스로를 가두고 살아가는 삶의 시간들이 참으로 아깝지 않은가.

생각의 차이는 종이 한 장 차이다. '모 아니면 도'다. 안 되면 뒤집어 보라. 일하다 컴퓨터나 복사기도 안 되면 일단 끄고 보지 않는가. 껐다 켜면 99%는 잘된다. 우리가 매일 쓰고 있는 핸드폰도 마찬가지다. 우리의 삶도 생각대로 잘 안 될 때는 잠시 리셋 버튼을 눌러 마음과 생각을 비워 보면 어떨까? 하고 싶어도 할 수 없는 사람들을 생각해 보자. 우리는 움직일 수 있고 뭐라도 하고 있지 않은가 말이다. 식물인간으로 병원에 누워 있는 사람들도 있다. 살아서 움직일 수 있는 것만으로도 얼마나 감사한 일인가? 얼마나 행복한 일인가? 아침에 눈을 뜰 수 있다는 것만으로도 우리는 축복받은 삶을 살고 있다.

내가 1년 넘게 진행해 오고 있는 실천 습관 들이기 프로그램인 진짜 나 찾기 자기혁명 프로젝트가 있다. 그것을 시작할 때부터 '5감사 3배려 일기'를 써 보니 감사의 소중함을 절실히 느낀다.

감사 일기를 쓰다 보면 소중한 분들에게 다시 한번 고마운 마음을 갖게 되고 하루하루 내 삶이 충만해지며 행복으로 가득 채워진다. 감사할 일이 많다 보니 5가지 감사로는 글을 쓸 공간이 턱없이 부족하지만 그래도 5가지 감사와 3가지 배려를 실천해 가는 한 뼘 성장스토리는 참 잘하고 있는 것들 중 하나다. 많은 사람에게 추천해 주고 싶다. 5감사 3배려 일기쓰기 실천 습관으로 달라져 가는 모습을 느끼게 해주고 싶다. 변화는 행복의 시작이다.

> 지금 이 순간을 감사하며 산다는 것은 행복할 수 있는 지름길이고 성공으로 가는 열쇠다.
>
> 내 생의 밑줄

"김순복 씨는 공부에 꼭 한 맺힌 사람 같다." 대학 다닐 때 교수님이 하신 말씀이다.

39세에 난 비로소 세상에 나왔다. 갇혀 있던 야생동물이 풀려나 자유롭게 마음껏 산속을 뛰어다니는 기분이랄까? 내 앞에 펼쳐지는 세상은 온통 별천지였고 천국이었다. 다시 태어난 기분이었다. 가난한 집안에서 태어난 6남매 중 최초로 대학생이 되었다. 부모님이나 형제자매가 보내 줘서도 아니고 내 스스로의 힘으로 된 것이었다. 그렇게 대학생이 되고 보니 늦깎이였지만 뿌듯했고 늘 설렘으로 가슴이 부풀어 올랐다.

부모님은 학교 문턱에도 가 본 적이 없는 분들이셨다. 큰오빠는 그래도 장남이라고 우여곡절 없이 중학교까지는 무사히 졸업했다. 둘째 오빠는 큰오빠가 중학교를 졸업할 때까지 기다렸다가 또래들보다 2년 늦게 중학교에 겨우 입학할 수 있었다. 형제 중 공부를 제일 잘해서 고등학교 입학할 때 장학생으로 들어갔지만 1년도 다니지 못하고 포기했다. 추측하건대 친구들은 3학년이었는데 동생들과 함께 1학년으로 다니기가 힘들었을 것이다. 등록금을 제때 내지 못해서 매번 교무실에 불려 갔어야 했을 터이고 자존심이 가장 강했던 오빠여서 아마도 번뇌가 많았을 것이다. 셋째 오빠는 아예 학업을 포기하고 초등학교 졸업하자마자 돈 벌어 오겠다고 서울로 올라갔다.

그러한 환경에서 오빠들도 제대로 가지 못한 중학교를 계집애라고 보내 줄 리 없었다. 친구들 다 가는 중학교를 혼자만 가지 못했을 때 부모님이 원망스러웠지만 형편이 그러니 보내 달라고 떼를 쓸 용기도 없었다. 어린 마음에 '내 부모 같은 무능한 부모는 절대 안 될 거야.'라는 생각만 마음속으로 확고히 굳혀 갔었다.

그런 환경에서도 아버지가 휴일이면 일주일 입을 바지를 다려서 걸어 두시던 모습이 생각난다. 아버지는 아주머니들에게 인기가 아주 많은 시골 동네의 멋쟁이 신사였다. 어느 날은 직장 동료 아주머니 두 분을 오토바이 뒤에 태우고 엄마와 내가 일하고 있는 밭에까지 갑자기 데리고 오셨던 기억이 있다. 내가 학교도 가지 못하고 엄마와 함께 힘들게 농사지어 놓은 채소를, 엄마는 뽑아서 아주머니들에게 나눠 주셨다. 그때 엄마의 속마음은 어땠을까? 아마도 까맣게 타서 재가 되어 있었을 것이다.

나는 그렇게 엄마를 따라다니며 밭일을 하고 산에 가서 땔감을 구하느라 손과 발이 갈라져 피가 난 적이 무수히 많았다. 엄마와 난 늘 손발에 하얀 반창고를 너덜너덜해질 때까지 감고 살았다. 저녁때면 먼저 집으로 돌아와 동네 우물에서 물지게로 물을 길어 날랐다. 물지게로 비틀거리며 물을 길어 나를 때면 어김없이 교복 입고 가방 들고 하교하는 친구들과 초라한 모습으로 마주쳐야 했다. 친구들 앞에서까지 주눅이 들고 가난으로 인한 마음의 상처는 골이 깊게 패어만 갔다. 온종일 일하고 식구들을 위해 저녁을 짓고 설거지까지 끝낸 후 녹초가 되어 자리에 눕게 되면 피곤한데도 잠은 안 오고 뺨으로 주르륵 소리 없이 흘러내리는 것이 있었다. 하염없이 울다 지쳐 잠이 들면 하루도 빠짐없이 교복 입고 교실에 앉아 공부하는 꿈을 꿨다. 그만큼 중학교가 가고 싶었지만 단, 한 번도 부모님께 보내 달라는 말을 하지 않았다. 어릴 때부터 고집불통이었다. 날이 갈수록 '내 부모 같은 사람은 절대 안 될 거야'라는 말만 마음속으로 되뇌며 다짐했었다. 그렇게 날마다 눈물로 얼룩진 베개는 늘 마를 날이 없었다.

말씀은 하지 않으셨지만 아마도 축축한 베개를 보시고 내 마음을 짐작하셨을 부모님은 마음이 아프셨던지 이듬해 나를 중학교에 보내 주셨다. 그때는 나도 교복을 입고 학교에 갈 수 있다는 생각에 좋아서 껑충껑충 뛰어다녔다. 그런데 중학교에 막상 입학하고 보니 둘째 오빠가 왜 신경성 두통에 시달려 학업을 그만두어야 했었는지 이해할 수 있었다. 둘째 오빠와 난 좀 닮은 구석이 많았던 것 같다. 친구를 친구라 부르지도 못하고 동생들이 반말하는 것도 늘 거슬렸지만 참아야 했다. 그래도 복 받았다는 생각을 하며 속으로 참고 참아가며 나름 최선을 다했다.

중학교도 겨우 들어갔으니 고등학교에 갈 형편은 더더욱 못되었다. 부모님은 공부하고 싶으면 마산에 있는 한일합섬 공장에 학교가 있다 하니 공장 다니면서 공부하라고 했다. 정읍에서 마산까지 가서 공장 다니며 공부하라니…. 다행히도 고마우신 중3 담임선생님께서 몇 번씩 집에 오셔서 부모님을 설득해 주셨다.

덕분에 고등학교에 진학할 수 있었지만 빨리 돈을 벌어 살림에 보태야 하므로 인문계는 꿈도 못 꾸고 상고에 입학했다. 지금 생각해도 참 고마운 선생님이시다.

내 밑으론 계속 공부해야 할 동생들이 둘이나 있었다. 동생들이라도 잘 가르쳐서 대리만족이라도 하고 싶었다. 졸업도 하기 전에 고3 2학기 때 삼성전자㈜ 반도체 사업부에 입사해서 악착같이 돈을 모았다. 그때는 돈이 아까워서 친구들이 다 가는 극장에 한 번도 가질 않았고 책도 한 권 사질 않았다. 먹고 싶은 것도 참아 가며 돈을 모았다. 기숙사에 살면서 코피 흘려 가며 오로지 돈을 모으는 것에만 집중했다. 내가 겪었던 아픔을 동생들에게는 느끼게 하고 싶지 않아서 더욱 악착같이 모았다. 그렇게 가족들을 위해 돈만 모으며 살다가 대학원 다니는 가난한 고학생을 만났는데 성실한 모습이 좋아서 결혼했다. 어쩌면 남편에게서 대리만족을 느꼈던 것 같다고 해야 옳을 것이다. 둘 다 형편이 넉넉하지 못해 가난하게 시작했고 남편의 대학원 학비를 마련하면서 아이들 키우며 먹고살기 바빴기에 그때도 대학 공부는 할 엄두를 내지 못했다.

아들을 조기 입학시킨 초등학교에서 학교운영위원을 하며 학교와 인연을 맺었고 그 덕분에 2000년도부터 회계직으로 초등학교 행정실에 근무했다. 학교에 근무하면서 기능직 공무원이 있다는 것을 처음 알았다. 시험 공고를 보고 2003년에 시험을 봐서 2004년 2월에 임용되었다. 비록 기능직이지만 공무원으로 새로 시작하면서 여기에 안주하지 않고 새롭게 변화하고 싶었다. 좀 더 나답게, 사람답게 살고 싶었다.

꽃봉오리가 벌어지듯 새로운 꿈이 가슴속에서 살금살금 피어올랐다. 대학 공부를 하고 싶었다. 근처에 있는 대학교의 홈페이지를 검색했더니 야간 산업체반 신입생 모집 요강을 볼 수 있었다. 요강만 보는데도 가슴이 떨렸다. 포기하고 싶지 않았다. 그렇게 공무원이 되던 해인 2004년, 나는 39세의 나이로 야간대학에 입학했다. 꿈에도 그리던 대학 공부를 할 수 있다고 생각하니 터질 듯 가슴이 부풀어 오르고 설렘으로 가득 찼다. 늘 동경하며 꿈꾸는 나에게 어울리는 내일이 시작된 것이다. 지금껏 마음속에만 그렸던 그림을 현실에서 그릴 수 있게 되었으니 얼마나 좋았겠는가?

대학 공부를 시작하면서 그동안 상상할 수 없었던 비범한 동력이 생겼다. 학교 일이 많아서 온종일 종종거리며 근무를 하여도 야간에 학교에 가는 시간이 되면 늘 마음이 설렘으로 가득했고 발걸음에 힘이 넘쳤다. 온종일 일하느라 지쳤음에도 밤새 에너지를 충전하는 기분이었고 공부가 끝난 뒤에는 푹 자고 일어나 가뿐한 마음으로 학교에 가는 것 같은 묘한 기분이 들었다. 그 얼마나 꿈꿔 왔던 일이었는가? "김순복 씨는 공부에 꼭 한 맺힌 사람 같다."라는 말까지 들어 가며 공부에 몰두했다. 날마다 세상에 새로 태어난 것만 같았다. 1분 1초도 낭비하지 않으려고 발걸음을 재촉하며 뛰어다녔다. 잠자는 시간조차 아까웠다. 자투리 시간까지 활용하며 하루 24시간을 48시간처럼 사용했다.

잠이 확 사라진 것은 그때부터였다. 새로운 세계에 가슴이 뛰고 마음이 벅차서 밤을 꼬박 새기도 했는데 많이 자야 2~3시간 잤던 것 같다. 교수님 말씀을 한마디라도 놓칠까 봐 교탁 바로 밑 맨 앞에 앉아 강의 녹음을 하고 시험 기간이 다가오면 시험에 나올 만한 것들을 적어 가며 요점을 정리했다. 정리한 것들 중에서 더 중요한 것들을 또 압축하는 방식으로 공부를 했다. 머리로 생각하고 손으로 쓰면서 공부하니 중요한 것들이 뇌리에 콕콕 박혔다.

그렇게 만든 요약본을 학우들에게 돌리기도 했다. 시험 기간이면 내 요약본을 으레 기다리는 학우들도 있었다. 그렇게 악착같이 공부했기 때문에 직장 다니고 살림하며 아이들까지 챙기면서도 대학 4년 동안 성적 우수로 전액 장학금을 받을 수 있었다.

형편이 넉넉하지는 않았지만 학기마다 장학금을 받으면 절반을 뚝 잘라서 학우회비로 내놓았다. 그때의 불 같은 열정은 지금 생각만 해도 참 흐뭇하고 그때의 희열이 되살아날 정도다. 전문대학을 졸업할 때 교수님께서 "우리 다음에 만날 때는 교수 대 교수로 만납시다." 하시며 청해 주셨던 그 따뜻한 악수는 평생 잊지 못할 것이다. 교수님의 그 말씀 한마디에 강한 동기부여가 된 나는 교수가 될 꿈을 굳히기 시작했다. 늦은 나이에 대학에 다닐 수 있는 것만으로도 감사한 일인데 교수로도 만나자 하시니 그럴 가능성이 있다는 말씀이 아니었겠는가? 그 말씀에 힘입어 '그래 나도 교수가 되어 보는 거야. 지금부터 시작이다.' 하고 마음을 정했다. 그때부터 교수가 되는 것을 새로운 꿈으로 초기 설정하고 그에 맞는 새로운 비전을 장착했다.

망설일 것도 없이 4년제 대학인 한국교통대학교로 편입해 거기서도 똑같은 방식으로 공부하고 받은 장학금 절반을 학우들에게 기부하면서 수석 졸업을 했다. 그리고 서울에 있는 학비가 싼 국립대인 서울과학기술대 대학원에 입학하면서 하루라도 빨리 학위를 취득하기 위해 조기 졸업을 신청했다. 또 한 번의 신화를 쓰기 위해서 잠자는 시간을 더 줄여야 했다. 뚜렷한 목표가 있었기 때문에 밤을 꼬박 새워도 피곤한 줄을 몰랐다. 그렇게 또 악착같이 도전장을 던지며 최선을 다하다 보니 좋은 일들이 거듭 생겼다. 전액장학금 제도는 없었지만 매 학기 50만 원씩 장학금을 받았다. 거기에 외부 장학금으로 생명보험협회에서 주관하는 사회공헌장학금 1천만 원까지 받았다. 국립 대학원을 다니다 보니 학교에 납부하는 등록금보다 외부에서 받은 장학금 액수가 훨씬 더 커서 200만 원 정도의 돈을 벌면서 대학원을 졸업한 꼴

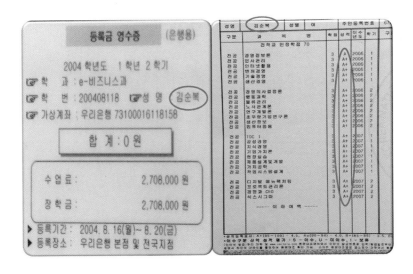

이 되었다. 거기다 조기 졸업에 우수 논문상까지 차지하는 영광을 누렸다. 그렇게 또 한 번의 기적을 이루고 대학원 학위 취득을 하기도 전에 꿈이 이루어졌다. 모교인 동원대학교에서 강단에 서는 것만으로도 후배들에게 동기부여가 된다며 시간강사로 불러 준 것이다. 이는 교수로 대학 강단에 설 수 있는 계기가 되었다.

일반적인 시기에 부모님의 지원으로 부족함 없이 대학 공부를 했더라면 그렇게 열정적으로 공부할 수 있었을까? 오늘날처럼 내가 대학에서 교수님 소리를 들을 수 있었을까? 아마 어려웠을 것이다. 늦었기 때문에 배움의 소중함과 간절함을 온몸으로 느낄 수 있었고 절실한 꿈을 키워 올 수 있었다. 그랬기 때문에 가능한 일이었다. 우리 인생에 늦은 때란 없다. 뭐든 마음먹었다면 바로 시작할 수 있는 지금이 적기다.

"바로 지금이야. 지금 당장 시작하라. 액션!" 도전하지 않고서는 도저히 맛볼 수 없는 희열을 맛보길 바란다. 단, 1%라도 하고 싶은 일은 당장 시작하라고 권하고 싶다. 고민할 시간조차 너무 아깝지 아니한가! 할까 말까 망설이다 시간을 허비하는 것처럼 큰 낭비는 없다. 무엇이든 일단 도전하고 행하라. 움직이거나 행동해야 뭐가 되든 답이 나온다.

39세에 야간대학을 다니기 시작하면서 내 인생이 새로 시작되었다 해도 과언이 아니다. 대학 교수가 되겠다는 꿈을 갖게 되었고 교수가 되고 교육행정직 공무원이 되었다. 박사 학위도 취득했다. 대학을 다니기 전에는 내 안에 강사의 본능이 숨어 있는지조차도 몰랐다.

처음 대학에서 발표 수업이 있었던 날이 떠오른다. PPT는 잘 만들었지만 무대공포증이 엄습해 와 다리가 후들거리고 목소리가 떨려 말 한마디도 제대로 전할 수 없었다. 그 모습은 창피하고 굴욕스러웠다. 어떻게 하면 고칠 수 있을까? 폭풍검색을 했다. 자신감을 키우며 말을 조리 있게 잘할 수 있는 크리스토퍼 리더십 코스를 알게 되면서 '무조건 당당하게 변하리라.'고 다짐하고 코스에 등록했다. 매 순간에 미친 듯 열정적으로 참여하면서 새로운 나를 발견하게 되었다. 앞에 서면 설수록 무대공포증은 사라지고 떨리던 나의 목소리는 또렷하게 들려왔다. 그 과정 강사님들로부터 강사를 해 보라는 권유를 받아 크리스토퍼 리더십 강사를 시작으로 지금은 어느덧 어엿한 전문 강사가 되었다.

변화를 꿈꾸며 부딪쳐 온 나의 산 경험을 강사를 꿈꾸는 분에게 나눠 주고 싶다. 단 1%의 가능성에도 무조건 도전할 것을 권하고 싶다.

부딪히고 깨지면서 몸으로 터득해야 온전히 내 것이 될 수 있다.

점, 선, 면의 합이 입체를 만들고 도형을 만든다. 지금까지의 노력의 합이 곧 나의 인생이었다. 내가 좋아하는 불변의 진리 중의 으뜸은 소크라테스가 말한 인과의 법칙이다. 나를 위해 잘 차려진 밥상은 없다. 시간과 노력을 투자하며 내 것으로 만들어 가야 한다.

우리 인생은 늦었을 때란 없다. 뭐든 마음먹었다면 지금이 바로 시작할 수 있는 적기다. "바로 지금이야. 지금 당장 시작하라. 액션!" 도전하지 않고서는 도저히 맛볼 수 없는 희열을 맛보길 바란다. 단, 1%라도 하고 싶은 일은 당장 시작하라.

내 생의 밑줄

감사는 오늘 더 행복해지는 연습이다

"아! 행복해."

"엄마는 금방 아파 죽겠다며 갑자기 행복해?" 옆에서 딸이 깔깔대고 웃는다.

웬만하면 휴일에도 낮에는 눕지 않는데 그날따라 너무 피곤해 잠깐 누웠다가 이러면 안 되겠다 싶어 기운 내 보려고 소리치며 벌떡 일어났다. 기분이 우울해도 "행복해!"를 외치며 행복한 척을 하다 보면 행복해질 수 있기 때문이다. 우울하거나 비가 오는 날엔 옷을 일부러 밝은 색으로 입는다. 그럼 기분이 조금이라도 좋아질 뿐만 아니라 다른 사람에게도 화사한 모습이 보기 좋을 것 같기 때문이다. 언젠가 사상체질 강의로 유명한 분이 만날 때마다 "괜찮아요?"라고 물으셨다. 이유를 묻자 "벼랑 끝에서 위태롭게 서 있는 형국이다."라고 하셨다. 남들에게는 하루하루 벼랑 끝에서 위태위태하게 버티는 것으로 보였나 보다. 그러면서도 희망의 끈을 단 한 순간도 놓지 않았다. 힘든 때일수록 "난 절대로 힘들지 않아! 난 행복해! 살아 있는 것만으로도 행복해. 정말 행복해."를 일부러 소리 내어 외쳐 보기도 한다. 그럼 더욱더 좋은 기운으로 행복해질 것 같고 어렵게 찾은 지금의 이 행복을 놓치지 않게 될 것만 같다.

언제부턴가 힘들어 죽을 것 같았던 일들도 이젠 아무것도 아닌 일이 되어 버렸다. 죽고 사는 것 아니면 이제는 힘든 일은 일도 아니다. 웬만한 일에도 상처를 받지 않는다. "힘들어. 힘들어" 하다 보면 에너지가 점점 소진되어 땅속 깊은 곳으로 빨려 들어가 헤어 나오지 못할 것 같은 기분이 든다. 아파도 웬만하면 눕지 않는 이유이다. 자주 눕다 보면 점점 더 무기력해져 습관이 되고 만다. 감사도 마찬가지다. 나도 모르게 정말 싫은 사람 앞에서도 "감사합니다."라는 말이 튀어나올 정도로 습관화된 사람은 뭔가 달라도 다르다. 감사는 행복을 몰고 다닌다.

"먼저 들어가세요."

"괜찮습니다."

"배려해 드리고 싶어서 그래요."

책 쓰기 코치님을 만나기 위해 교회에 갔다가 교회 화장실에서 이런 일을 겪었다. 교인 한 분이 기다리고 계셔서 뒤에 줄을 섰는데 그분이 나를 보자마자 양보해 주신 것이다. 배려해 주고 싶다는 그 말씀이 참 따뜻하게 느껴졌다. '배려는 이렇게 사소한 작은 것에서부터 시작하는 것이구나.' 또 하나 배웠다는 생각에 감사했다. 그분 덕분에 그날부터 바로 '하루 세 가지씩 배려를 실천하고 기록해야겠다.'라는 다짐을 하고 지금까지 실천해 오고 있다. 이렇게 자신만이 가꿀 수 있는 하루를 위해 작은 것부터 실천해 가며 매일매일을 스스로 바꿔 간다면 감사의 열매인 행복이 언제나 내 안에 있다는 것을 알게 될 것이다. 그런 사람은 하루를 춤추듯 즐기며 행복하게 보낼 수 있다.

오늘을 즐기며 산다는 것은 생각만 해도 행복한 일이다. 감사를 습관화·생활화하는 사람들은 삶을 즐길 줄 아는 사람들이다.

"천재는 노력하는 자를 이길 수 없고, 노력하는 자는 즐기는 자를 이길 수 없다."라고 했다. 삶을 즐기는 자는 표정부터 다르다.

그들은 피부 톤도 맑고, 그들에게서는 화사한 후광이 느껴진다.

아침에 눈을 뜰 때 현재 내게 주어진 오늘을 선물이라 생각하라. 당신이라면 오늘이란 선물에 무엇을 담을 것인가? 쓰레기를 담을 것인가? 그냥 텅 비워 둘 것인가? 아니면 감사한 마음으로 행복을 담을 것인가? 우리는 똑같은 오늘이라는 그릇을 선물 받지만, 하루를 담아내는 열매는 제각기 다르다. 주어진 하루라는 선물을 무슨 마음으로 받는지에 따라 맺히는 열매가 달라질 것이다.

매번 주어지는 오늘을 아무 의미 없이 당연한 것으로 여기고 대충 받아 든 사람과 감사한 마음으로 소중하게 받아 든 사람은 그 열매가 다를 수밖에 없다. 전자는 대충 다람쥐 쳇바퀴 돌 듯 아무 생각 없이, 하루를 별 의미 없이 지낼 것이지만 감사하는 마음으로 하루를 받은 사람은 분명히 소중한 행복을 만들어 갈 것이다.

감사는 반드시 진심에서 우러나와야 행복과 연결된다. 나에게 감사하면 할수록 자존감이 올라가고 다른 이에게 전하는 감사는 그와의 인간관계를 돈독하게 해 준다. 인간은 혼자서는 살 수 없는 동물이다. 더불어 살아야 하는 공동 운명체다. 서로 손잡고 함께할 수 있을 때 우리의 행복은 배가된다. 아주 작은 소소한 일에도 감사의 말을 전하는 습관을 가지도록 하자. 자기 자신에게 감사하는 것은 출발이다. 내가 나를 사랑하지 않는데 누가 나를 사랑해 주겠는가? 과거의 상처에서 벗어나지 못하고 되씹는다면 행복은 저 너머에서 내게로 오지 않는다. 스스로 무조건 행복해지기 위해 연습해야 한다. 그 연습은 감사에서부터 시작될 수 있다. 자신과 남을 비교하지 말고, 나와 네가 다르다는 걸 인정하고 나 자신을 사랑하며 나에게 감사하는 마음을 가져 보자. 오늘 한 일들을 생각하며 "오늘도 수고했어. 고마워. 사랑해." 하면서 자신을 토닥여 주는 것을 잊지 말자. 모든 사람에게는 행복해질 권리가 있다. 지금 나와 함께 있는 사람에게 감사함을 전해 보자. 지금 이 순간 내 곁에 있는 사람이 가장 소중하다. 응급 상황이 발생했을 때 병원으로 데려다줄 사람은 바로 내 옆에 있는 사람이다. 허리디스크로 종종 응급실 신세를 지는 나로서는 뼈저리게 느낀다.

사람의 감정은 바이러스가 전염되듯 전염된다. 바라만 봐도 생각만 해도 기분이 좋아지는 사람이 있다. 그런 사람들은 주변 사람들까지도 행복하게 만들어 수 있는 행복바이러스를 가지고 있다. 사람들에게 줄 수 있는 선물은 물질적인 것이 아니어도 얼마든지 참을 수 있다. 값진 보물이나 명품 백보다도 더 좋은 선물은 진심으로 상대방이 행복해지기를, 잘되기를 빌어 주는 응원의 말 한마디다. 나를 둘러싼 주변 사람들의 행복은 다시 곧 나에게로 확산된다. 파장의 법칙이다.

생각만 해도 기분 좋아지는 고마운 분들 중 한 분을 소개하고 싶다. 대외 활동을 하면서 광주하남교육지원청에 근무한다고 하면 하나같이 양미자 국장님 이야기를 했다. 지금은 평택교육지원청의 교육장님으로 계시는 분이다. 만나는 사람마다 참 좋은 분이라는 평을 한다. 광주하남교육지원청에서도 마찬가지였다. 늘 웃으시며 직원들을 격려하고 응원하는 말씀을 하며 힘이 되어 주셨다. 에듀업원격평생교육원에서 운영교수를 계속 하고 있었기에 겸직신고를 위해 관리자 분들께 결재를 올리기 전, 구두로 먼저 승낙을 받기 위해 그분을 찾아갔다. 그분은 흔쾌히 승낙해 주시면서 "우리 기관의 보배다. 지난번 교육공무직 조리실무사 강의도 너무 잘해 줬다고 들었다." 등의 말씀을 통해 거듭 칭찬해 주셨다. 정말 존경하는 분이다. 직원들에게 항상 격려의 말씀을 아끼지 않으신다.

전에 과장님으로 계셨다가 지금은 광명교육지원청 교육장으로 계시는 김광옥 교육장님도 그러셨는데 두 분의 이미지가 참 비슷하다. 두 분은 교육청에서 만난 이들 중 내가 가장 좋아하는 사람들이다. 주위에 참 좋은 분들이 계셔서 더욱 행복하다.

받은 만큼 그 이상으로 많은 분에게 행복에너지를 전하며 행복 전도사로 행복바이러스를 전파하고 싶다. 아침에 눈을 뜨면 바쁘지 않은 날은 5,000명가량의 친구가 있는 페이스북을 습관처럼 열어 본다. 한 번도 만난 적이 없고 SNS를 통해 알게 된 분들이 대부분이지만 서로 응원 주시는 그분들이 참 좋다. 그래서 틈틈이 시간이 나는 대로 인사를 나눈다. 어떤 분은 한 번도 뵌 적이 없는데 귀한 자연산 상황버섯을 채취해 만든 직접 담그신 술을 두 번씩이나 보내 주셨다. 진심으로 서로 잘되길 바라며 응원의 메시지를 주고받을 때 행복바이러스는 모락모락 꽃처럼 피어나서 주변 사람들까지 전염시키게 된다. 진짜로 기분 좋은 행복한 모습, 즐거운 마음, 동기부여가 되는 열정, 진실함이 묻어나는 감사의 태도, 설렘 등으로 함께하는 오늘이 행복을 채워 가는 진짜 선물이자 가장 값진 보물이다. 오늘도 감사함을 나눌 수 있어 참 행복하다.

하루 한 가지씩이라도 배워 갈 수 있는 참다운 인생에 감사하며, 오늘도 미래의 희망을 꿈꿔 본다. 다양한 사람들과 만나고 그들과의 경험을 마음의 양식으로 채워 가며 나만의 인생 그릇에 알알이 알곡들을 채우는 오늘이 있어 행복하고 주위의 모든 분께 감사하는 마음을 전하고 싶다.

주변 사람들에게 줄 수 있는 선물은 물질적인 선물이 아니어도 얼마든지 참을 수 있다. 값진 보물이나 명품 백보다도 더 좋은 선물은 진심으로 상대방이 행복해지기를 빌어 주는 응원의 말 한마디다. 나를 둘러싼 주변 사람들의 행복은 곧 나에게로 확산된다. 파장의 법칙이다.

내 생의 밑줄

"세상에서 가장 지혜로운 사람은 배우는 사람이고, 세상에서 가장 행복한 사람은 감사하며 사는 사람이다." 이는 탈무드에 있는 말이다.

가장 지혜롭고 가장 행복한 사람은 배우며 감사하는 사람이다. 감사하는 마음으로 살다 보면 인생이 달라진다. 모든 일상이 지혜를 깨닫는 배움의 장이고, 그렇게 배울 수 있다는 것이 역시 감사한 일이다. 오늘 만날 수 있는 사람들이 있어 감사하다. 할 일이 있어 감사하다. 부족한 부분을 채우며 성장할 수 있어 감사하다. 바르게 살 수 있어 감사하다. 나눌 수 있어 감사하다. 이렇게 글을 쓰며 독자와 만날 수 있어 감사하다. 감사함을 표현할 수 있어 감사하다. 살아서 느낄 수 있음에 감사하다. 살아 숨 쉴 수 있는 건강한 신체가 있어 감사하다. 주위에 좋은 분들이 많아서 감사하다. 생각할 수 있는 두뇌가 있어 감사하다. 뭐든 할 수 있는 손발이 있어 감사하다. 사랑하는 가족과 이웃이 있어 감사하다. 이렇게 적다 보면 감사할 일이 가속도가 붙어 끝이 없다. 감사할 일이 많아지니 더욱 감사하다.

몇 개월 전, 평촌에 미팅이 있어 나갔다가 광명에 있는 어느 카페에서 다음과 같은 일을 겪었다.

한참을 손님과 이야기를 주고받다 보니 비가 내렸다. 집에 갈 일이 걱정된 내가 "비가 많이 오네요. 우산이 없는데 집에 어떻게 가죠?"라고 푸념을 했다.

그때 카페 주인이 우리 이야기를 들었는지 주섬주섬 무엇을 찾기 시작하더니 테이블에 검정 우산을 하나 가져다주며 이렇게 말했다. "가실 때 이것 쓰고 가셔요. 돌려주지 않아도 됩니다. 쓰고 가셨다 누군가 필요한 사람에게 주세요. 저도 누군가에게 그렇게 받았습니다."

그 우산은 사랑의 릴레이가 되어 꼭 필요한 어느 누군가에게 전해지는 사랑의 우산이었다. 날씨가 쌀쌀했는데도 그 우산 속에 있는 나는 정말 마음이 포근하고 행복했었다. 따뜻한 배려로 많은 사람이 따스한 행복을 느낄 수 있도록 해 주신 그분께 정말 감사했다. 그 우산은 분명 많은 분에게 이런 소중한 감사의 마음을 느끼게 하고 배려를 실천할 수 있도록 돕는 신비의 우산이 될 것이다.

감사는 상황을 긍정적으로 생각하게 하고 좋은 면을 보게 한다. 감사는 행복으로 이어질 뿐만 아니라 사람의 품격을 높여 준다. 감사함으로써 세상을 바라보는 시각이 달라지고 다른 사람들에게 긍정적이고 선한 영향력을 발휘하게 된다. 감사하는 마음은 사람을 더 행복하게 해 주고 건강하게 만든다.

감사가 습관화될수록 성격도 밝아진다. 감사하는 마음을 전해 받은 사람은 부메랑처럼 감사를 되갚게 되며 그 마음은 확산되어 주위를 긍정적으로 변화시킨다. 감사는 선한 영향력을 펼칠 수 있는 인간관계의 촉진제와 같아서 인간관계를 넓히는 데 가속도를 붙게 한다. 감사하는 마음을 가지고 가끔씩이라도 감사 일기를 써 보자. 사소한 기쁨이라도 감사의 마음을 갖다 보면, 마음속의 어둠이 점차 밝은 빛으로 바뀌어 간다. 슬프거나 우울했던 감정들도 커다란 긍정의 지우개로 쓱쓱 지우면 긍정의 마음으로 변화된다. 감사하는 마음에 뇌가 자극을 받아 스트레스가 줄어들고 가슴 벅찬 기쁜 감정이 만들어지게 된다.

진정한 감사란 있는 그대로에 감사하는 것이다. 있는 그대로를 바라보며 지금 이 순간, 현재 내 앞에 주어진 것들에 감사하자. 가장 좋아하는 습관 중의 하나가 감사하는 습관이다. 고난과 위기에 직면하더라도 위기가 곧 기회임을 깨닫고 감사하며 극복해 나갈 때 진정으로 빛나는 인생이 될 것이다. 감사의 마음은 우리의 뇌를 깨우고 삶을 긍정적으로 바꿔 준다.

2018년 10월 일요일 아침, 목에서 피가 몇 번씩 넘어왔다. 교육지원청 일직 근무가 있는 날이라 바로 병원에 가지 못했다. 걱정이 되어 일직 근무를 마치자마자 응급실로 갔다. 도착하자마자 마스크가 씌워지고 딸아이가 급성 백혈병으로 격리되었던 이중문으로 된 1인 응급병실로 옮겨진 후 결핵이 의심된다며 온갖 검사를 다 받았다. 다행히도 결핵은 아니라는 결과가 나왔었다. 그때 그 검사 결과가 어찌나 고맙고 감사하던지….

면역력이 약한 딸에게 옮겨질까 봐 조바심이 났었기에 정말 다행이고 감사한 일이었다.

이런저런 원인을 찾기 위해 검사를 했지만 결과는 중요하지 않았다. 코로나 신종바이러스가 확산되는 요즘처럼 전염병만 아니면 괜찮았다. 병명을 찾기 위해 애써 주신 의사 선생님들께 감사했다. 격리가 풀려 입원실이 없어 응급병동으로 병실을 옮겼다. 거기는 중증 할머니들이 계시는 7인 병실이었다. 식사도 먹여 드려야 하고 대소변을 병실에서 받아 내야 하는 할머니들이 계시는 병실이었다. 하루에 몇 번씩 대변 냄새 때문에 코를 막아야 했지만 코를 막는 행위 자체도 할머니들께는 미안하고 죄스러워 들키지 않으려고 이불을 덮어쓰기도 했던 기억이 난다. 얼마나 고통스러우신지 희망을 잃어버린 채 간병인들에게 의지하고 하루하루를 연명하고 계시는 할머니들이 애처로워 보였다. 혼자만 나중에 들어와 먼저 퇴원하는데 어찌나 미안하던지….

퇴원한 다음 날 안과를 가려고 집을 나섰다. 딸의 차를 얻어 타고 길에서 내리다 끊어질 듯한 허리 통증으로 "으악…." 하면서 내리지도 못하고 되돌려 앉지도 못한 채 심한 고통에 시달려야 했었다. 지나가던 학생들을 불러 도와 달라고 요청해 도움을 받았지만 옴짝달싹할 수 없었다. 119에 신고해 달라 하고 고통스러운 모습으로 구급차를 기다렸다.

"에구, 그렇게 어떻게 있어요. 안타까워 죽겠네. 내가 어떻게 해 볼 테니 바닥에 앉기라도 해 봐요." 길 옆의 분식집 아주머니가 보다 못해 나오셔서 어떻게 바닥에 앉아 보기라도 하라고 가까스로 몸을 들어 앉혀 주셨다. 참 고마우신 분이다. 들것에 실려 구급차에 옮겨지고 이번에도 응급실 행이 되었다. 또 입원하여 MRI를 찍고 검사를 받았다. 3년 전에 시술받았던 허리디스크가 가끔씩 이렇게 말썽이다. 작년에도 같은 증상으로 응급실을 찾았었는데 시술 후 벌써 두 번째다. 굳어버린 디스크 조각이 깨져 나가면서 신경을 건드려 통증을 유발했던 것이다. 전년도에 떨어져 나간 자리에도 흔적이 남아 있었다. 의사 선생님 말씀이 굳어 버린 디스크는 복원이 되지 않으니 근력을 키워서 보호하는 방법 외엔 없다고 하면서 조금씩 근력운동을 하라고 권유했다. 꼬리뼈에 척추 주사를 맞고 그나마 조금 거동을 할 수 있었다.

바로 병원으로 이송시켜 준 119 소방대원님들, 응급차가 올 때까지 안절부절못하며 내 일처럼 도와주셨던 분식집 아주머니, 길에서 고통스러워하는 엄마를 보며 애태웠던 딸, 응급실 선생님과 간호사 선생님들께 모두 감사했다. 바로바로 조치를 취해 주신 분들이 계셔서 참으로 다행이었다. 쉬어도 쉬는 것이 아니고 마음 한구석이 가시방석이었다. 직장에서 내 빈자리를 메꾸느라 어느 누구든 대신 고생을 해야 하기 때문이다. 학교에서 민원이 바로바로 응대가 되지 않으면 불편함이 많을 것이기 때문에 억지로라도 기력을 찾아야 했었다. 이렇게 아플 때마다 바짝 건강에 신경을 써야지 하면서도 소홀해지기 일쑤다.

"나이 60이 되면 아무리 운동을 해도 근력이 키워지질 않아요. 50대인 것이 얼마나 다행이에요. 운동하셔서 근력을 키워 보호하는 수밖에 없어요." 의사 선생님이 운동을 권하셨다. 부지런히 몇 년 동안 몸에 맞는 운동을 해서 근력을 키워야겠다는 생각이 들어 요가 연 회원으로 등록했지만 바빠서 몇 번밖에 가지 못했다. 아니나 다를까? 운동 부족으로 1년이 지나 2019년 연말, 또다시 같은 증상으로 응급실 신세를 지고 입원 치료를 했다. 그때는 그나마 집에서 발병해 다행이었다. 조카 결혼식에 가려고 집을 나서다 꼼짝을 할 수 없게 되어 남편과 딸이 고생했다. 혼자 있다가 전화도 없는 상태에서 그랬다면 엄청 고생했을 것이다. 늘 주위에 누군가 있어 줘서 참 고맙다. 내가 좋아하는 강의를 하며 죽는 그 순간까지 건강하게 살기 위해서는 운동이 가장 우선되어야 한다. 내 건강이 심각하다는 것과 운동의 중요성을 일깨워 준 의사 선생님께도 감사했다.

감사하는 마음은 인간의 근본이요, 가장 고귀한 미덕이다. 하루를 시작할 때와 매일 잠자기 전에 감사하는 시간을 가져 보면 어떨까? 우리의 삶 곳곳에 파급효과를 가져올 것이다. 감사하다 보면 어떤 어려운 위기 상황에서도 축복이 따른다. 감사의 마음은 늘 우리의 마음을 깨끗하게 정화하는 가장 강력한 세정제다. 감사하는 마음이 가득 차 있으면 우리는 무한 성장할 수 있다.

어느 누군가에게 감사한 존재로 살아야겠다는 생각과 마주하면서 감사한 마음들이 솜사탕처럼 부풀어 내 온몸에 스르르 녹아든다. 그래서인지 몸이 아파도 전혀 짜증이 나지 않고 그동안 고마웠던 분들이 생각나면서 행복한 기분에 마음까지 평온해진다. 그래서 아파도 회복이 빨리 되는 듯하다. 매일매일 감사 일기를 써서 자기혁명 프로젝트 회원들과 공유한다. 손 글씨를 쓸 수 없는 날에는 휴대폰으로 감사 일기를 적었다. 매일매일 감사를 실천함으로써 행복한 마음을 함께 나누고 싶어서다. 나눌 수 있는 분들이 있어 더욱 감사하다.

가장 좋아하는 습관 중의 하나가 감사하는 습관이다. 고난과 위기에 직면하더라도 위기가 곧 기회임을 깨닫고 감사하며 극복해 나갈 때 진정으로 빛나는 인생이 될 것이다. 감사의 마음은 우리의 뇌를 깨우고 삶을 긍정적으로 바꿔 준다.

내 생의 밑줄

"천재는 노력하는 자를 당할 수 없고, 노력하는 자는 즐기는 자를 이길 수 없다."라는 말이 있다. 즐기면서 하는 일은 아무리 힘이 들어도 힘든 줄 모른다. 학교 다닐 때 노트가 새까맣게 되도록 연필로 쓰고 그 위에 볼펜으로 또 쓰면서 세숫대야에 발 담그고 졸음을 참아 가며 책상에 앉아 공부했던 기억이 난다. 심지어 요지를 눈꺼풀에 끼워 놓고 졸리는 눈을 못 감기게 하면서 공부한다는 친구들도 있었다. 그토록 처절하게 열심히 공부했는데도 놀면서 슬슬 즐기며 공부한 친구들한테 성적이 뒤처진 적이 있었을 것이다. 노력을 안 하는 사람보다는 낫겠지만 무조건 억지로 노력한다고 되는 일은 아니다. 그렇다고 본인의 천재성만 믿고 노력이 없다면 그 사람은 분명 발전성이 없을 것이다. 하지만 한 계단 한 계단 정성으로 올라가며 노력하는 사람은 더디더라도 계속 성장가도를 달려갈 것이다. 자기가 좋아하는 일을 즐기며 하는 자는 성장 속도가 노력하는 사람에 비해 비교할 수 없을 정도로 빠르다. 하고 싶어 하는 일, 내가 가장 잘할 수 있는 일을 즐기며 내일을 꿈꾼다면 시너지 효과가 더욱 배가된다.

"어떤 일을 하고 싶은가?" 시간 가는 줄 모르며, 어떤 간섭도 받고 싶지 않을 만큼 어떤 일에 몰두해 본 적이 있는가? 내 마음을 훔쳐간, 내 마음을 사로잡은 그 어떤 일이 있었는가? 선호하는 관심사를 물었을 때 어떻게 대답할 것인가? 내가 가장 잘할 수 있는 것을 찾아보자. 내가 좋아하는 것, 내가 잘할 수 있는 것을 찾는 것이 꿈 찾기의 핵심 포인트다. 나의 일을 즐기기 위해서는 내가 가장 좋아하는 일, 내가 가장 하고 싶은 일, 가장 나에게 적합하고 잘 어울리는 나의 일을 찾아내야 한다. 내가 선호하는 관심사 중에서 찾아보는 것이 수월할 것이다.

나는 하고 싶은 일, 아이디어가 생각날 때면 밤을 꼬박 새워가며 계획을 세우고 커리큘럼을 짜기도 한다. 좋은 프로그램을 기획해서 함께 나눌 생각에 가슴이 뛰고 설레서 잠을 못 자는 경우가 더러 있었다. 가천대학교 글로벌미래교육원 명강사과정 1기 전문 강사 양성과정을 기획하면서, '함께 나눌 교육과정을 구상하고 전문 강사가 되기 위해 믿고 찾아와 준 분들에게 뭘 더 해 주면 좋을까?' 하는 생각이 며칠 동안 머리에 가득 차 있었다.

뭘 하나라도 더 해 주고 싶어서 실천습관으로 나 자신을 변화시켜 보자는 의미에서 '진짜 나 찾기 자기혁명 프로젝트'를 기획하게 되었다. 명강사양성과정 원우들에게는 이 프로젝트가 평생 무료다. 또한 일반 참여자를 대상으로 자기혁명 프로젝트를 진행하는데 열정적인 우수 참여자를 MVP로 선정·시상하고 등록비 전액을 되돌려 준다. 진짜 나 찾기 자기혁명 파워타임을 통해 자신에게 투자하는 시간을 가지면서 서로에게 힘이 될 수 있는 동료와 나누고 싶은 메시지를 공유하며 동기부여하고 있다.

연말이나 연초가 되면 너나없이 새로운 계획을 세우지만 작심 3일이라는 말도 있듯이 대부분의 사람은 이런저런 사유로 실천을 미룬다. "백지장도 맞들면 낫다."라는 말이 있다. 혼자서는 어려운 일이라도 여럿이 함께 격려하면서 지렛대 역할을 해 주면 수월해진다. 하나 더, 무엇이든 습관이 중요하다. 그 무엇에도 방해받지 않는 고요한 아침에 나 자신에게 투자하는 습관을 들이는 것이 자기혁명 프로젝트의 핵심 목표다. 날마다 새로 태어나는 기분으로 나만의 실천 습관을 만들기 위해 새벽 4~8시를 하루를 시작하는 파워타임으로 정했다.

"똑똑…"

새벽 4시에서 8시 사이 자유롭게 일어나 서로 기상 톡을 통해 동기부여를 해 주며 아침을 열고 각자의 하루 미션을 시작한다.

가장 좋아하는 책을 읽거나 각자 원하는 공부를 하는 것도 좋고 책을 읽은 뒤 하루 2페이지 이상 필사를 하고 감명 깊은 요점을 정리하기도 한다. 난 5감사에 3배려, 한 뼘 성장스토리를 포함해 하루의 일기를 간단한 스토리로 남기고 있다. 내 자신에게 매일매일 미션을 던지며 질문을 하기도 하고 용기를 주기도 한다. 그리고 나머지 시간은 자유롭게 좋아하는 일을 즐기며 내일을 꿈꾸는 시간을 갖는다. 책을 읽고 직접 손 글씨로 글을 쓰다 보면 나도 모르게 평온해짐을 느낄 수 있어 더욱 좋다. 이렇게 수행한 미션은 매일매일 톡방에 올려 서로 동기부여를 하고 있다. 원하면 언제든지 1:1 개별 코칭도 할 수 있다.

이렇게 28일간의 미션이 끝나면 한 달에 한 번씩 오프라인 모임 '내 마음 야외 워크숍'에 참여하여 자신이 경험한 변화의 사례를 발표한다. 28일간의 습관이 미래의 기적을 만들어 줄 것이다.

28일간의 미션 수행이 미래에 마법 같은 순간으로 기억되길 바란다. '진짜 나 찾기 자기혁명 프로젝트'를 계기로 날마다 내 생의 최고의 날이 갱신되길 바란다.

내 마음 야외 워크숍에서는 28일간 온라인상에서 전부 담지 못한 이야기 보따리를 풀어낸다. 또한, '써보실 꿈 노트'를 활용해 내 일을 즐기며 내일을 꿈꿀 수 있는 꿈 목록을 다시 정리하는 시간을 갖는다. 1년 안에 이룰 나의 꿈을 '써보실 꿈 나눔 day

초대권'에 적어 지갑에 간직하며 보고 또 보고 다짐하면서 꿈을 이뤄 나갈 결심을 다진다.

'써보실 꿈 나눔 day'는 지난 1년 동안 이뤄낸 꿈을 발표함으로써 서로 동기부여하며, 앞으로의 1년의 꿈을 설계하는 것이다. '써보실 꿈 나눔 day'를 기획한 것은 소중한 고객들과 함께 새로운 꿈을 재정비하고 사례 발표를 하며 누군가에겐 동기부여가 될 꿈을 꾸면서 함께 성장해 가기 위함이다. 더불어 살아가며 함께 성장해 가는 기쁨과 행복을 나누기 위함이다. 내일을 즐기며 꿈꾸기 위해 내가 가장 좋아하는 일, 가슴이 시키는 일, 가치 있는 일, 스스로 보람을 느낄 수 있는 일을 해야 한다.

나 역시 많은 사람과 꿈을 나누기 위해 정년이 보장된 공무원을 그만두었다. 명예퇴직은 아니고 스스로 사직서를 냈다. 더욱 많은 사람과 함께하며 나눔 속에서 보람을 찾기 위해 퇴직하자마자 경험을 살려 강사양성 과정을 기획했다. 변화를 꿈꾸며 진짜 나를 찾기 위한 '진짜 나 찾기 자기혁명 프로젝트'도 기획했다. 혼자서 하면 의지가 약해질 수 있으므로 많은 사람과 함께하고 싶었다. 무료로 하게 되면 중간에 포기하는 사람들이 생길 수 있을 것 같아 일반인에게는 등록비를 받았지만 열정적으로 미션을 모두 수행한 사람으로 선정된 이들에게는 등록비를 돌려주었다. 이렇게 나와 내 주변부터 변화되기를 소망해 본다.

내가 변하지 않으면 세상은 절대로 변하지 않는다. 내가 변해야 주변도 변하고 사회도 변하고 세상도 변한다. 변화를 꿈꾸는 사람들에게 본인의 마음속 깊은 곳에 숨겨져 있던, 꿈틀거리며 올라오는 용트림을, 그 동력을 발견할 수 있도록 해 주고 싶었다. 바쁠수록 용솟음치는 동력으로 힘찬 에너지를 얻을 수 있기를 바란다. 변화를 시작하는 데 용기를 내는 사람들이 점점 많아지면 좋겠다. 선한 영향력으로 변화를 꿈꾸며 '진짜 나 찾기 자기혁명 프로젝트'는 1년 365일 쉼 없이 내 생명이 다하는 날까지 원하는 사람들과 함께 즐기며 이어 나갈 것이다.

현재 내가 하고 있는 일을 즐기며 최선을 다한다면 내가 꿈꾸는 일을 하면서 행복해지는 미래는 보증수표다. 허나 말처럼 내 일을 즐긴다는 것은 쉽지 않다. 하고 싶은 일을 하면서 사는 사람이 과연 몇이나 될까? 하지만 내가 하고 싶지 않은 일을 하게 되더라도 스스로 긍정적인 의미를 부여하며 그 일을 해 보라. 그냥 해야 하기 때문에 어쩔 수 없이 억지로 하는 것보다 훨씬 일이 쉬워지고 재미있어질 것이다. 모두가 의미 있는 일을 추구한다. 의미가 부여될 때 단순한 일도 가치 있는 일이 된다.

일이 내 삶의 일부로 자기초월적 삶의 목적과 연결이 되도록 하라. 2019년, 처음 만난 어느 시의원님께서 일정이 빼곡하게 적힌 살인적인 스케줄을 보여 주셨다. 주말까지도 쉬는 날이라고는 찾아볼 수 없었다. 이런 삶에서 빨리 벗어나고 싶다는 말씀까지 하셨다. 안타까운 마음에 "마음을 바꿔서 일 속에서 힐링을 찾아보세요."라고 말씀드렸었다. 아무리 살인적인 스케줄이어도 그 일 속에서 즐거움을 찾고 보람을 찾고 행복을 찾아간다면, 그 일은 일이 아니다. 살아가는 원동력이 되고 에너지가 되고 행복이 되고 힐링이 되는 것이다.

가장 큰 실패는 실패가 두려워 도전하지 않는 것이다. 일을 즐기는 사람은 실패조차도 즐거워할 수 있다. 실패를 발판 삼아 더 발전된 나의 모습을 꿈꿀 수 있기 때문에 실패 또한 나의 소중한 경험이고 자산이다. 농구의 황제인 마이클 조던도 처음부터 농구를 잘했던 것은 아니다. 대신 농구를 하는 것을 정말 즐거워했다고 한다. 실패조차도 즐거워했다던 조던이다. "부디, 늦게 배워라, 아니 부디 먼저 즐겨라. 남보다 즐길 줄 아는 나는 실패 따위는 보이지 않을 테니까." 조던은 농구를 즐겼기 때문에 "나는 실패를 두려워해 본 적이 없다."라는 명언을 남기기도 했다.

어차피 해야 할 일이라면 오늘 지금 이 순간, 내가 하고 있는 일을 즐겨라. 자신에게 주어진 소중한 시간을 헛되이 낭비하지 말기를 바란다. 지금의 1분 1초가 내 인생에 가장 중요한 때다.

가장 큰 실패는 실패가 두려워 도전하지 않는 것이다. 정말로 일을 즐기는 사람은 실패조차도 즐겁게 느낄 수 있다. 실패를 발판 삼아 더 발전된 나의 모습을 꿈꿀 수 있기 때문일 것이다.

내 생의 밑줄

"강사님은 제가 가는 곳마다 계시네요. 정말 대단하십니다. 멋지세요."

어느 과정에서든 함께 나누며 참여할 수 있다는 것은 참 행복한 일이다.

2018년 여름, 아침 일찍부터 옥수수를 삶아 따끈하게 담았다. 과일을 준비하고 녹즙을 만들어 주렁주렁 손에 들고 함께 나누게 될 기쁨을 고대하며 행복한 마음으로 화성 DB생명 인재개발원으로 달려갔었다. 2박 3일 일정의 명강사 육성과정의 마지막 날이었다. 3일 차인 지금쯤 운영진이 얼마나 피로해 있을지 무척 잘 알고 있기에 조금이라도 피로를 풀어 주고 싶은 마음에 이것저것 챙겨 갔었다. 피곤한데도 지친 내색 없이 환한 얼굴로 반갑게 맞아 주시는 운영진과, 여름휴가도 반납하고 자신의 위치에서 최선을 다하는 후배님들! 배움의 현장은 늘 아름답다. 그런 분들과 함께할 수 있는 기쁨 하나만으로도 행복하다. 밥 먹을 시간이나 잠잘 시간도 줄여 가며 혼연일체가 되어 최선을 다하는 명강사 육성과정 운영진을 보면서 정말 많이 배울 수 있었다. 마지막 날에는 선배와의 시간이 있어서 응원차 온 선배들과 즐거운 시간을 보냈다.

SNS 친구 또한 참 편하고 좋을 때가 있다. 만난 적이 없는 사이인데도 아무 조건 없이 날마다 서로 응원해 주고 격려해 주는 친구들이 있어 행복하다. 시간이 될 때마다 5,000명가량 정도의 친구가 있는 페이스북을 열어 보고 틈틈이 인사 나누는 것을 즐긴다. 어느 순간부터 그분들의 안부도 궁금해졌다. 궁금해서 잠깐씩 짬이 날 때마다 수시로 들여다보게 된다. 정말 사심 없이 마음으로 인사를 나눌 수 있는 친구들이다. 서로 '좋아요'를 눌러 공감해 주고 댓글로 응원해 주는 정말 좋은 분들이다. SNS(페이스북, 네이버 블로그, 카카오스토리 등)의 친구님들 덕분에 기분도 전환되고 많은 힘을 얻을 때가 많다. 혼자서는 살 수 없는, 더불어 살아야 하는 사회에서 이렇게라도 함께할 수 있다는 것은 축복이다.

이렇듯 함께 어울리며 나눌 수 있는 365일, 매 순간순간 가슴이 벅차오르며 심장이 쿵쾅쿵쾅 기분 좋은 펌프질을 한다. 내가 꿈꾸며 노력한 만큼 내가 원하는 것들이 내 눈앞에서 생생하게 펼쳐지고 있다. 긴 어둠의 터널을 지나 경이로운 밝은 빛을 따라 이끌려 나오듯 다른 세상으로 빨려 나왔다. 점점 더 넓은 세상으로 내딛는 발걸음 걸음마다 설렘으로 가득하다. 살아서 숨 쉬며 꿈틀거리는 이 느낌이 참 행복하고 좋다. 매일 매 순간 행복한 삶의 절정을 맛보며 기분 좋게 날아오르고 있다. 오늘도 내 생의 가장 젊은 날이다.

소중한 이 행복을 잘 가꿔 가고 싶다. 세상과 작별하는 그날까지 오늘도 살아 있다는 사실에 감사하며, 살아 있는 지금 이 순간의 의미를 찾아본다. 한 점 부끄럼이나 원 없이 매 순간 순간 내가 할 수 있는 최선을 다할 것이라 다짐하고 또 다짐해 본다. 크고 작은 경험 속에서 얻은 놀라운 기적들을 많은 사람과 공유하며 희망의 메신저로 평생을 살아 보고자 한다.

"아빠한테 돈 좀 타 줘라."

"응, 알았어. 얼마 타 오면 되는데?"

어릴 때는 남들 앞에서 심지어 가족 앞에서까지도 너무나 내성적인 아이였다. 필요한 학습 준비물이 있어서 꼭 사 가야 하는데도 부모님께 돈 달라는 소리조차 못 해서 동생을 쿡쿡 찌르며 아빠에게 대신 돈을 타 달라 할 정도로 내성적이었다. 옛날 시골에는 보따리 장사가 많았는데 나는 누가 집에 오면 후다닥 방으로 들어가 숨기 일쑤였다.

"이 집은 어쩜 딸들이 이렇게 예뻐요. 둘째 딸도 예쁘고, 셋째 딸은 말할 것도 없고요." 큰딸이 예쁘다는 소리는 단 한 번도 들을 수가 없었다. 얼굴을 한 번도 보인 적이 없었으니까.

'저 아줌마가 언제 가나. 빨리 가 버렸으면 좋겠다.' 나는 방에서 나오지도 못하고 애꿎은 아줌마만 미워하고 있었다. 그 정도로 숫기라고는 전혀 찾아볼 수 없었던 아이가 지금은 180도로 달라져 먼저 말을 걸고 먼저 다가가고 먼저 웃는다. 그리고 강사 활동까지 하면서 많은 사람과 어울리고 있다. 이 얼마나 행복한 변화인가?

많은 사람이 성공을 꿈꾸며 고군분투하며 살아간다. 하지만 실제로 성공의 문에 다다르는 사람은 그리 많지 않다. 하루하루가 힘들고 고되어 허덕거리며 어쩌면 평생을 고생하며 사는 분들도 있다. 부와 명예와 성공을 얻고도 허전해하는 사람들도 많다. 노후에 행복하게 살기 위해, 수십 년 후에 성공하기 위해 행복을 저당 잡힌 채 하루하루를 살고 있는 사람들도 많다. 또 어떤 이는 미래의 행복과 성공에는 관심이 없다며 순간적인 쾌락과 즐거움으로 방탕한 생활을 하기도 한다. 묻고 싶다. '과연, 어떤 것이 행복일까? 행복해지기 위한 정답은 무엇일까?'

지금 어떠한 인생을 살고 있는지, 현재 모습이 어떠한지 자신에게 물어보자. 하고 싶은 일을 하며 살고 있는가? 하고 싶은 일들이 많아서 가슴이 뛰는가? 내일이 설레는 마음으로 기다려지는가? 어릴 때부터 꿈꿔 왔던 일을 하고 있는가? 다시 태어나도 지금 하고 있는 일을 하고 싶은가? 지금 '나'다운 일을 하고 있는가? 자신을 객관적으로 한 발짝 물러서서 들여다보자. 강연할 때 교육생들에게 자주 질문을 던지기도 한다.

"지금까지 살아오면서 내 생애 최고의 날이 언제였는가? 가장 행복했던 순간은 언제였는가?" 되돌아보며 서로 인터뷰하듯 이야기할 수 있도록 교육생들에게 시간을 주기도 한다. 지금까지 걸어온 길을 되돌아보며 내가 잘할 수 있는 일, 즐기며 살 수 있는 일을 찾아 이룰 수 있는 꿈을 가질 수 있도록 해 주고 싶다. 1년 안에 가장 이루고 싶은 꿈을 '써보실 꿈 나눔 Day 초대권' 나의 꿈칸에 적어 지갑에 넣고 다닐 수 있도록 하고 있는 이유가 있다. 꿈꾸고 있는 순간은 늙지 않는다. 도전하는 순간은 늙지 않는다. 나의 소중한 고객들이 1년 안에 이룰 자신의 꿈을 수시로 들여다보며 성공한 모습을 상상하면서 가슴속에서 쿵쾅쿵쾅 펌프질 소리를 들을 수 있기를 기대해 본다.

39세에 야간대학에 들어가기 전까지는 나의 가슴에 펌프질 소리는 들리지 않았다. 하루하루 먹고살기 바빠서 심장이 뛰는지조차 느낄 수 없었다. 비로소 내가 하고 싶은 일을 할 수 있을 때 가슴 뛰는 심장 소리가 들리기 시작했다. 나의 심장 소리가 들릴 때 비로소 나의 주위가 보였고 감사와 행복이 느껴졌다.

자신이 하고 싶은 일을 찾았을 때, 아무리 바빠도 마음의 여유가 찾아오고 가슴이 뛰며, 설레는 삶을 살 수 있다. 내 자신의 꿈이 이루어지는 과정 자체가 기쁘고 자랑스럽기 때문에 늘 행복한 표정이 절로 나온다. 삶 자체가 빛이 나기 시작한다. 꿈을 꾸는 사람은 조그만 일에도 가슴이 설렌다. 황홀한 열병에 감염되듯 단 한 번뿐이고 후회 없는 진짜 내 인생이 시작되는 것이다.

꿈을 꾸며 사는 사람은 하루하루가 귀하고 소중해진다. 쿵쾅거리는 가슴에서 에너지가 생성된다. 더 행복해질 수 있는 바람직한 내일이 보이면서 바람직한 꿈으로 마음이 고동친다. 신나는 전진의 북소리를 들으며 누군가의 신화가 되어 덩실덩실 꿈길을 따라 걷는 내 인생이기에 1년 365일 내내 땡큐다. 즐기는 인생이 시작된다. 하고 싶은 일에 도전하라. 도전하는 자가 청춘이다. 꿈을 꾸는 자, 도전하는 자의 심장은 늙지 않는다. 다시 태어나도 나는 지금 내가 하고 있는 일을 할 것이다.

공무원 재직 시절, 내부 강사를 겸하고 있었기 때문에 여러 교육과정을 기획·운영했다. 그중 방과 후 과정으로 5주간의 스피치 교육과정을 기획해 연수원에서 몇 회 운영했었다. 스피치 교육과정에서 만난 교육생 중 박정인, 이현례 주무관과의 인연은 특별했다. 내가 만드는 교육과정에는 다 참여하고 싶다면서 적극적으로 함께해 주고 있다. 호봉 강의, 내부 강사 공모 연수, 가천대 명강사과정, 자기혁명 프로젝트, KCA봉사단 등을 모두 함께하고 있다. 그들은 "교수님과의 만남 이후 제 삶에 큰 변화가 생겼습니다. 그로 인한 멋진 도전이 꿈이 아닌 현실로 나타났습니다. 감사합니다."라며 공무원이면서 늘 배우는 자세로 강사가 되기 위해 최고의 열정을 보여 주고 있다. 이 얼마나 멋지고 감사한 일인가?

이렇듯 함께 성장하며 세상이 더욱 아름답게 보이는 바람직한 내일을 꿈꾸며 오늘을 즐길 수 있다는 것은 축복이다. 바람직하게 즐기는 오늘이 모여 우리가 꿈꾸는 내일이 된다. 내일은 앞으로 다가올 희망이고 비전이다. 내 인생을 휘감을 수 있는 비전은 나의 행동하려는 의지에 방아쇠를 당기고 매일매일 조금씩 바람직한 현실로 다가온다. 진짜 내가 바라는 내일을 여는 열쇠는 어디에 있는가? 이제 숨겨져 있던 그 열쇠를 꺼낼 때다.

가슴 뛰는 비전을 일구어 갈 내일을 여는 열쇠는 써서 보고 실천하는 '써보실 꿈 노트'에서 찾을 수 있다. 새로운 내일, 가슴 뛰는 비전을 '써보실 꿈 노트'를 통해 발견해 보자. 그리고 매일 틈나는 대로 보고 또 보자. 내가 목표를 이루는 방법은 오직 3가지뿐이었다. 첫째, 목표 자체가 구체적이어야 한다. 둘째, 목표를 무조건 글과 이미지로 기록하고 만들어야 한다. 셋째, 매일 조금씩 지속적으로 노력하여야 한다. 이 방법들 이외에는 없었다. 의지에만 기대는 것은 무의미할 뿐이다. 일이 잘 안 풀려 어려울 때, 뭔가 해결해야 할 때, 적자생존의 법칙이 내가 찾은 최고의 해법이다.

무조건 적다 보면 뇌가 되살아나는 듯한 느낌이 든다. 손 끝 감각은 뇌에 좋은 영향을 미친다. 써서 보고 실천하며 꿈의 크기를 점점 키워 내 인생 365 땡큐! 날마다 내 생의 최고의 날을 만끽하자.

내일은 앞으로 다가올 희망이고 비전이다. 내 인생을 휘감을 수 있는 비전은 나의 행동하려는 의지에 방아쇠를 당기고 매일매일 조금씩 바람직한 현실로 다가온다. 진짜 내가 바라는 내일을 여는 열쇠는 어디에 있는가? 이제 숨겨져 있던 그 열쇠를 꺼낼 때다.

내 생의 밑줄

-김순복 교수의-
써보실 꿈 노트
써서 보고 실천하자!

주인공: _____ (인)

써 써라!

보 보라!

실 실천하라!

우리의 인생에 있어 정상이란 없다.
우리가 끝없이 올라야할, 우리가 끝없이 배워야 할
각기 다른 희망의 산봉우리만 존재할 뿐이다.

꿈을 꾸는 자! 도전하는 자의 심장은 늙지 않는다.
늙지 않는 심장으로! 긍정과 열정의 에너지로!
힘차게 도전! 도전! 도전하자!

- 김순복 교수 -

벼랑 끝
활주로

CLIFF-END RUNWAY

3장

나는
써보실 꿈 노트로
적자생존했다

미국의 유명한 카운슬러인 찰리 헤지스는 "꿈이란 당신이 잠에서 깨어나며 잊어버리는 그 무엇이 아니라, 당신을 잠에서 깨우는 그 무엇이다."라고 했다. 세상에는 늘 꿈을 꾸는 사람과 꿈을 잃어버린 사람이 있다. 꿈이 없다는 것은 미래에 대한 희망이 없다는 뜻과 같다. 바쁘게 허덕이며 살다 보니 꿈을 이루겠다는 동기부여가 될 틈이 없는 사람들도 있다. 참으로 안타까운 일이다.

'죽기 전에 이루고 싶은 꿈! 나의 버킷리스트!' 이를 한 번쯤은 적어 봤을 것이다. 버킷리스트를 적어 하나씩 이루어지는 것을 체크해 나가는 것도 인생의 쏠쏠한 재미다.

절실하게 이루고 싶은 꿈이 있는 사람, 비전이 있는 사람은 아침에 벌떡 일어나게 된다. 1분 1초가 아까워서 쉽게 버리지 않는다. 할 일이 생각나거든 지금 당장 벌떡 일어나 앉아라. 하루 24

시간 중 아무에게도 무엇에도 방해받지 않는 시간을 파워타임으로 정해 보라. 나만의 파워타임 때는 나를 위해 온전히 시간을 투자한다. 나는 아무리 피곤해도 '진짜 나 찾기 자기혁명 프로젝트 파워타임 시작 시간'인 새벽 4시면 벌떡 일어난다. 나 자신과의 약속을 지키기 위함이다. 내 자신에게 떳떳하기 위함이다. 해외에 나가서도 흐트러짐이 없다. 제일 먼저 일기장부터 챙기고 그 후 요즘 수행하고 있는 미션을 챙긴다. 버킷리스트와 1년 안에 이루고자 하는 꿈에 대한 자료를 소지하고 다니며 매일매일 들여다보며 실천의지를 다져 보곤 한다. 그러다 보면 마음이 느슨해질 리가 없다.

내가 바라는 내일을 위해 비전을 세우고, 나의 방향을 잡아 줄 로드맵을 그리고, 비전에 걸맞게 행동으로 실천하자고 마음먹었다. 쓰면 이루어진다. 비전을 종이에 쓰고 큰 소리로 선언하고 잘 보이는 곳곳에 붙여 공개하라. 보고 또 보고 마음을 다지면서 실천하면 쉬워진다. 되도록 많은 사람에게 공개적으로 선언할수록 책임을 져야 하므로 쉽게 이룰 수 있다. 무조건 써서 보고 실천하라고 나의 고객에게 늘 강조하는 말이다.

한 번 왔다 가는, 단 한 번뿐인 인생이다. 남들이 내 인생을 대신 살아 줄 리 만무하다. 정말 사람답게 폼 나게, 나답게 그 어느 누구에게도 꿀리지 않게 당당하게, 미친 듯이 즐기다 가고 싶지 않은가? 그러기 위해서는 당신을 잠에서 벌떡 깨울 수 있는 간절한 꿈이 있어야 한다. 간절한 꿈과 명확한 비전이 있는 사람들은 늘 얼굴에서 광채가 나고 후광이 느껴진다. 그들에게는 항상 반짝이는 행복이 보이기 때문에 표정도 밝다. 다가올 미래에 가슴이 설레고 작은 일에도 감격과 환희로 늘 즐겁고 황홀하다. 비전을 품고 진짜 인생을 살고 있기 때문이다. 단 한 번뿐인 소중한 인생에 의미를 부여하고 후회 없이 꿈을 향해 즐기면서 자연스럽게 성공의 문턱에 도달한다. 그들의 성취의 기쁨은 그 어느 것과도 비교할 수 없는 환희와 감동으로 벅차오른다.

당신이 가장 하고 싶은 것은 무엇인가? 절박한 꿈으로 진정한 비전을 발견해 보자. '반드시 해내고 말 것이다.'라는 굳건한 의지가 뒷받침되어야 한다. 나만의 가슴 뛰는 새로운 내일을 위해 자신을 점검해 보는 자기검열이 필요하다. 무엇보다도 가장 하고 싶은 일을 찾는 것이 우선시되어야 효과가 크다. 그리고 가장 자신과 잘 어울리는 나다운 방식으로 나의 강점을 살려 적합한 비전을 만들어야 한다. 우선 '나'다운 장점과 내가 잘할 수 있는 것, 나만의 강점과 다시 반복되지 말아야 할 나의 약점을 찾아 분석해 봐야 한다. 그리고 나에게 유리한 기회와 불리한 요인은 무엇인지 SWOT 분석을 통해 정확히 나를 들여다보고 직시하여 철저하게 세밀한 전략을 세워야 한다.

노력을 기울여 합리적인 계획을 세운다면 아침에 당신을 벌떡 깨울 꿈을 얼마든지 가질 수 있다. 아침에 벌떡 일어나고 싶다면 꿈에 대해 명확하게 노트에 기록하면 된다. 어떠한 일을 이루고 싶은지 나답게 살아가는 방법이 무엇인지 생각을 좁혀 가며 원하는 꿈에 가까이 도달할 수 있도록 전략을 짜야 한다. 막연하게 꿈을 그리고 이뤄야겠다는 생각으로는 부족하다. 꿈을 이루고자 하는 강한 의지와 자신감을 북돋아 줄 열정이 있어야 한다. 꿈에 강한 열망을 더하면 더는 꿈이 아니다. 꿈을 다가오는 현실로 만들려면 강한 열망을 목표로 설정하고, 목표를 비전으로 세워 온전한 내 것으로 바꿔야 한다. "반드시 이룰 수 있다. 이루고야 말겠다."라는 확신이 있어야 목표로 바꿀 수 있다. 그 목표는 곧 내가 반드시 해내야 하는 내 삶의 목표이고, 나의 비전이고 내가 살아가는 이유가 되는 것이다.

목표가 세워졌다면 목표를 이루기 위한 계획을 기록해 보자.
주요 목표를 세분화하고 항목별로 기간을 정하여 기록하다 보면 더욱 견고해져 이루고자 하는 핵심을 찾을 수 있을 것이다. 그 순간, 바로 벌떡 일어나 계획을 행동으로 전환하여 실행하자. 목표가 이루어졌을 때의 벅찬 감정과 행복한 기쁨을 상상해 보라. 가슴을 활짝 펴고 당당하게 고개를 들고 자기 자신을 오롯이 믿으며 자신감 있게 앞으로 나아가자. 가다 보면 물론 실패도 있을 수 있다. 시기 질투의 세력 때문에 장애물이 생길 수도 있다. 하지만 꿈을 이루기 위해서는 실패도 약이라고 생각해야 한다. 실패했다면 왜 그런 일이 일어났는지 파악하고, 장애물이 나타나면 지혜를 발휘해 성장의 기회로 생각하라. 좌절하지 말고 무엇을 다르게 할 수 있었는지를 자신에게 질문하며 나아가라. 목표 달성을 추구할 수 있도록 실패를 통해 바람직한 방향을 도출하고 남들과는 다르게 행동할 수 있도록 더 귀한 답을 찾아내야 한다.

꿈을 현실화하여 성공하고 싶다면 반드시 매일매일의 생방송인 삶을 통해 끊임없이 노력해야 할 것이다. 신념이 확고하다면 자기 자신을 믿고 인내하며 일관성 있게 목표에 전념해야 한다.

꿈을 강한 열망으로, 열망을 내 삶의 목표로, 목표를 행동 계획으로 추진력 있게 밀고 나가기 위해서는 내 앞에 놓인 모든 장애물을 제거해야 한다. 지금 이 순간, 내 목표를 달성하는 데 방해되는 것이 무엇인지를 냉정하게 파악하라.

발전이 없는 관계부터 정리하자. 나만의 살생부!

내가 이루어야 할 목표를 위해 과감하게 버려야 할 목록들을 만들어 보자. 목표에 집중해서 달성할 때까지 체계적으로 장애물을 제거할 계획을 세워야 한다. 내 꿈을 방해하는 장애물, 나만의 살생부를 구체적으로 종이에 적어 보자.

장애물을 날려 버릴 선서문과 자신의 이름을 적어 서명한 후 내가 이루고자 하는 목표와 함께 가장 잘 보이는 곳에 나란히 붙여 두고 매일매일 보면서 다짐해야 한다. 마찬가지로 책상 앞에 내가 이뤄야 할 것과 버려야 할 것을 나란히 붙여 두고 가끔씩 큰 소리로 읽어 보기도 하라. 쓰면서 다짐했고 보면서 다짐하고 읽으면서 다짐한다. 가족들과 가까운 지인들에게도 공개해야 한다. 그래야 그들이 나의 스승이 되어 주고 나의 코치가 되어 줄 수 있다. 잠시 목표를 망각하고 버려야 할 것에 머물러 있을 때 다시금 일깨워 줄 수 있다.

꿈을 향한 뜨거운 열정이 공허한 것이 되지 않기 위해서는 '그 꿈을 위해 무엇을 어떻게 해야 할 것인가? 무엇부터 시작할 것인가?'를 항상 염두에 두어야 한다. 꿈을 이루기 위해서 현실적으로 나에게 어떤 노력이 필요한지 구체적인 계획을 간략하게나마 짜 보아야 한다. 실천하고자 하는 의지가 무엇보다 가장 중요하다. 막연하게 생각만으로 계획하고 실천하는 것보다 구체적으로 적고 보고 공개하면서 실천하는 것은 천지차이다.

나의 목표는 죽는 순간까지 강연장에서 열정적인 강의를 하며 많은 사람과 희망을 나누는 것이다. 내 경험을 살려 강사가 되고 싶은 분들, 무엇을 새로 시작하고 싶은 분들에게 도움을 주는 것이다. 나의 많은 고객에게 꿈과 희망의 씨앗을 심어 주고 그 씨앗이 나무가 되어 무럭무럭 자라 숲을 이룰 수 있도록 도우며 보람을 가지고 영원히 함께하는 것이다.

목표와 비전은 잘 조화되었을 때 가장 강력한 힘을 발휘한다.

여기서 생각해 볼 것이 있다. 비전이 삶의 목표와 어떤 연관이 있는가? 내가 왜 이것을 원하는가? 이것을 통해 무엇을 얻을 수 있는가를 정리해 보면 목표를 더 깊이 가치 있게 세울 수 있다.

나의 비전은 내 삶의 목표와 같다. 나는 강연을 하면서 청중과 함께 소통할 때가 가장 행복하다. 행복을 넘어 짜릿함을 느낀다. 강의를 하는 도중에 쓰러지더라도 강의 시간은 내 생애에서 가장 가치 있는 시간이다. 청중과 만날 생각을 하면 지칠 줄 모르고 심장이 박동하면서 활기가 넘치고 힘이 생겨난다. 강의를 하면서 행복에너지가 충전된다. 나로 인해 동기부여가 되어 강사를 해 보려고 하는 분들, 꿈에 도전하겠다는 분들을 보면 더욱 힘이 나고 뭐든 어떻게라도 도와주고 싶어 안달이 난다. 내 강의를 듣고 지갑에 1년 안에 이룰 꿈을 적어 넣고 다니며 실천하려고 노력하는 분들을 보면 그들과 평생을 함께하며 매년 꿈을 점검해 주고 싶다. 그래서 써보실 꿈 나눔 Day를 기획했다. 더 오래 더 좋은 프로그램으로 청중과 함께할 생각을 하면 정말 자다가도 벌떡 일어나 고객과 나눌 좋은 프로그램을 연구하게 된다.

좀 더 나은 강의를 위해서 오늘도 난 이른 새벽에 일어나 앉아 '진짜 나 찾기 자기혁명 프로젝트' 회원들과 파워타임을 지키며 필사를 하고 가슴을 열고 나의 꿈과 비전에 맞는 강의를 기획해 본다. 문득문득 머릿속에 떠오르는 영감을 놓치지 않고 적어 보며 날마다 함께 나눌 꿈을 꾼다.

적다 보면 빨리 실천하고 싶어 나도 모르게 벌떡 일어나게 된다.

자다가도 벌떡 일어날 만큼 꿈을 이루고자 하는 강한 의지와 자신감을 북돋아 줄 열정이 있어야 한다. 꿈에 강한 열망을 더하면 더는 꿈이 아니다. 강한 열망을 목표로 바꿔야 한다.

내 생의 밑줄

내 인생의
내비게이션,
써보실 노트의 힘

    새는 새집을 지을 때 강풍에도 충분히 견딜 수 있는 튼튼한 집을 짓기 위해서 바람이 가장 심하게 부는 날에 집을 짓는다. 강한 태풍이 불어와도 나뭇가지가 부러질망정 새집은 부서지지 않는 이유가 바로 그것이다. 겉으로 보아선 엉성한 새집이지만 새집만큼 튼튼한 집도 드물 것이다. 새들이 바람이 가장 강하게 부는 날에 집을 짓는 것은 사람이 집 지을 때에 땅을 깊게 파서 기초를 튼튼하게 하는 것과 같은 이유다. 특히, 까치는 6개월 앞을 내다보는 짐승이다. 그래서 까치가 집을 낮은 곳에 지으면 여름철에 바람이 많고 굵은 가지에 집을 지으면 여름에 큰 태풍이 있다는 것을 예고해 주는 것이라 한다. 우리 곁에서 살아가는 연약한 새가 튼튼하고 완벽한 보금자리를 짓고 살아가는 모습에서도 배울 것이 많다. 앞으로 펼쳐질 나의 미래를 위해 새가 새집을 짓듯 앞을 내다보며 튼튼한 삶의 틀을 짜야 한다. 그러기 위해서는 내 삶에 분명한 목적이 있어야 한다. 삶의 목적을 분명하게 정하고 그것을 향해 똑바로 나아가는 최적의 지름길을 설정해야 한다. 늦었다고 생각하는 지금이 바로 가장 빠른 때다.

우리는 운전할 때 내비게이션의 도움을 받는다. 어느 곳을 가든지 내비게이션은 목적지까지의 거리와 시간, 막히는 구간 여부까지 확인해서 속도와 방향을 고려해 최적의 지름길을 정확하게 안내한다. 우리 인생에도 자동차와 같이 내비게이션이 있다면 어떨까? 사주팔자를 인생의 내비게이션으로 믿고 사는 사람들도 있다지만 별 재미는 없을 것 같다. 사주팔자에 의지하지 말고 스스로 개척해 갈 수 있는 최적의 인생 내비게이션을 만들어가 보자.

원래 나에게는 뚜렷한 목표도 계획도 없었다. 하루하루 그저 돈 벌기에 바빴고 허덕이며 살기에 바빴다. 뒤늦게 39세에 야간대학을 다니기 시작하면서 새로운 꿈을 꾸게 되었다. 가슴이 뛰는 구체적인 계획을 세우기 시작했다. 그때부터 새로 태어났다는 생각이 든다. 막혀 있던 숨이 트이고 날마다 무지갯빛 꿈을 꾸며 구름 위를 걷는 기분이었던 것 같다. 그때부터 대학 강사가 되어야겠다는 꿈을 가지고 구체적인 비전과 목표를 세우기 시작했다. 나의 40대, 50대, 60대, 70대에는 무엇을 할 것인지 목표가 생겼고 구체적인 장기 계획과 내 인생 로드맵을 그려가며 꿈을 키울 수 있었다. 그렇게 내가 할 수 있는 최선을 다해 가며 노력하다 보니 버킷리스트가 하나, 둘 계획대로 채워지고 기대 이상으로도 꿈이 이루어지기 시작했다. 신기하게도 마음만 먹으면 척척 이루어졌었다. 그래서 어쩌면 거만하게도 "노력해서 안 되는 일이란 이 세상에 없다. 안 된다면 단 1%라도 그것은 노력이 부족해서다."라고 자신 있게 말하곤 했었다. 세상에는 노력해서 안 되는 일들이 더 많을 텐데도 말이다. 그런데 지금도 변함없는 생각이 있다. 허황된 꿈은 당연히 이루어지지 않는다. 하지만 이룰 수 있는 꿈을 구체적으로 적어서 꿈꾸며 비전을 세워 최선의 노력을 한다면 거만하게 들렸던 내 말 중 일부는 실현될 가능성이 있지 않을까? 꿈은 이루어지지 않더라도 변화하고 성장한 자신의 모습을 확인할 수 있을 것이다.

대학을 다닐 때 이미 40대에 접어든 아줌마였지만 그때가 내겐 가장 불타는 청춘이었다. 도전하는 자는 늘 청춘이다. 정말 자신만만했었다. 꿈꾸는 내 청춘은 40대에 시작되었다. 모든 것이 생각대로 이루어져 갔다. 식물은 씨앗에서 싹을 틔운다. 사람은 생각이라는 보이지 않는 씨앗에서 행위라는 싹을 틔운다. 자신의 마음밭에 뿌린 생각의 씨앗에 의해 행동이라는 꽃이 피고 기쁨과 고통이라는 열매를 맺는다. 사람은 자기 생각의 주인이며, 사람의 성공과 실패는 오로지 자기 자신에게 달려 있다. 우리 모두는 자신을 변화시킬 수 있는 힘을 이미 내면에 장착하고 있다. 또한 모든 상황에 대처할 수 있는 능력을 가지고 있다. 정원사가 자기 정원에서 잡초를 뽑아내고 자기가 원하는 꽃과 나무를 심고 가꾸는 것처럼 스스로 자신의 성격을 만들고 튼튼한 삶의 틀을 짜야 한다.

　우리 인생에도 그러한 내비게이션이 필요하다. 인생이라는 긴 여정에서 헤매지 않고 정확하게 각자가 정한 목적을 달성하기 위해 할 수 있는 방법은 자신의 인생에 내비게이션을 장착하는 것이다. 지금부터 새로운 시작을 위해 내 인생의 내비게이션을 설정하고 내 삶의 목적을 달성하기 위한 목표를 써보실 꿈 노트에 기입해 보자. 나는 동원대학교 경영학과 하이닉스반에서 4시간짜리 재무관리 강의를 할 때 학생들의 미래 계획을 적은 후 발표하고 함께 꿈을 설계하고 체계화하는 데 1시간을 할애했다. 정확한 목표를 설정하기 위해 자신에게 몇 가지 질문을 던져 내가 살아가는 이유를 찾아보라. 내가 가야 할 최적의 빠른 방향이 분명 보일 것이다.
　'나는 어떠한 인생을 살고 싶은가?', '그 인생을 살기 위해 가장 이루고 싶은 꿈은 무엇인가?', '그 이루고 싶은 꿈을 위해 어떠한 목표를 세울 것인가?', '그 목표를 달성하기 위해 어떠한 투자를 할 것인가?', '그 꿈을 위해 하루 중 어느 시간대에 몇 시간을 투자할 것인가?', '1년 안에 꼭 이루고 싶은 단기 꿈은 무엇인가?', '그 꿈을 위해 어떠한 액션을 꾀할 것인가?', '하고 싶고, 가고 싶고, 갖고 싶고, 되고 싶고, 나누어 주고 싶은 버킷리스트는 무엇인가?', '버킷리스트를 달성하고자 하는 이유는 무엇인가?', '버킷리스트를 언제까지 얼마의 예산을 투자하여 어떠한 방법으로

달성할 것인가?'

1년 후, 3년 후, 5년 후, 10년 후, 20년 후의 나의 모습을 상상하며 버킷리스트를 달성하기 위해 기간별로 해야 할 일과 우선순위를 정해 보라. 기간별로 미래의 명함을 만들어 두는 것도 좋은 방법이다. 그리고 필요 금액과 준비 정도, 달성 여부를 체크해 가며 내 인생의 내비게이션을 설계해 보자. 끊임없이 자기 자신에게 질문을 던지며 무조건 적어 보자.

'내가 가장 가치 있게 생각하는 핵심 가치와 그 이유는 무엇인가?', '나는 사람들에게 어떤 사람으로 기억되고 싶은가?', '그런 사람으로 기억되기 위해 실천해야 할 것과 하지 말아야 할 것은 무엇인가?', '인생에서 가장 하고 싶은 것은 무엇인가?', '인생의 최대 목표는 무엇인가?', '어떤 사람이 되고 싶은가?', '내 삶의 목적을 위해 버려야 할 것들은 무엇인가?'

내 삶이 올바른 방향 따라 인생 항로를 순항하고 있는지, 길을 헤매고 있지는 않은지 수시로 점검한 후 수정하여야 한다. 삶의 목적을 달성하기 위한 꿈을 실행하기 위해서는 무조건 적어야 한다. 절박함을 가지고 꿈을 적고 공개하여 자주 보면서 실행해야 한다. 내 삶의 내비게이션은 바로 '써서 보고 실천할' '써보실 꿈 노트'였다. 나만의 써보실 꿈 노트에 꼭 이루고 싶은 것들을 적어 가며 꿈을 키워 왔다. 내 삶의 목적과 의미를 되새기며 흔들림 없이 살 수 있도록 지침으로 삼은 사명서를 작성해 가장 잘 보이는 곳에 붙여 놓고 볼 때마다 다짐했다. 내 마음을 움직이는 것이 무엇인지를 생각해 보며 길이 막힐 때마다 항상 써보실 꿈 노트에서 답을 찾았다. '내 인생에서 가장 하고 싶은 것이 무엇인가?'를 가장 먼저 생각했다. 하고 싶은 일을 할 때가 가장 행복하기 때문이다. 행복한 일 하나로 인해 그 어떠한 힘든 일까지도 기꺼이 감당해 낼 수 있는 에너지가 생기기 때문이다. 자신이 가장 하고 싶은 일 한 가지쯤은 할 수 있기를 적극적으로 권고한다. 힘들고 어려운 상황일수록 그 일을 하면서 어려움을 헤쳐 나갈 수 있는 돌파구를 찾아야 한다.

나는 강의를 할 때 가끔 "당신은 언제 가슴이 가장 뛰십니까?"라는 질문을 한다. 내가 하고 싶은 일을 하면서 산다는 것은 가슴 뛰는 삶을 살 수 있는 일이다.

"하고 싶었던 일을 즐기면서 할 때가 가장 가슴이 설레고 벅찹니다."

"미래에 펼쳐질 희망이 보여서 가슴이 마구 뜁니다."

"제 심장이 미래를 향해 요동치는 소리에 더욱 힘이 납니다."

"가슴 뛰는 소리를 들으며 살아 있음을 느낄 수 있어 정말 행복합니다."

이렇듯 한 가지 질문에 마음의 소리가 폭포수처럼 쏟아져 나온다. 즐기며 일을 할 수 있다는 것은 내가 누리는 최대의 행복이다.

세계적 애니메이션 거장인 '미야자키 하야오'는 머리 좋은 사람도, 노력하는 사람도, 즐기는 사람을 결코 이길 수 없다고 말했다. 일을 즐기는 사람은 무한 긍정에너지와 열정이 함께하며 오픈마인드가 형성되고 주변 사람들과도 소통이 잘되어 인간관계 또한 좋아진다. 인간관계가 좋아지면 일의 능률도 올라가기 마련이다.

인생항로를 헤쳐 갈 때 올바른 방향을 제시해 주고 안내해 주는 내비게이션인 써보실 꿈 노트에 꼭 기록해 보자. 손은 모든 걸 기억한다. 장기 휴가를 다녀온 다음 날 컴퓨터의 부팅 비번이 생각나지 않아도 손가락은 이미 기억하고 자판을 누르고 있었던 적이 있을 것이다. 무조건 손으로 써 보자. 써서 보고 실천하자. 내 삶의 연출가! 내 삶의 주인공! 내 삶의 정원사가 되어 지금까지 살아온 경험 속에서 자신을 발견하고 설계하여 의식 있는 주인이 되어 보자. 생방송인 내 인생에서 주인공다운 주인공이 되어 보자. 길을 헤매며 힘들 때마다 써보실 꿈 노트에서 삶의 방향성을 찾아보길 바란다. 내가 이루고자 하는 꿈의 목록과 그 꿈을 이루기 위한 구체적인 계획, 내 삶의 비전과 목표를 보며 꿈이 이루어졌을 때를 생생하게 상상해 보자. 내 계획대로 자신 있게 한 발짝씩 내딛어 보자. 헤아릴 수 없는 무한 능력을 갖춘 나 자신을 믿고 지금부터 가슴 뛰는 선택과 함께 세상이라는 통로에서 메신저가 되어 소통하며 한 걸음 앞으로 나아간다. 앞으로….

내 삶의 연출가! 내 삶의 주인공! 내 삶의 정원사가 되어 지금까지 살아온 경험 속에서 자신을 발견하고 설계하여 의식 있는 주인이 되어 보자. 생방송인 내 인생에서 주인공다운 주인공이 되어 보자.

내 생의 밑줄

적는 자가
생존하는
적자생존의 법칙

1979년 하버드 경영대학원 졸업생들을 대상으로 "장래에 대한 명확한 목표를 설정했는가? 그 목표를 기록해 두었는가? 목표를 달성하기 위한 구체적인 행동 계획이 있는가?"라는 내용의 설문 조사가 시행되었다. 목표를 구체적으로 설정하여 기록해 두었다는 사람은 불과 3%였다. 목표는 있지만 적어 두지 않은 그룹은 13%, 특별한 목표가 없다고 답한 그룹은 84%였다. 10년 후 연구자들이 졸업생들을 추적해 어떻게 살고 있는지 확인해 본 자료에 따르면 놀라운 일이 벌어진 것을 알 수 있다. 목표는 있지만 기록하지 않은 13%의 그룹은 목표가 없다는 사람보다 평균 2배 이상 소득을 올리고 있었다. 목표를 구체적으로 종이에 적어 둔 3%의 사람들은 그렇지 않은 사람들보다 무려 10배 이상의 수입을 올리고 있었다. 졸업할 때 얼마나 명확한 목표를 세웠는가에 따라 이런 차이가 나타났다. 이 결과에서도 알 수 있듯이 적는 자가 무조건 성공한다. 적어야지만 명확한 목표가 될 수 있고 내 삶의 나침판이 되어 내비게이션 역할을 할 수 있다.

누구나 쓰기의 중요성을 잘 알고 있지만 실천하는 사람은 그리 많지 않다. 우리의 기억력은 한계가 있어 쓰지 않으면 약해질 수밖에 없다. 돌아서면 잊어버린다. 글로 남겨 놓지 않으면 까마득하게 과거 속에 묻히고 만다. 노트에 적어 가며 수학 공식을 풀듯 써야 풀린다. 쓰는 동안 생각은 점점 깊어지고 명료해진다. 원하는 대로 꿈을 이루고 싶다면 무조건 쓰면서 결심하라. 적는 자가 살아남는다. 머릿속으로만 '난 뭐가 되고 말겠어. 꼭 하고 말거야.'라고 천만번 담아 둔다 해도 그건 생각에 불과하다.

생각을 글로 적어 써 두고 자꾸 봐야만 자신과의 약속이 된다. 난 무엇보다 나 자신과의 약속을 매우 중요시한다. 나 자신과의 약속은 꼭 지키려고 애쓴다. 그래서 1시간을 자더라도 새벽 4시면 자기혁명 프로젝트 파워타임을 위해 일어나 책상에 앉는다. 나 자신과의 약속 하나도 제대로 지키지 못한다면 타인과의 약속은 물론 아무것도 잘할 수 없을 것 같기 때문이다. 말보다는 자신의 손으로 직접 쓴 글이 더욱 힘이 있다. 자신의 꿈을 구체적으로 글로 써서 사람들에게 공개하기를 권한다.

힘들었던 어린 시절, 하얀 종이를 유난히 좋아했다. 지울 수만 있다면 몇 번씩이고 나의 복잡한 머릿속과 마음을 깨끗하게 지우고 새로 시작하고 싶었다. 지금까지 살아왔던 모든 삶을 지우개로 깨끗이 하얗게 지우고 싶어 했었던 철없던 시절의 감정들이 떠오른다. 그래서 더욱 하얀색을 좋아하게 되었고, 하얀 종이를 좋아했고 하얀 옷을 즐겨 입었었다. 잡념이 많아 지저분하고 복잡하게 엉켜 있던 내 마음을 하얀색으로 감추고 싶었던 것 같다.

하얀 종이에 무엇을 설계하며 적는 것은 지금도 가슴 설레는 일이다. 매년 1년 다이어리 수첩을 새로 받아 들 때도 나의 1년을 설계할 마음에 가슴이 설렌다. 설레는 마음으로 1년의 계획을 적다 보면 성취하고자 계획했던 무수한 일들이 이루어진 모습이 머릿속에 스쳐 지나간다. 그러면서 이루고자 하는 의지가 더욱 굳건해지고 하고 싶은 욕구가 솟구친다. 성취를 한 모습은 상상만 해도 즐겁고 가슴이 뛴다. 얼른 행동으로 전환하고 싶어 견딜 수가 없게 된다. 그래서 적는 것을 더욱 좋아한다. 물지게 소녀가 교수가 되고 지금의 내가 되기까지 나는 나의 꿈을 적고 또 적으며 내 잠재의식 속 내비게이션에 즐겨찾기 모드로 늘 입력을 시켜 놓았다.

써보실 꿈 노트를 통해 꿈과 목표를 찾을 수 있었고 내가 가야 할 방향이 보이기 시작했다. 막혔던 가슴이 트이니 세상이 환해 보이기 시작했다. 꿈과 목표를 찾고 보니 나아가야 할 방향이 보였다. 쓰다 보니 머릿속을 채웠던 잡념 때문에 쓸데없이 부정적 감정의 세포 분열이 일어나지 않도록 생각들을 현명하게 다스리는 방법을 터득하게 됐다. 앞으로 어떤 방식으로 내 삶을 살아야 하는지도 뚜렷해졌다. 고민 속에서 방황하는 모든 사람에게 내 경험을 토대로 꿈을 갖게 해 주고 싶다. 뭐든 시작할 수 있는 용기를 심어 주고 싶다. 함께 희망을 노래하며 행복을 찾아가는 것이 내가 살아가는 이유가 되었다. 아름답고 밝은 빛이 되어 나눔을 실천하며 내 주변부터 행복바이러스를 확산되게 할 것이다.

　공무원 재직 시 내부 강사를 할 때부터 공문서와 보고서 쓰기, 공무원 호봉 등의 강의를 많이 하면서 신입 직원을 종종 만났다.
　지금도 공공기관 등에서 공문서 강의 등을 하면서 많은 분을 만나고 있다. 직장인을 대상으로 강의할 때는 "반드시 다이어리 두 개로 시작하라."고 말한다. 그중 한 개를 업무 수첩으로 만들어 내가 맡은 업무만큼은 책으로 남겨도 될 만큼 완벽하게 소화해서 나만의 업무 매뉴얼을 만들기 위해서다. 교육청에 근무하면서 인사 업무를 할 때다. 나만의 매뉴얼을 만들어 사용하고 인사 지침의 중요한 부분에는 모두 스티커를 붙여 목록을 적어 두었다. 그랬기에 학교에서 어떠한 질문을 들어도 즉각 답변을 할 수 있었다. 그러다 보니 교감 선생님들께서 "주무관님은 전화 드릴 때마다 어떻게 바로바로 명쾌한 답변을 주시냐. 고맙다."라며 늘 좋은 반응을 보여 주셨다.
　요즘은 한 가지 습관이 더 생겼는데 바로 쓰기 습관이다. '진짜 나 찾기 자기혁명 프로젝트'를 기획해 회원들과 새벽 시간을 이용해 매일매일 필사를 하고 있다. 필사를 하면서 많은 변화가 생겼다. 한 번 읽고 책장에 꽂아 두면 무슨 내용이었는지 도통 생각이 안 나던 것들이 선명해진다.

나의 필사 방법은 이렇다. 읽으면서 마음에 와닿는 글에는 밑줄을 치고 글로도 적어 본다. 적은 내용을 요약해서 또 적는다. 그리고 다시 나만의 생각을 적어 보면서 온전히 내 것으로 만들 수 있다. 필사를 하다 보면 마음이 평온해지고 자아에 대한 존중감도 생긴다. 글을 쓰는 응용력은 덤으로 생기는 것 같다.

같이 하는 회원들도 다음과 같이 호응한다. "교수님이 아니었으면 언제 제가 이런 필사를 해 볼 수 있었겠느냐. 교수님 덕분에 내 생애 처음으로 필사를 해 보았다. 너무 뿌듯하고 기쁘다.", "완전한 독서를 위해서는 필사가 답이다. 필사를 통해 내용을 구체적이고 세밀하게 관찰하게 되었다.", "필사는 작가와의 진정한 만남이다. 교수님의 붉은 열정 때문에 제가 감히 필사를 할 수 있었다.", "교수님의 에너지 파동이 저의 굳은 세포를 자극해 주었다." 등등…. 이처럼 진짜 나 찾기 자기혁명 프로젝트를 통해 필사의 매력을 몸소 느끼며 실천하는 분들이 많아져서 뿌듯하다.

자꾸 적다 보면 생각은 자연스럽게 정리되고 명료해진다. 머릿속에 많은 생각이 빙빙 돌고만 있을 뿐 명쾌하게 정리되질 않을 땐 무조건 생각나는 대로 적어 볼 것을 권하고 싶다. 일단 써 내려가다 보면 생각이 풀리면서 완벽하게 정리된다. 나는 거의 적어 가면서 정리하는 편이다. 그래서 써보실 꿈 노트도 만들게 되었다. 적다 보면 생각이 굳고, 생각이 굳어지면 행동으로 옮기게 된다. 그러다 보면 꿈은 비전으로 바뀌고 명확한 목표가 생기면서 목표를 실천하게 된다. 어렵게 생각할 필요는 없다. 가장 쉬운 것부터, 즉, '내가 원하는 것은 무엇인가?', '미래에 어떤 사람이 되고 싶은가?', '무엇이 가장 하고 싶은가?'부터 생각해 보라. 그다음으로 '그 꿈을 이루기 위해 어떤 방향으로 가야 하는가?'를 생각해 보면 비전 있는 삶으로 가는 나의 사명서를 작성할 수 있을 것이다.

꿈을 이루는 것, 어려울 수도 있다. 지금까지 꿈이 이루어지지 않았다면 아마도 시작을 하지 않았거나, 시작을 했어도 중도에 포기하였기 때문일 것이다. 꿈을 이룰 수 있는가의 성공 여부는 행동을 했느냐 안 했느냐에 달려 있다. 무엇보다도 '나는 할 수 있다.'라는 자신감과 '끝까지 하고 말겠다.'라는 끈기가 필요하다.

꿈으로 가는 여정을 절대로 의심하지 말자. 어떠한 역경에도 끝까지 가 보겠다는 나에 대한 믿음과 다짐이 수반되어야 한다. 나 자신이 먼저 나를 믿어야 남도 나를 믿어 준다. 자기 자신을 절대적으로 믿어라! 자신감이야말로 자기를 위대한 존재로 만드는 최고의 비결이다. 무엇보다 자신을 신뢰하고 존중하며 자신이 내린 선택에 책임을 져야 한다.

내가 원하는 모습으로 곧 만나게 될 미래의 나에게 집중할 수 있는 방법은 간단하다. 무조건 적고 실천으로 옮겨야 한다. 꿈을 적고, 목표를 적고, 계획을 세우고 사명서를 적어 가장 잘 보이는 곳곳에 붙여 두어라. 성장을 나타내는 시간 리듬을 7일로 잡고 거기에 신성한 3의 수가 배수로 결합된 삼칠일은 중요한 변화를 맞아 금기가 따르는 신성한 시간으로 널리 인식되어 왔다. 병뚜껑의 모서리 수도 21개다. 정삼각형 7개가 정교하게 모여서 21개 꼭지를 만들어 음식물을 보존할 수 있는 최적의 상태를 만들기 때문에 과학적인 숫자라고 할 수 있다.

삼칠일은 한 생명이 태어나 새로운 공동체 구성원으로 통합되는 과정에 걸리는 시간이기도 하다. 중요한 일이 발생한 날로부터 7일을 세 번 지낼 때까지 금기禁忌를 지키거나 특별한 의미를 두어 대응하는 기간이며 변화 속에서 삿된 기운이 침범하지 못하도록 세심한 배려 속에 점진적인 전이 과정을 거치는 기간이다. 이 기간을 통해 무난하게 공동체에 들어오는 목적을 달성할수 있다는 점에서 공동체적 삶의 대응 방안으로서 중요한 의미를 지닌다. 우리가 이루고자 하는 꿈도 삼칠일 동안 매일매일 수시로 들여다보면 내 잠재의식 속으로 완전히 들어올 수 있다. 삼칠일이 지난 다음에는 보지 않아도 이미 내 의식 속에 장착된 내 인생의 내비게이션 즐겨찾기에 수록되는 것이다. 그럼 자연스럽게 상상했던 나의 미래 모습은 반드시 내 앞에서 현재의 나와 마주할 것이다.

1년 안에 꼭 이루고자 하는 가장 중요한 꿈 하나쯤은 적어서 사진으로 찍어 휴대폰 배경 화면으로 설정해 두고 휴대폰을 사용할 때마다 보면 가장 효과적이다. 혹은 지갑이나 휴대폰 케이스에 끼우고 다니며 항상 휴대하면서 수시로 보며 마음을 다잡아야 한다. 그래서 '써보실 꿈 나눔 Day 초대권'을 생각해 냈다.

명함 크기로 제작하여 1년 안에 이룰 나의 꿈을 적어서 1년 동안 항상 부적처럼 휴대하면서 마음에 새기기를 권한다. 나의 사랑하는 고객들이 '써보실 꿈 나눔 Day 초대권'에 1년 안에 이룰 나의 꿈을 적어 지갑에 넣어 두고 휴대폰 배경 화면에 저장하여 꿈이 꼭 이루어지길 빌어 본다. 1년 후에 꿈을 이룬 나의 모습을 상상하며 항상 빛나는 내 인생을 그려 보라. 그렇게 하여 1년 후에 꿈을 이룬 나와 마주하면서 다른 이의 꿈까지 함께 격려하고 나눌 수 있는 만남의 장을 기대해 본다.

나는 이렇게 소통하며, 100년 동안 순복의 행복 향기를 드리는 행복 멘토로, 꿈 멘토로 나의 고객들과 영원히 함께하고 싶다. 사람들의 마음에 확신을 심어 주며 꿈과 희망의 동력을 불러 일으키는 강사로 기억되고 싶다.

꿈을 이루는 것, 어렵지 않다. 무엇보다도 '나는 할 수 있다'는 자신감과 '끝까지 하고 말겠다.'는 끈기가 필요하다. 꿈으로 가는 여정을 절대로 의심하지 말자. 어떠한 역경에도 끝까지 가 보겠다는, 나에 대한 믿음과 다짐이 수반되어야 한다. 자기 자신을 절대적으로 믿어라.

내 생의 밑줄

"왜 그래? 무슨 일이야?"

"할머니가 내 꿈의 지도를 망가뜨렸어."

꿈의 지도 도서를 읽다 깜박 잠이 들어 꿈을 꾼 적이 있다. 꿈 속에서 유치원생이었던 딸아이가 입이 뾰로통해서 방으로 들어 가려는 걸 불렀더니 다가와 내 무릎에 털썩 주저앉는다. 아이는 할머니가 자기 꿈의 지도를 망가뜨렸다며 울먹거렸다. 빨대와 종이를 이용해서 꿈의 지도를 열심히 만들었는데 자리를 비운 사이에 할머니가 쓰레기인 줄 알고 부서뜨린 후 버리신 것이다.

난 무턱대고 엄마에게 소리쳤다. "엄마, 그걸 버리면 어떻게 해? 아이 꿈을 그렇게 부숴 버리면 어떻게 하냐고!" 너무 화가 나고 답답하고 속상해서 엄마한테 짜증 섞인 목소리로 마구 소 리쳤다. 엄마는 "이런 것이 뭐라고. 이것 가지고 야단이야. 쓸데

없이 어질기나 하고….”라며, 오히려 역정을 내시는 듯하며 말끝을 흐리셨다. 아이의 진짜 꿈이 망가질 것 같아 또 소리를 질렀다. “엄마! 그게 다 공부란 말이야. 공부보다 더 소중한 중요한 것을 하고 있었어. 엄마는 뭔지도 모르면서 왜 그랬어? 아이 꿈인데 그걸 버리면 어떻게 하냐고.” 속이 상해서 엄마에게 악다구니를 쓰며 소리를 지르다 잠에서 깨어났다. 어떻게 꿈의 지도책을 읽다 말고 깜박 잠들어 이런 꿈을 꾸었을까? 꿈이 생생하고 꿈속 기분이 그대로 느껴졌었다. 어릴 때 부모님이랑 대화가 안 통해서 답답하여 아예 말문을 닫아 버렸던 내 모습이 그대로 나타났던 것 같다.

내 부모님은 학교 문턱에도 가 보지 못하신 분들이셨다. 자녀 교육열도 전혀 없으셨다. 먹고살기 바빠서 배우면 다른 세상을 살 수 있다는 것도 몰랐던 분들이셨다. 지금 생각해 보면 꿈이 없는, 꿈을 가질 생각조차 못 하셨던 분들로서 오로지 시골에서 농사지으며 하루 벌어 하루 먹고살기 바빴고 돈 버는 것 아니면 소득이라고 생각하지도 못하셨을 것이다. 그분들이 꿈의 지도를 알 리가 없었다. 그래서 어린 마음에도 늘 꽉 막힌 부분들이 답답했다. 지금은 세월이 흘러 세상 이치에 밝아지셨지만 내가 어렸을 때는 왜 그렇게 힘들게 사셨는지 모르겠다. 지금 생각하면 부모님의 인생이 참 안쓰럽고 안타깝다.

꿈의 지도를 따라가는 길은 늘 가슴이 설렌다. 어쩌면 사랑을 가득 품은 처녀 가슴처럼 봉긋 솟아 부풀어 오르기도 하고 콩닥 콩닥 심장이 뛰기도 한다. 꿈이 있다는 것은 하고 싶은 일이 있다는 것, 하고 싶은 일이 있다는 것은 내가 살아갈 이유가 있다는 것이다. 살아갈 이유가 있는데도 방황하며 주저하고 있다는 것은 하고 싶은 꿈은 있지만 구체적이고 명확한 비전이 없다는 것이다. 내 인생이 아닌 남의 인생으로 살고 있다는 것이다.

남의 인생이 아닌 온전히 내 인생으로 살기 위해서는 진짜 나부터 찾아야 한다. 진짜 나를 찾아 나에게 선물해야 한다. 뭔가 하고는 싶은데 뭘 해야 할지 모르는 분, 진짜 나답게 살아 보고 싶은 분, 명확한 비전을 갖고 싶은 분, 나의 이름이나 진짜 나를 찾고 싶은 분, 누군가에게 자신도 희망의 씨앗이 되고 싶은 분, 가슴 뛰는 설레는 삶을 당당하게 살아가고 싶은 분들에게 권하고 싶다. 손잡고 함께 성장할 수 있는 '진짜 나 찾기 자기혁명 프로젝트'를 추천한다. 아무도 방해할 수 없는, 오로지 나를 위해 투자할 수 있는 새벽 시간을 즐겨 보라. 우리 프로젝트 구성원들은 파워타임을 이용해 내가 좋아하는 일을 찾아 한 가지씩 실천 습관을 들여 가며 자기혁명을 일으키고 있다. 그래서 우리는 스스로를 혁명 동지라 부른다. 내가 꿈꾸는 대로 살기 위한 꿈의 지도를 따라가고 있는 동지!

'써보실 꿈 노트'가 구체적인 계획서라면 '자기혁명 프로젝트'는 꿈꾸던 일을 비로소 현실로 만들어 가는 과정이다. 그 결과물이 바로 실행 보고서다.

자기혁명 프로젝트를 통해 꿈꾸는 대로 이루어지는 경험을 많이 하고 있다. 그것은 나만의 내비게이션인 써보실 꿈 노트로 명확한 비전과 구체적인 계획을 세워 함께했기 때문이다. 꿈을 이루기 위해 실천한 경험으로 나만의 방식을 정립할 수 있다. 꿈은 무조건 써서 보고 실천할 수 있어야 한다. 적어 두기만 하면 무슨 소용이겠는가? 이루고 싶은 꿈들을 적어서 나만의 지도에 펼쳐라. 한번 이루기로 마음먹었다면 죽기 살기로 매달려 적극적으로 실천해야 한다. 그래야 내 것이 될 수 있다. 실천하지 않으면 누구나 공상만 하는 흔한 꿈이나 생각을 가지는 것에 머물고 만다.

진짜 나 찾기 자기혁명 프로젝트를 시작하기 전에 해결해야 할 미션 과제가 있다. 꿈과 목표, 나의 비전, 버킷리스트, 사명선언서, 이런 것들을 실행하기 위해 내가 버려야 할 것들과 그에 따른 실행 방법을 준비해야 한다. 자기혁명 프로젝트 시작 당일에 사전 부여한 과제의 결과물을 받아 간단한 코칭과 함께 좋은 습관을 만드는 KSB 드림미션이 매일매일 파워타임 때 시작된다. 미션 과제가 완성되면 파워타임 운영시간에 미션 과제를 올려서 공유한다. 이렇게 28일간의 실천 습관을 들여 내 마음 야외 워크숍에서 서로 마음의 빗장을 풀며 28일 동안의 성장스토리를 발표를 통해 공유한다.
1년쯤 후에는 습관이 되어 기존 회원들은 형편에 따라 가천대 명강사과정에서 이루어지는 매월 스터디로 대체하기도 한다.
이렇게 꿈꾸던 일을 쓰는 써보실 꿈 노트를 시작으로, 자기혁명 프로젝트 실행을 바탕으로 꿈이 현실로 되어 가고 있다. 나의 말 한마디가, 나의 행동 하나가 누군가의 마음에 희망의 씨앗이 되어 서식하여 큰 나무가 되고 숲이 될 수 있도록 죽는 날까지 사명을 다할 것이다. 강의가 끝나갈 무렵, 이루고 싶은 꿈 best 3와 써보실 꿈 나눔 day 초대권을 주로 강의에 이용한다. 1년 안에 이루고자 하는 단기 꿈을 적어 발표하고 휴대할 수 있도록 하는 것도 그 때문이다. 수많은 사람 중에 단 한 사람의 마음속에라도 희망의 씨앗이 자랄 수 있기를 바라면서, 자신만의 꿈의 지도를 따라갈 수 있도록 도움을 줄 수 있다면 나의 의도는 성공한 것이다.

미국의 작가인 나폴레온 힐(Napoleon Hill, 1883~1970)은 "인간만이 생각을 물리적 실체로 전환하는 능력을 가지고 있으며 인간만이 꿈을 꾸고 그 꿈을 실현할 수 있다."라고 말했다.

나는 지금도 계속 꿈을 꾼다. 그리고 그 꿈들이 실현되고 있다. 대학 강사가 되고 싶은 꿈을 꾸었더니 대학 강사가 될 수 있었다. 교육행정직 공무원의 꿈을 꾸었더니 교육행정직 공무원이 되었다. 명강사가 되고자 꿈을 꿨더니 명강사가 되었다. 강사 과정을 개설하여 나눔을 실천하며 함께 성장하고 싶다는 꿈을 꾸었더니 가천대학교에서 '가천명강사최고위과정' 책임교수직을 맡게 되었다. 언제부터인가 빨간색 투 도어 스포츠카를 타고 바람을 맞서며 가슴 뻥 뚫리게 한번 달려 보고 싶다는 생각을 했더니 꿈꾸던 그 차가 내 것이 되어 있었다. '그동안 열심히 살아왔으니 벤츠도 한번쯤 타 봐도 되지 않을까?'라고 생각했더니 돈 한 푼 안들이고 어느 날 갑자기 정말 투 도어 벤츠가 내 차가 되었다. 강사양성 과정을 진행하면서도 1기에 11명으로 시작했으나 2기는 인원이 배로 늘어나 22명이면 좋겠다고 생각하고 열심히 홍보했더니 22명이 되었다. 3기는 33명을 꿈꿔 본다. 꿈을 꾸는 모든 것이 현실이 되는 기적이 일어나고 있다. 나는 더 큰 꿈을 계속 꿀 것이다. 신종코로나라는 복병을 만나 힘든 시기이지만, 이 또한 지나가리라. 이 책을 읽게 될, 사랑하는 나의 독자들도 꿈이 현실로 선명하게 이루어지는 기적을 접해 볼 수 있기를 간절히 바란다.

어떤 꿈을 꿀 것인가? 이왕이면 큰 꿈을 꿔라. 최고의 꿈을 꾸면 최고의 결과가 나타난다. 이제 꿈을 꾸고 그것을 어떻게 실현해 나갈지는 당신의 선택에 달려 있다. 당신에게 놓여 있는 현실과 상황을 탓하며 인생을 파괴할 것인가? 아니면 가슴에 큰 꿈을 품고 여러 장애물을 굴복시키며 강력한 의지를 가지고 나의 현실을 창조할 것인가? Big Dream을 꾸어라. 꿈의 크기가 행동의 크기다. 어떤 식으로든 내가 믿고 옳다고 생각하는 방향으로 꿈이 이루어지기 때문이다. 당신이 어떻게 생각하고 실천하느냐에 따라 당신이 꿈꾸고 믿는 것들이 반드시 현실로 나타나게 될 것이다. 꿈을 꾸지 않는다면 무엇을 가질 수 있겠는가? 한 세대를 앞서가는 큰 꿈을 가져라. 누군가를 위한 꿈일수록 그 꿈은 더욱 빛난다. 계속해서 그 꿈을 그리고 떠올려 보며 명확한 비전을 장착하라. 내 인생의 내비게이션을 켜고 꿈의 지도를 따라가라. 해를 바라보는 해바라기처럼 끊임없이 꿈꾸고 바라면서 행동하면 마법처럼 그 꿈이 이루어진다. 반드시 자기혁명 프로젝트처럼 매일매일 시간을 정해 놓고 실행을 하여야 한다. 그 꿈을 성취하는 자가 되어 마음껏 희열을 즐기며 가슴 뛰는 행복과 부를 누리길 바란다. 꿈을 꾸는 자, 도전하는 자의 심장은 늙지 않는다.

어떤 꿈을 꿀 것인가? 이왕이면 큰 꿈을 꿔라. 최고의 꿈을 꾸면 최고의 결과가 나타난다. 이제 꿈을 꾸고 어떻게 실현해 갈지는 당신의 선택에 달려 있다. 당신이 놓여 있는 현실과 상황을 탓하며 인생을 파괴할 것인가? 가슴에 큰 꿈을 품고 여러 장애물을 굴복시키며 강력한 의지를 가지고 나의 현실을 창조할 것인가? Big Dream을 꾸어라. 꿈의 크기가 행동의 크기다. 어떤 식으로든 내가 믿고 옳다고 생각하는 방향으로 꿈이 이루어지기 때문이다.

내 생의 밑줄

꿈을
꾸지 말고
꿈이 되어라

"교수님은 강사가 되기 위해 어떤 것들을 배우셨어요? 교수님이 배운 것, 교수님이 했던 것은 다 해 보고 싶어요."

누군가의 꿈이 된다는 것은 행동으로 모범을 보이는 것이다. 강의를 하러 다니다 보면 종종 교육생들이 이런 질문을 한다. 그러다 보니 강사과정이나 대학교, 대학원 등 배움의 장 여러 곳을 추천해 주면서 보람을 느끼기도 한다. 누군가에게 동기부여가 되고 꿈이 될 수 있다는 것은 참으로 보람 있는 일이고 가치 있는 일이다. 강사가 무심코 던진 말 한마디 덕분에 어떤 이는 인생 역전이 될 수 있다. 강사라는 직업은 말을 잘하는 직업이 아니다. 행동으로 실천하며 모범을 보여 주는 직업이다. 그저 지식만 전달하는 강사는 앵무새나 다름없다. 내 경험을 바탕으로 돌이켜보면 자신이 실천하고 있는 모습에서 동기부여를 할 수 있는, 누군가에게 꿈이 될 수 있는 강사가 진정한 강사라고 할 수 있다. 강의 횟수나 강의 경력은 그다지 중요하지 않다. 단 한 번을 하더라도 진정성 있는 강사가 되어야 누군가의 꿈이 될 수 있다. 누군가의 가슴에 희망을 심어 열정의 불을 지펴 줄 수 있는 모범적인 강사가 진정성 있는 강사다운 강사다. 진정성은 내 삶의 불변의 첫 번째 원칙이다. 나만의 중심 철학으로 만들고 싶다. 영원히 흔들리지 않는….

공무원으로 재직하면서 대학에서 5년 동안 한 학기도 쉬지 않고 학부생 강의를 병행했었다. 성남에서 두 개 대학(동원대학교의 이천 하이닉스반과 시흥에 있는 경기과학기술대학교)을 오갈 때 고속도로를 질주하면서 콧노래를 불렀다. 어느 해에는 주간반과 야간반을 한꺼번에 맡았었는데 고속도로를 거의 날아다녔다는 표현이 맞을 것 같다. 아침 일찍 출근했다가 잠깐 급한 일을 처리하고 이천의 하이닉스 인재개발원에 가서 오전 강의를 했다. 그리고는 정신없이 성남 근무지인 성남 소재의 고등학교에 복귀하여 오후 근무를 하고 저녁 강의를 위해 또다시 퇴근하자마자 이천 하이닉스로 달렸었다.

그때는 점심, 저녁밥을 챙겨먹을 시간조차도 없었다. 그래도 학생들과 꿈을 꾸며 얻는 에너지로 배가 불렀다. 배고픈 줄도 모르고 힘든 줄도 몰랐다. 39세에 직장 생활을 하면서 대학을 다녀 봤기에 하이닉스반 학생들에게는 더 애틋한 감정을 가졌다. 3교대 근무를 해가며 어려운 여건 속에서도 공부하러 강의실에 찾아오는 초롱초롱한 눈빛들과 마주할 때 느끼는 환희는 그 무엇과도 바꿀 수가 없었다. 수년이 지난 지금도 그때 강의실에서 학생들의 꿈과 희망과 열정이 함께 펼쳐졌던 청사진이 내 가슴 속에 선명하게 남아 있다. 그때가 지칠 줄 모르는 샘솟는 에너지 덕분에 교수로서 가장 큰 행복을 느낀 전성기였다. 그때 함께했던 제자들이 보고 싶다.

그때는 가슴이 벅차올라서 잠도 오지 않을 만큼 기쁨으로 가득했다. 경기과학기술대학교 강의까지 맡아서 매일매일 강의 자료를 만드느라 거의 날밤을 새워 가면서도 피곤함을 전혀 느끼지 않았다. 그만큼 심장이 뛰고 있었기 때문이었다.

그렇게 5년간 강의를 해 왔었는데 관리자가 바뀌자마자 겸직을 허가해 줄 수 없다 하여 일정이 무산될 위기에 놓였었다. 공무원이라 외부 강의, 특히 대학 강의는 겸직 허가를 받아야 출강을 할 수 있었다. 14장이나 되는 손 편지에 구구절절하고 간절한 마음을 담아 보기도 하고 눈물로도 호소해 봤지만 소용없었다. 공무원이 공무원 이외의 활동으로 수입을 올려서는 안 된다는 것이 이유였다.

법적으로 겸직 허가를 받으면 가능한 일인데도 그때는 그분의 생각이 곧 법이었다. 타협의 여지가 전혀 없었던 그 차가운 시선! 바로 위의 관리자가 승낙을 하지 않으니 교감 선생님, 교장 선생님까지도 허가해 줄 수 없다면서 미안해했다. 그때의 안타까운 순간들은 지금도 선명하게 기억하고 있다. 결국 겸직 허가를 받지 못해 수강 신청까지 받아 놓은 상태에서 사정사정하며 매달리다 개강을 1주일 정도 앞두었을 때 대학 강의를 포기해야만 했다.

그때는 하늘이 무너지고 나의 꿈이 산산조각이 되어 버린 느낌이 들었다. 인어공주가 물거품이 될 때 그런 느낌이었을까? 밤잠 못 자고 10년 넘게 노력해 온 것들이 물거품이 되자 눈물이 폭포수처럼 쏟아졌다. 남들에게 책잡히고 싫은 소리를 듣는 것을 죽는 것보다 싫어하는 성격이라 맡은 업무만큼은 1인자가 되어 완벽하게 해냈다고 자부했었다. 그랬기 때문에 5년 동안 두 개 학교의 겸직 허가를 흔쾌히 받아 대학 강의를 다닐 수 있었다. 그런데 나보다 한 살 많은 여자 사무관이 오자마자 무척 냉담하게 대했다. 같은 여자였지만 그전에 근무하셨던 사무관하고는 확연히 달랐다. 그때 바로 공무원을 그만두고 대학 강사를 택하고 싶었지만 형편이 어려워 그렇게 할 수가 없었다.

대학 강의는 할 수 없게 되었지만 강의를 포기할 수는 없었다.

경기도교육청에 소속된 모든 연수원에 이력서를 보내며 강의 기회가 있으면 연락해 달라고 요청했다. 그때부터 연수원에 출강하여 내부 강사로 활동하는 계기를 마련할 수 있게 되었다. 내부 강사를 하면서 좀 더 차별화된 명강사가 되고 싶었다. 내부 강사과정 연수도 많이 있었지만 거금을 들여 외부 명강사과정에 눈길을 돌렸다. 여러 강사과정에서 강의기법, 강의 스킬 등을 배우고 강의에 도움이 되고자 상담학 박사 학위까지 취득하며 자기계발에 힘썼다. 공부는 하면 할수록 더욱 재미있어진다. 죽는 순간까지 내게 있어 배움은 늘 현재 진행형이 될 것이다. 꾸준히 자기계발을 하면서 많은 고객과 만날 때가 가장 행복하다.

39세에 야간대학을 들어가 대학 강사가 되고 지금처럼 강사로, 교수로 활동하기까지 직장 다니며 환자 돌봐 가며 가정 살림 하면서 보통 사람으로는 상상할 수 없는 활동량을 보였다. 그러다 보니 내 몸이 망가질 만큼 힘들었던 때도 많았다. 여러 가지 일을 감당해 내기에는 점점 건강이 따라 주지 않았다. 죽을 때까지 가장 하고 싶은 일을 하루라도 더 빨리 제대로 하고 싶어 사직을 결심했다.

2019년 1월 전업 강사가 되고 싶어 가족을 제외한 모든 사람이 극구 말리는데도 공무원 직을 사직했다. 퇴직하고 보니 문제점이 딱 하나 있었다. 의료실비 보험에 가입할 수 없었다는 것이다. 단체 보험에서 개인 보험으로 돌리는데 보험 회사마다 모두 거절했다. 보험에 가입시켜 주는 곳이 단 한 곳도 없었다. 보험에 가입이 되지 않을 만큼 몸을 혹사시키면서 열정 하나로 그 많은 일을 해내며 살아왔다. 나보다도 주변 사람들이 염려하고 걱정할 만큼 지칠 줄 모르고 달려왔다. 일할 때의 마음만은 열정으로 똘똘 뭉쳐 여전히 심장이 건강하게 쿵쾅거린다. 좋은 분들과 함께할 수 있는 것 하나만으로도 충분히 난 건강하고 행복하다.

정신력으로 무장된 사람은 반드시 성공한다.

성공을 위해 앞만 보고 달리는 사람이 아니라 조금 더 천천히 가더라도 누군가에게 희망을 줄 수 있는, 꿈이 될 수 있는 사람이 되어 보자고 결심했다. 누군가에게 꿈이 되고자 하는 꿈을 가지면, 나의 행동도 그에 걸맞은 행동으로 바뀌게 된다. 그렇게 이뤄 가는 나의 꿈들이 누군가 이루고 싶은 또 다른 꿈이 될 것이다. 내가 걸어왔던 길이 누군가 걷고 싶은 길이 될 것이다. 내가 걷는 이 길이 많은 사람에게 희망의 씨앗이 되고 동기부여가 되고 자극제가 될 것을 꿈꾼다. 누군가의 마음에 희망의 씨앗이 심겨져 그 씨앗이 나무가 되고 숲을 이룰 수 있도록 돕는 것이 내가 강사로 교수로 살아가고자 하는 이유이고 사명이다. 이는 내가 정년이 보장된 공무원 직을 사직하고 전업 강사로 활동하며 강사양성 과정에 뛰어든 이유이기도 하다. 공무원으로 재직할 때는 느끼지 못했던 귀한 경험들을 나를 찾아오는 고객들과 나누고 있는 지금이 더욱 행복하다. 강사로 활동하며 나눔 활동을 통해 공무원증보다 더욱 빛나는 삶을 만들어 갈 것이다.

힘들게만 느껴졌었던 내 인생에 내가 없었던 시절, 가족들 챙기느라 내 순서는 늘 맨 마지막이었다. 그러나 이제는 계획을 세울 때 '나를 위한 투자 계획'을 빼놓지 않는다. 우리는 자신에게 투자하지 않으면 안 된다. 위기의식을 가져야 한다. 변화하지 못한다면, 그 이유는 문제의식이나 위기의식을 느끼지 못했기 때문일 가능성이 크기 때문이다. 문제의식이나 위기의식을 느꼈다면 이젠 '꼭 해내고 말겠다.'라는 용기와 의지로 무장해야 한다. 두 주먹을 불끈 쥐고 "나의 꿈은 ○○○다. 나는 반드시 해내고 말 것이다. 김○○ 파이팅! 파이팅! 파이팅!"을 외치고 또 외쳐라.

우리의 삶은 도전의 연속이다. 내딛지 않으면 아무런 일도 일어나지 않는다. 행하지 않으면 기회는 없다. 기회를 기다리지 말고 스스로 기회를 만들어라. 성공할 수 있는 상황을 스스로 만들어 가야 한다. 그러다 보면 기회는 도처에 널려 있다. 내 스스로 개척해 나가야 참다운 인생의 실제 주인으로 살 수 있다. 무기력하게 기회가 올 때까지 때를 기다릴 것인가, 기회를 만들기 위해 하나라도 배우며 발 벗고 나설 것인가는 당신의 미래가 결정되는 당신의 선택이다.

강의 횟수나 강의 경력은 그다지 중요하지 않다. 단 한 번을 하더라도 진정성 있는 강사가 되어야 누군가의 꿈이 될 수 있다. 모범이 되어 누군가의 가슴에 희망을 심어 열정의 불을 지펴 줄 수 있는 강사가 진정성 있는 강사다운 강사다. 진정성은 내 삶의 불변의 첫 번째 원칙이다. 나만의 중심 철학으로 만들고 싶다. 영원히 흔들리지 않는….

내 생의 밑줄

'열심히'보다 '잘하라'

"안녕하세요? 홍길동입니다. 열심히 하겠습니다. 잘 부탁드립니다."

"어떻게 뭘 열심히 할 건데? 열심히 하는 것은 기본이고, 기본만 하는데 뭘 부탁한다는 거야?" 경기도립성남도서관에서 근무했을 때의 일이다. 보통 발령을 받아 인사를 드릴 때나 어느 모임에 가서 자기소개를 할 때, 대개는 "안녕하세요? 김순복입니다. 잘 부탁드립니다."라고 한다. 그때도 주무관님 한 분이 인사 발령을 받아 과장님께 인사를 하러 왔었다. 그 인사를 받은 과장님의 말씀과 표정이 아직도 생생하다. 그렇다. 남들과 똑같이 해서는 성공할 수 없다. 뭔가 남들과는 다른 점이 있어야 한다. 세상은 열심히 하는 사람보다 잘하는 사람을 인정해 준다. 열심히 하려는 것은 이제 덜 중요한 요소가 되어 버린 지 오래다. 잘하려면 열심히 해야 하는 것은 당연하다. 잘한다는 것에는 같은 일이어도 다른 사람들과는 차별화된 나만의 특별함이 있어야 한다.

잘하라는 말은 어떻게 보면 과정보다는 결과를 중시하는 말처럼 느껴진다. 하지만 오늘날과 같이 경쟁이 그 어느 때보다 필수적인 사회에서 결과를 제외하고 일에 대해 거론하는 것은 불가능하다. 그리고 사실 좋은 결과를 내려면 과정도 열심히 해야 하는 것이 맞다. 다만 열심히 하려고 하는 사람은 수두룩한데 열심히 한다고 다 잘하는 것은 아니다. 완벽하게 잘하는 사람은 드물다.

이미 '열심히'만 하는 시대는 끝났다 해도 과언이 아니다. 힘들게 고통과 싸우고 있는 사람들에게 "열심히 해라."라는 격려는 격려로도 들리지 않을 것이다. 열심히 하는 일은 누구나 할 수 있는 일이기 때문에 아무런 의미도 없어 보인다. "열심히 해."보다는 "잘해."라고 격려하는 편이 훨씬 마음에 잘 와 닿는다. 그리고 열심히 하면 당연히 어느 정도의 결과는 나와야 한다. "열심히 했는데도 왜 그 모양이야?"라고 한다면 기분이 어떻겠는가? 정말 무능해 보이고 수치스러울 수도 있다. 어쩌면 수치심으로 자괴감에 빠질 수도 있겠다. 잘하는 것이 진짜 경쟁력이다.

그 누구와도 바꿀 수 없는 나만의 핵심 역량이 있는가? 나만의 한 방이 없으면 한 방에 나가떨어지는 냉정한 세상이다. 지금 이 순간 이렇게 자문하라. '나만의 필살기가 있는가?'

누구보다도 최선을 다해 바쁘게 살아왔다고 자부할 때가 많았다. 어쩌면 자만심에 빠져 있었는지도 모른다. 자만할 만큼 열심히 노력하며 살아왔는데도 높은 벽이 느껴질 때가 있다. 요즘 열심히 살지 않는 사람이 어디 있겠는가? 바쁘지 않은 사람이 어디 있겠는가? '열심히'라는 말은 주관적인 표현이다. 열심히 하는 것만 가지고는 부족한 세상이다. 바쁘게만 산다면 죽을 때까지 큰 성과도 없이 바쁘게만 살지도 모른다. 정말 미친 듯이 원하는 목표에 몰두하는 사람들도 많다.

요즘 같은 경쟁 시대에서는 열심히 하기보다는 무조건 잘하는 사람이 되어야 살아남을 수 있을 것이다. 하루하루 매 순간순간 하고 있는 일에 미쳐서 살아야지만 최선을 다했다는 말을 부끄럽지 않게 쓸 수 있다. 성실하게 인내하며 하고자 하는 일에 열정을 쏟아부으며 몰두하는 사람이 원하는 열매를 맺을 수 있다.

아무리 열심히 해도 결과가 좋지 않으면 실패한 것으로 보는 세상이다. 크고 작은 무슨 일이든 지금 내가 하고 있는 일에 온 열정을 쏟아부어야 후회도 적다.

자신의 능력을 아끼지 마라. 내가 가지고 있는 끼를 숨기지 말고 캐내라. 지금 이 순간을 온몸으로 온 마음으로 느껴라. 온 영혼을 바치는 마음으로 최선을 다하라. 하고 있는 일이 있으면 신명난 광대가 되어 한껏 즐겨라. 즐기는 일에 온몸을 맡기는 순간부터 내 안의 노폐물이 다 빠져나가고 자신감에 찬 확신의 에너지로 가득 채워질 것이다. 단 한 번뿐인 인생이다. 흥을 돋우고 신나게 즐기며 전진의 북소리에 맞춰 춤을 춰 보자.

'열심히'보다 '잘한다'는 것은 매 순간, 인생의 전성기를 맛본다는 것이다. 50대 중반에 접어든 지금이 내 인생의 전성기다. 하고 싶은 일 하면서 좋은 인연들과 함께 성장하며 즐길 수 있는 지금이 가장 행복하다. 즐길 수 있다는 것은 흥청망청 노는 것이 아니다. 이 순간을 즐기면서도 꾸준히 머리와 가슴은 쉴 없이 굴러가야 한다. 더 좋은 방법, 더 잘 즐길 수 있는 방법을 찾아 꾸준히 연구해 가야 한다. 온몸과 마음이 멀티가 되어 끊임없이 돌고 돌며 더 함께 잘할 수 있는 것을 창조해 내야 한다. 이는 좋은 인연들과 함께 성장하며 멀리 함께 갈 수 있는 비결이다.

강사 활동과 공무원 생활을 병행하면서 너무 바쁘다 보니 이러다 잃는 것이 많아지겠다 싶어 공무원 직을 사직하고 오랜 꿈을 곧바로 실현했다. 새로 태어난다는 의미로 3월 20일 생일에 맞춰 가천대학교 글로벌미래교육원 최고 명강사 프로젝트 1기 전문 강사 자격과정 개강식을 진행했다. 개강을 한 후에도 온통 '어떻게 하면 원우들과 교수진이 다 함께 좀 더 지속적으로 성장해 갈 수 있을까?'라는 생각만 들어 모든 것을 그것과 연관해서 생각하고 행동했다. 그 마음이 전해지고 보였을까? 강사 양성과정을 시작하면서부터 더 좋은 일들이 생겨나고 더 좋은 인연을 많이 만날 수 있었다. 처음 만나는 사람들인데도 대부분 오래전부터 알아 온 사람들처럼 호의적이었다. 도움을 주고 싶어 하는 분들이 점점 많아지는 것을 몸으로 느낀다. 새로 알게 된 사람들이 도와주고 싶다며 도움이 될 만한 분들을 소개해 주기도 했다.

강의 요청도 많이 들어오고 있다.

그중에서도 정말 고마운 일은 한국강사신문 전략사업본부장 김장욱 본부장님과의 만남이다. 그분은 전화를 걸어와 "SNS를 통해 보고 있었습니다. 가천대학교 강사 양성과정 원우들의 열정과 강사님의 열정이 돋보입니다. 홍보를 도와드리겠습니다." 라고 말씀해 주셨다. 당연히 홍보비가 들어가는 줄 알았다. 그런데 한국강사신문은 그 설립 취지에 맞게 정말 강사들을 위한 신문사였다. 흙 속에서 진주를 캐내듯, 현장에서 열심히 뛰고 있는 강사를 발굴해 도움을 주는 신문사라고 했다. 정말 그러했다. 한국강사신문(대표 한상형)은 진정성이 느껴지는 언론사다. 덕분에 가천대학교 강사 양성과정이 1기부터 뉴스로 보도되어 도움이 많이 되고 있다. 다른 신문사들로부터도 인터뷰 요청이 많이 들어오지만 비용이 발생되는 신문사들의 요청은 모두 거절하고 있는 중이다. 상을 하나 주고 신문 기사를 게재해 준다며 고액을 요구하는 곳들도 많다. 다 소용없는 일들이다. 어쩌면 돈 주고 상을 사는 꼴이다. 가끔씩 상 받았다며 SNS에 올라오는 글을 보면 대충 짐작이 간다.

좋은 기운이 몰려오고 있다는 것을 느낄 수 있다. 간절한 마음에 상응하는 기운이 느껴진다. 2019년 봄 학기, 가천대학교 글로벌미래교육원 원장님과 일반교육과정 운영 교수진과의 간담회가 있었다. 간담회를 마친 후 카페에서 교수님 몇 분과 교류의 시간을 보냈다. 관상학 교육과정을 운영하시는 교수님께서 "올

해 시집갈 운이다. 좋은 기운이 몰려 있다."라고 하셨다. 내가 눈
을 반짝이며 "정말요?"라고 했더니 "내년에는 더 좋다."라고 하
셨다. 그 말을 들으니 더 신이 나고 가슴이 활짝 열린다. 어떻게
좋은 기운을 더 잘 받아들여 잘 가꿀 수 있을까? 씨앗이 아무리
좋아도 밭이 좋아야 좋은 작물이 나올 수 있다. 좋은 기운이 몰
려와도 그 기운을 잘 받아들여 함께 나눌 자세가 되어 있지 않으
면 소용없다. 열린 마인드로 소중한 기회를 잡아 진짜 내 것으로
소화해 낼 수 있어야 한다. 내 삶은 물음표다. 항상 생각하며 궁
리 중이다. '좀 더 발전적인 방향으로는 뭐가 있을까?', '어떤 내
용을 좀 더 담아낼까?' 요즘은 온통 이런 생각으로 가득하다. 마
음이 통하는 많은 분과 서로 동기부여하면서 드림팀을 이뤄 행
복한 미래를 꿈꾸며 함께 성장하고 싶다.

에너지는 전염되고 확산된다. '유유상종', '끼리끼리'라는 말이 있듯이 뭐든 잘하는 사람들 곁에는 잘하고자 하는 사람들이 자석에 끌리듯 모여든다. 함께하는 것만으로도 좋은 에너지에 감염되기 때문이다. 사람은 누구를 만나느냐에 따라 달라진다. 어떤 사람을 멘토로 삼을 것인가? 멘토는 나이와는 상관없다. 그 사람의 생활방식, 사고방식, 정신력, 인성, 삶의 마인드 등 따라하고 싶은 것이 있으면 멘토로 모실 수 있다.

모방은 창조의 어머니다. 하지만 무조건 따라만 해서는 안 된다. 배우고 그 기법을 터득해서 그를 통해 나만의 창조물을 얻을 수 있어야 한다. 내 것을 창조해 내지 못한다면, 따라쟁이 앵무새밖에 되지 못한다. 원조를 가져다 나만의 방식으로 재탄생시켜 내 것으로 활용할 수 있어야 한다. 앵무새로 살 것인가? 창조자로 살 것인가? 열심히 더욱 잘할 수 있는 특별한 나만의 콘텐츠를 만들자. 남의 콘텐츠를 그대로 베끼는 것은 도둑질과 다름없다. 특별한 콘텐츠에 나만의 색깔을 입혀 나를 주인으로 세워야 한다. 그럼 비로소 이 세상 모두가 내 삶의 터전이 될 것이다.

> 씨앗이 아무리 좋아도 밭이 좋아야 좋은 작물이 나올 수 있다. 좋은 기운이 몰려오면 그 기운을 잘 받아들여 함께 나눌 자세가 되어 있어야 한다. 열린 마인드로 받아들여 진짜 내 것으로 소화해 낼 수 있어야 한다.
>
> 내 생의 밑줄

"내 인생의 주인으로 살고 싶은가? 객으로 살고 싶은가?"

인생을 주인으로 살고 싶다면 지금 만나고 있는 사람들부터 바꿔야 한다. 남이 정해 놓은 성공 기준이 아닌 내가 정한 내 기준으로 성취감을 맛보며 살아야 한다. 남의 기준으로 살면 그들의 말에 끌려다닐 수밖에 없다. 내 기준을 글로 적어 명확하게 하라.

우리는 주어진 인생의 기간에 '최고의 자신'을 만들어 가기 위해 애쓴다. 가장 '나다운 모습'을 만들기 위해 어떻게 의미 있는 삶을 살 것인지, 내가 누구인지, 왜 사는지에 대한 공부를 하게 된다. 내가 어떤 사람이 될 것인지, 내 인생의 목적이 무엇인지 삶의 목적을 발견하기 위해서 끊임없이 자기계발을 하고 있는 이들도 있다. 그 목적은 모두 나를 주인으로 세우기 위함이다.

누구나 아는 사실이지만 내 인생의 주인공은 나다. 내 인생의 사장도 내 인생에서 가장 중요한 사람도 바로 나다. 우리들 중에서는 자기 자신이 얼마나 중요한 사람인지 깨닫지 못하고 비전 없는 사람들과 섞여서 그럭저럭 물들어 가고 있는 사람들도 있다.

　스스로 '나는 정말 중요한 사람이다.'라고 생각하다 보면 자신을 진정으로 좋아하게 된다. 자신을 좋아하는 만큼 남도 좋아하게 되고, 자신을 좋아하는 만큼 큰 목표도 세우게 된다. 자기 자신을 좋아하고, 스스로를 가치 있는 사람이라고 여겨야 나를 내 인생의 온전한 주인으로 세울 수 있다. 어떤 어려움이 닥칠 때마다 "나는 나를 믿어. 나는 잘 해낼 수 있어."라는 말을 열 번, 스무 번, 백 번 계속해서 소리쳐 보라. 사람의 감정 95%는 스스로에게 어떻게 말하느냐에 의해 결정된다고 한다. 긍정적으로 이야기하면 긍정적 감정이 되고 자긍심과 자신감이 높아진다. 사람은 감정의 동물이다. 감정에 따라 결정하고 이를 논리로 정당화해 간다. 주인으로 살기 위해 내가 정한 인생의 네 가지 논리가 있다.

　내 인생의 주인으로 살기 위해서는 다음과 같은 것들을 실천해야 한다. 첫째, 내 자신이 무엇을 원하는지 정확히 알고 나아가야 한다. 자신이 정말 좋아하는 것이 무엇인지, 잘할 수 있는 것이 무엇인지 꼼꼼하게 따져 봐야 한다. 그래야 시행착오를 줄일 수 있다. 처음부터 잘하는 사람은 없다. 천 리 길도 한 걸음부터 시작된다. 최선을 다하고자 하는 마음가짐만 있으면 된다. 행하고자 하는 열정만 있으면 충분하다. 마음을 먹었다면 과감하게 시작해 봐야 한다. 과감하게 도전하고 달려 나가는 것이다.

이런저런 것들에 얽매여 있다면 아무것도 할 수 없다. 사소한 것들에 발을 묶어 두지 마라. 의도적으로 살아가라. 다른 사람들이 정해 놓은 틀에 얽매이지 말고 자신이 만든 방식의 기준에 따라 소신껏 나아가야 한다. 그래야 쉽게 흔들리지 않고 내 인생의 주인으로 살아갈 수 있다.

둘째, 내 스스로 정한 내 앞날을 살아야 한다. 내 인생은 내 것이므로 어느 누가 대신 살아 주지 않는다. 남이 정해 주고 제시해 준 대로 살지 말고 내가 정한 내 앞날을 살아라. 그러기 위해서는 자신감을 가져야 한다. 세상 어디에 있든, 사회적 위치가 어떻든, 아무런 기대도 하지 말고 자기 몫은 자기가 해야 한다.

각자 자신의 삶의 주인이 되어 창의적으로 일상생활을 해 나간다면 그게 바로 내가 사는 세상이다. 날마다 열리는 새로운 날들의 주인은 바로 나 자신이다. 오늘은 인생의 축소판이다. 새로운 날의 주인이 되어 주어진 오늘에 미치고 즐겨라. 어제는 과거라는 다른 방에 가두어 빗장을 채워 버리고 오늘이라는 새로운 방에서 오늘 이 순간만 생각하라. 미래의 방문을 미리 열어 볼 필요도 없다. 거기에 무엇이 있는지 궁금해하거나 관심을 두지 마라. 내 인생에서 가장 소중한 오늘, 지금 이 순간, 내가 해야 할 일에 미쳐 보자. 난 목표가 정해졌으면 실패나 시행착오를 두려워하지 않고 일단 그 일에 몰입하며 미치는 스타일이다. 그렇게 하다 보면 반드시 좋은 성과를 거둘 수 있었다. 더 많은 것을 시도하게 되고 한번 마음먹은 것은 절대 포기하지 말라. 꼭 해내고야 말겠다는 의지로 덤비다 보면 안 될 일은 없다. '더 어려운 일이 일어나도 난 포기하지 않아. 기필코 해내고 말 거야.'라는 마음으로 미리 결심하고 도전해 보라. 마음먹은 대로 힘든 일이 닥쳐와도 헤쳐 나갈 에너지가 생성된다.

셋째, 낙관적이고 긍정적이어야 한다. 원하는 것이 무엇인지, 그것을 어떻게 달성해 갈지를 끊임없이 생각하라. 어떤 상황에 놓이든 긍정적으로 좋은 면을 찾아야 한다. 설사 나쁜 일이 생기더라도 습관적으로 "그래, 괜찮아."라고 말할 수 있어야 한다. 어떤 어려운 상황에 놓이더라도 그 일에는 항상 교훈이 있기 마련이다. 우리가 반드시 알아야 할 그 교훈을 얻을 수 있는 것만으로도 괜찮은 일이고 좋은 일이다. 그래서 위기는 신이 우리에게 깨우침을 주려는 선물이다. 그렇게 교훈을 하나씩 얻어 가다 보면 다음 어려운 일에 직면했을 때 좀 더 노련하고 똑똑하게 대처할 수 있을 것이다. 더 긍정적이고 자신감 넘치는 사람으로 거듭나라. 내 삶의 올바른 주인이 될 수 있다. 햇빛을 향해 서면 그림자는 어디에 생기는가? 그림자는 항상 내 뒤에 생긴다. 가슴을 활짝 열고 햇빛에 온몸을 투영시켜라. 그리고 본인이 이루고 싶은 것을 향해 당당하게 나아가라. 자신이 긍정적으로 믿는 만큼 분명 이루어질 것이다. 두드리는 자에게 문은 열릴 것이다.

넷째, 자신의 인생에 책임을 져야 한다. 자신의 문제를 스스로 해결하고 남의 탓을 하지 않을뿐더러 불평도 변명도 하지 않아야 한다. 맘에 들지 않는 것이 있다면 스스로 고치고 바꿔 나가야 한다. 달성하고 싶은 목표도 스스로 달성해 가는 것이다. 우리가 쉽게 범하고 있는 오류가 있다. 바로 스스로 자신을 다른 사람보다 못하다고 과소평가하는 경향이 그것이다. 이 세상에서 나보다 더 똑똑하고 나은 사람은 없다. 사람들의 재능과 능력은 각기 다르다. 각자가 다른 방면에서 똑똑하다. 서로 다름을 인정하고 스스로 발목을 잡는 일은 없어야 한다. 성공한 사람들의 대부분은 실천 지향적이다. 오늘 무언가 좋은 내용을 들었다면 바로 실천하고 최대한 행동으로 빨리 옮겨야 습관이 될 수 있다.

실천 지향적인 습관만 가지면 우리의 인생은 분명 달라진다. 다른 사람이 해낸 일이라면 분명 나도 할 수 있다. 실천 습관을 들여 좀 더 당당해져라.

마음먹은 대로 확신을 갖고 내가 원하는 인생 나침판의 방향대로 나아가라. 내가 꿈꿔 온 인생을 사는 길이 내 삶의 진정한 주인으로 살아가는 길이다. 그 꿈이 남을 위한 꿈일 때, 함께 꿈꿀 수 있는 꿈일 때는 더욱 빛나는 인생을 살 수 있다. 그 꿈을 위해 인생에 도움이 되지 않을 것 같은 방해 요소가 있다면 과감히 제거하라. 행복은 멀리 있지 않다. 내 옆에 항상 그림자처럼 따라다니고 있지만 미처 보지 못할 뿐이다. 마음이 통하는 함께할 수 있는 사람들과 더불어 살 수 있는 삶의 진정한 의미를 찾아라. 내가 원하는 삶을 살고 있는지 가끔씩 자문해 보라.

　인생의 주인이 되어 내 삶을 내가 원하는 방향으로 이끌어 목표를 성취해야 한다. 삶의 지혜를 터득해 가는 기적 속에서 숨겨져 있는 열쇠를 찾아보자. 내가 원하는 인생에서 뿌듯한 성취감을 맛보길 간절히 바라며 응원한다.

마음먹은 대로 확신을 갖고 내가 원하는 인생의 나침판 방향대로 나아가라. 내가 꿈꿔 온 인생을 사는 길이 내 삶의 진정한 주인으로 살아가는 길이다.

내 생의 밑줄

꿈은 누군가를
위한 것일 때
빛난다

"가장 이루고 싶은 꿈이 무엇인가요?"라는 질문을 받으면 뭐라고 답할 것인가?

강의 시간에 질문을 하면 교육생 중 많은 사람이 이렇게 답했다. "유럽 여행이요.", "로또 당첨이요.", "캠핑카를 갖고 싶어요.", "별장이 있었으면 좋겠어요.", "책 100권 읽는 것과 자격증 취득하는 것이요.", "내 집 마련이요.", "다이어트요", "1억 모으기요." 대부분의 답은 이렇다. 그중 극소수는 "봉사 활동 하고 싶어요."라고 답한다. 하지만 이런 꿈들을 위해 자신의 삶을 걸고 최선을 다하는 사람은 없을 것이다.

질문을 바꿔서 "자신의 삶을 걸고 정말 하고 싶은 일은 무엇인가요?"라고 질문하면, "누군가에게 도움이 되는 사람이 되고 싶어요.", "우리 가족을 모두 행복할 수 있게 해 주고 싶어요.", "어려운 사람들에게 힘이 될 수 있는 봉사 활동을 하고 싶어요.", "누군가에게 희망을 주는 사람이고 싶어요."와 같은 대답이 돌아온다.

이렇듯 내 삶을 걸고 진정으로 하고 싶은 일에는 내가 아닌 '다른 사람'이 들어 있다. 꿈은 이렇게 누군가를 위한 것일 때 가치가 더해지고 빛이 난다. 나로 인해 누군가가 기뻐하고 행복해질 수 있다는 것을 상상해 보라. 생각만 해도 기쁘지 아니한가? 꿈은 거창하지 않아도 된다. 내가 행복하고 나로 인해 누군가가 조금이라도 더 행복해진다면 그 꿈은 위대한 꿈이 된다. 내가 경험으로 터득한, 내 안에 있는 좋은 것들을 함께 나누어야 한다. 누군가의 꿈을 이루는 데 도움이 될 수 있도록 희망을 나눌 수 있어야 한다. 이것은 평생 동안 고객과 함께할 나의 사명이고 오늘을 살아가는 이유이기도 하다.

누군가의 심장을 뛰게 할 수 있는 멘토가 되기 위해서는 갖춰야 할 덕목이 몇 가지 있다. 첫째, 자기계발을 꾸준히 해야 한다.
배우고자 하는 것에 인색하다면 지도자의 자격, 멘토의 자격이 없는 것이다. 바쁘게 살아가면서도 배움에 목말라하며 틈만 나면 거리를 막론하고 배우러 다니는 사람들이 있다. 정말 존경스러운 분들이다. 둘째, 끊임없이 기획하고 새로운 시도에 노력하는 사람이 되어야 한다. 새로운 시도는 누구에게나 필요하다. 지금의 생활이 익숙해져 편하다 보니 다른 일을 시도조차 하기 싫어하는 경우가 많다. 자신을 되돌아보고 마치 알을 깨고 나오듯 기존의 틀을 벗어날 수 있어야 한다. 경험에서 터득한 풍부한 노하우 위에 새로운 씨앗을 뿌릴 수 있어야 한다. 셋째, 인성이 제대로 갖춰져 있어야 한다. 좋은 인성을 바탕으로 사람마다 가지고 있는 재능과 가치를 발견할 수 있어야 한다. 열린 사고와 멀리 내다볼 수 있는 안목이 필요하다. 닫힌 마음으로 당장 눈에 보이는 것만 가지고 전전긍긍한다면 멘토의 자격이 없는 것이다.

한때는 정말 존경하고 믿고 따르던 분이 있었다. 멘토로 존경하는 분이었다. 평생 함께하자던 그분의 선한 영향력을 본받고 싶었다. 그래서 그분이 하는 일을 늘 나의 일처럼 생각하며 함께했었다. 내 인생을 바꾼 10번의 만남 속의 주인공이었지만 그분이 평소 말씀과 다른 행동을 한다는 것을 여러 번 느꼈기에 내 생각을 바꾸었다. 사람의 인성은 스스로 바꾸지 않는 이상 남이 바꾸지는 못한다. 그분과의 일은 지도자의 품격에 대해 다시 한 번 되돌아보는 계기가 되었고 혹독한 인생 공부를 한 셈이 되었다. 그분은 그 후 나의 멘토가 될 수 없었다. 더 이상 빛나 보이지도 않고 존경심 역시 더더욱 바닥에 떨어졌다.

공무원 후배라며 만날 때마다 반가워하시고 평소 살갑게 대해 주시던 교수님이 있었다. 명강사과정의 강의를 하시면서 "가천대 같은 것"이라며 가천대학교 명강사과정을 폄하하는 발언을 했다는 것을 그 강의를 들었던 한 분이 전화 통화 중에 말해 줬다. 전해 준 사람 말만 듣고 판단할 일은 아니지만 사실이라면 인격이 의심스러운 위험한 발언을 하신 것 같다. 말이란 한번 뱉으면 결코 주워 담을 수 없다. 누군가의 꿈이 되어야 할 분이 자기 얼굴에 침 뱉기를 하는 격이 되는 것이다. 강사는 열 번 잘하다가도 한 번 잘못하면 이미지가 금방 바닥으로 실추되고 만다.

때문에 나는 일희일비하지 않을 것이다. 지금이 아닌 훗날에 평가될 것이다. 사람에 의해 평가될 것이다. 역사는 모든 진실을 알고 있다. 나는 철鐵의 여인이다. 시련의 담금질이 강할수록 그 누구도 함부로 할 수 없는 철의 여인으로 거듭날 것이다. 내가 세상을 버릴지언정, 세상이 나를 버리도록 가만 놔두지는 않을 것이다.

사람은 더불어 살아야 하는 공동 운명을 가진 사회적 동물이다. 같은 밥이라도 혼자 먹는 밥보다는 함께 먹는 밥이 더 맛있듯이 우리는 뭐든 함께할 때 더 가치가 높아진다. 반딧불도 한 마리가 빛을 내는 것보다 무리를 지어 모여서 빛을 발할 때 장관을 이룬다. 독식하려고 욕심내고 움켜쥐다 보면 더 빠져나가게 되어 있다. 강사라는 직업을 가지고 활동하면 다양한 계층과 다양한 직업을 가진 다양한 사람들을 만나게 된다. 인생의 폭이 자연스럽게 넓어질뿐더러 사람을 만나는 것 자체만으로도 많은 인생 공부가 된다.

아는 사람이 많다는 것에 대해 발이 넓다는 표현을 한다. 나는 '사람이 재산이다'라는 신념으로 사람을 만나는 것을 좋아하다 보니 자연스럽게 인맥이 넓어지게 되었다. 우리가 목표를 세우고 무엇인가를 성취하려 하면 그 와중에 다양한 사람들과 만나게 되고, 그 만남 속에 진정성이 있어야 관계가 유지된다. 그러려면 내면에 확고한 자기 신념과 기준이 있어야 한다. 진정성 있는 확고한 자기 신념이 없는 사람은 여러 사람에게 휘둘리기 쉽다. 자칫하면 여러 사람에게 휘둘리며 발등에 떨어진 불 끄기에만 전전긍긍하는 모습을 보여 주기 쉽다. 이런 불쌍한 모습을 만드는 사람은 되지 말아야 할 것이다.

뭐든 다 자신이 하기 나름이다. 나보다 남을 먼저 배려하는 것은 어릴 적부터 기본 인성으로 배워 왔다. 상대방의 입장을 고려해 배려하고 베푸는 자세가 인간관계의 가장 기본적인 요소다. "뿌린 대로 거둔다."라는 속담의 원칙은 바뀌지 않는다. 자신이 먼저 베풀기를 실천하다 보면 이는 자신에게 좋은 결과로 돌아온다. 나눠 준 상대에게 직접 받지 못한다 하더라도 제삼자를 통해 그 가치가 더해져 되돌아온다. 내가 조금 손해를 보더라도, 어렵더라도, 불편하더라도 그것을 감수하다 보면 마음이 편해진다. 그렇게 생활하다 보면 인격의 폭이 넓어지고 인간관계의 폭이 넓어진다.

사람은 성격대로 산다는 말이 맞는 것 같다. 나의 MBTI 성격 분석을 해 보면 헌신형의 점수가 특별히 매우 높게 나온다.

DISC 행동 분석에서도 사람 중심이고 도와주고 싶어 하는 안정형이다. 어릴 때부터 내가 좀 손해를 보는 편이 차라리 마음이 편했었다. 그래서 크게 욕심을 부리지 않을뿐더러 퍼 주기 좋아하며 오지랖이 넓은 편이다. 이런 성격 탓으로 잘 보이려고 그런다는 오해를 종종 받기도 했다. 이런 말들로 때론 마음의 상처를 입었던 적이 많지만 신경 쓰지 않으려고 노력하고 있다.

'그러다 말겠지.' 하는데도 몇 년씩 집요하게 괴롭히는 골수분자 같은 사람도 있었다. 하지만 그 또한 그의 성격 때문이려니 이해하고 참아 넘기곤 했다. 성격이 다르니까. 틀린 것이 아니고 다르다는 것을 인정하고 사는 것이 이제는 익숙해져 가고 있다. 스스로 변화를 꿈꾸지 않는 이상은 인성이란 남이 바꿔줄 수 없는 부분이다.

가만히 있어도 화사하게 빛이 나는 사람이 되고 싶다. 가까이 있는 사람들에게 아낌없이 베풀고, 힘든 처지에 놓여 있는 사람들에게 말없이 손잡아 주며 칭찬을 아끼지 않는 그런 사람 말이다. 그런 사람들은 나눔과 배려를 실천하는 사람들이다. 받기보다는 먼저 자신이 베풀기를 실천해 보자. 누군가 나로 인해 변화되고 새로운 삶을 살 수 있는 계기가 된다면 이보다 더 기쁜 일이 어디 있겠는가? 이보다 더 보람 있는 일이 어디 있겠는가? 대부분의 사람은 자신을 걱정해 주고 자신의 마음을 알아주는 사람을 신뢰하고 마음을 연다.

선한 영향력을 행사하다 보면 좋은 인연은 싹이 트고 꽃이 피고 열매를 맺는다. 칭찬도 마찬가지다. 칭찬을 하면 칭찬을 받는 사람만 기분이 좋아질까? 내가 한 칭찬은 부메랑이 되어 내게 다시 돌아온다. 상대방의 기분이 좋아지는 것을 보는 것만으로도 내 기분이 좋아진다. 칭찬을 받은 사람 역시 가만히 있을 리가 없다. 상대방 역시 좋은 화답으로 이어진다. 스스로 칭찬하는 날을 만들어 그날 하루만큼은 내 주위 사람들과 덕담을 나누면 관계가 더욱 돈독해지고 좋아질 것이다.

몸에 배인 배려와 친절, 칭찬을 아끼지 않는 사람들은 늘 긍정적이고 자신감에 차 있다. 그런 사람들은 가만히 있어도 여유로워 보일 뿐만 아니라 화사하게 빛이 나고 후광이 느껴진다.

함께 성장할 수 있는 꿈을 꾸고 목표를 달성하는 일에는 가치가 있다. 더불어 살 수 있는 사회의 축복이다. 성공하기 위해서 남을 짓밟는 일은 없어야 한다. 경쟁관계에 있다 하여 공격하고 짓밟는, 어리석은 일은 하지 말아야 한다. 스스로 가치를 느낄 수 있는 일을 했을 때 진정한 성공이라 할 수 있다. 그 성공에는 남들에게 도움이 되는 전제 조건이 선행되어야 한다.

많은 사람에게 희망과 용기를 주고 더 성장할 수 있도록 도움을 줄 수 있을 때 나 역시 스스로 빛난다. 누군가의 심장을 뛰게 할 수 있는 일, 꿈을 가질 수 있도록, 도움을 줄 수 있도록 하라. 누군가에게 인생의 롤 모델이 되고 멘토가 되는 것이다. 내가 롤 모델로 살아야 될 이유는 차고 넘칠 것이다. 내 가치는 내가 만드는 것이다. 긍정의 에너지를 전파하면서 함께 성장할 수 있는 밝은 에너지가 필요하다. 때론 힘들고 지치더라도 다시 일어나 앞으로 나아갈 수 있는 용기를 줄 수 있어야 한다. 무엇이든 하고자 하는 의욕을 불러일으켜 똑바로 세워줄 수 있어야 한다. 스스로 해법을 찾아갈 수 있도록 끊임없이 동기부여를 해 주어야 한다. 인생의 방향을 설정하는 데 등대 역할을 해 줄 수 있는 그런 사람이 되어야 한다. 누군가를 위한 꿈은 가만히 있어도 늘 화사하게 빛난다.

존경하는 가천대학교 이길여 총장님의 수많은 어록 중에 "누군가에게 내 사랑을 전해줄 수 있다는 것 자체가 기쁨이고 또 보람이다."라는 말이 있다. 이 마음이 사회에 수많은 공헌을 하며 가천길재단을 성장시킨 원동력이지 않을까? 하는 생각이 든다. 이길여 총장님의 책을 읽고 필사를 하면서 마음속에 빨려드는 느낌이었다.

나와 가천길재단과의 인연은 28년 전에 시작되었다. 1992년도 3월에 아들이 이길여 총장님이 계시던 중앙길병원에서 태어났다. 이렇게 다시 가천대학교와 인연이 되다니 귀한 인연이다. 나 역시도 받기보다는 주는 쪽이 더 익숙하고 마음이 편하다. 사랑을 근간으로 하여 누군가를 위할 수 있을 때 가장 뿌듯한 행복이 느껴진다. 선한 영향력을 펼치는 존경하는 분들을 롤모델 삼아 더욱 헌신하며 나눔을 실천하는 삶을 만들어 갈 것이다.

> 많은 사람에게 희망과 용기를 주고 더 성장할 수 있도록 도움을 줄 수 있을 때 스스로 빛난다. 누군가의 심장을 뛰게 할 수 있는 일, 꿈을 가질 수 있도록 도움을 줄 수 있는 일은 누군가에게 인생의 롤 모델이 되고 멘토가 되는 것이다. 내가 롤 모델로 살아야 될 이유를 만들어라. 그 이유가 차고 넘칠 것이다. 가치는 내가 만드는 것이다.
>
> 내 생의 밑줄

나는
써보실 꿈 노트로
생존했다

"이게 사람 사는 집이냐, 무당 집이냐?"

아이들이 어렸을 때 친정 부모님이 집에 오시자마자 하셨던 말씀이다. 무당집 같다던 우리 집은 방이나 거실 등 온 집 안이 일반 벽지라고는 찾아볼 수 없을 만큼 아이들을 위한 시각적인 효과로 가득 채워져 있었다. 마음껏 그림을 그리고 써 볼 수 있도록 한쪽 벽면에는 전지를 붙여 두었고, 한쪽에는 정글 숲에서 노는 동물들의 그림과 찍찍이를 붙일 수 있는 초록색의 부직포로 큰 나무를 만들어 붙여 두었다. 부직포 나무에는 단어 그림 카드를 붙여 가며 놀 수 있게 해 주었다. 냉장고를 비롯한 모든 가구와 집기류에는 이름표를 붙였다. 천정에는 종이학과 모빌을 만들어 걸어 두었다. 넘어져도 바로 일어나 방긋 웃는 주황색으로 된 아이의 앉은키만 한 큰 오뚝이 인형과 그림책을 친구 삼아 놀게 했었다. 집 안의 모든 환경이 놀이 학습 공간이었다.

아이를 특별하게 붙들고 공부시킨 적은 단 한 번도 없었다. 학습 환경만 만들어 주고 마음껏 놀게 해 주었다. 그런 환경 속에서 자라다 보니 아이들이 만 3세 때 한글을 모두 깨우쳤다. 써서 보고 직접 해 보는 효과가 이 정도로 중요하다는 것을 강조하고 싶다. 그래서 직접 써서 보고 실천할 수 있는 써보실 꿈 노트라 이름을 붙인 것이다.

하고 싶은 것을 직접 그려 보고 써 보는 것은 우리의 뇌에 실천 의지를 심어 준다. 타인에게 공개하고 매일 들여다보는 것 역시 꼭 해야 하는 일을 우리의 뇌에 각인시켜 주는 것이다. 그래서 하고 싶은 일, 해야 할 일은 반드시 써서 보고 실천해야 효과가 훨씬 크다. 잠들기 전이나 매일 아침 일어났을 때 그날 해야 할 일들을 적어 보는 습관을 들이는 것도 좋은 방법이다. 내 자신을 훈련시킬 수 있는 사람은 바로 나다. 따라서 나에게 가장 잘 맞는 방법을 찾아 스스로 훈련할 수 있어야 한다. 나를 변화시킬 수 있는 사람은 오직 나뿐이다.

마음이 복잡하고 힘들고 어려울수록 정리하는 시간이 필요하다. 마음속으로, 생각으로 정리하는 것보다는 글로 써 가며 정리하는 것이 훨씬 효과적이다. 어려운 환경 속에서도 심지를 잃지 않고 살아 갈 수 있었던 것은 써서 보고 실천할 수 있는 써보실 꿈 노트가 있었기 때문이다. 미래의 희망을 꿈꾸며 3년 후, 5년 후, 10년 후에는 어떠한 삶을 살 것인지, 나의 40대, 50대, 60

대, 70대에는 어떠한 일을 할 것인가에 대해 늘 계획을 세웠기 때문에 가능했었다.

　가장 힘들 때마다 다시 일어설 수 있는 용기가 솟구치려면 하고 싶은 일이 있어야 한다. 하고 싶은 일을 통해 행복한 순간을 꿈꿀 수 있으니 견딜 수 있다. 하고 싶은 일을 할 수 있도록 용기를 주고 도전할 수 있는 힘을 주는 것이 있다. 바로 내 마음에 깊이 품은 의지를 자극시키는 나의 사명서다. 사명서는 자신이 무엇을 중요하게 생각하는지, 자신의 가치관은 무엇인지를 확인할 수 있는, 나를 움직이게 하는 도구다. 자기 사명서는 내가 누구인지, 무엇을 해야 하는지, 어떻게 살아가야 하는지를 점검하고 시시때때로 생각나게 해 준다.
　써보실 꿈 노트는 내가 살아가야 하는 이유를 말해 준다. 누군가의 마음에 울림을 남기고 누군가의 꿈이 될 수 있는 일을 써보실 꿈 노트에서 찾았다. 다른 이의 가슴에 희망의 씨앗을 심어 성장할 수 있도록 돕는 일이 내가 강사로, 교수로 살아가는 이유이고 사명이란 것을 알려 주었다. '내가 가장 가치 있게 생각하는 핵심 가치는 무엇인가?', '나는 누구에게 어떤 사람으로 기억되고 싶은가?', '그러기 위해서는 내가 실천해야 할 것과 하지 말아야 할 것은 무엇인가?'를 정리할 수 있었다.
　첫 번째로 해야 할 일이 '힘들다'에서 '할 수 있다'로 마음가짐을 바꾸고 자리에서 벌떡 일어나 정신을 차리는 일이었다. 정신을 차리고 보니 해야 할 일들, 하고 싶은 일들이 몰려온다. 버킷리스트를 만들어 중요하면서도 급한 것의 순으로 줄을 세우고 번호표를 나눠 준다. 그다음에는 내가 각각의 일을 실행해야 하는 이유를 포함하여 구체적인 실행 계획은 무엇인지 밑그림을 그려 준다. 주기적으로 해야 할 일과 기간별로 해야 할 일을 나눈다. 그리고 비전과 목표를 장착하고 나의 사명과 사명 실행 전략을 세워 본다.

마음이 물결처럼 흔들리고 힘들어질 때마다 써보실 꿈 노트를 활용하며 마음을 다잡았다. "써서 보고 실천하라. 우리의 인생에서 정상이란 없다. 우리가 끝없이 올라야 할, 우리가 끝없이 배워야 할, 각기 다른 희망의 산봉우리만 존재할 뿐이다. 꿈을 꾸는 자, 도전하는 자의 심장은 늙지 않는다. 늙지 않는 심장으로! 긍정과 열정의 에너지로! 힘차게 도전, 도전, 도전하자!" 이는 써보실 꿈 노트 뒷면에 적어 놓은 글이다. 에너지가 고갈될 때마다 읽고 또 읽으며, 외쳐 보며 다시금 힘을 얻는다.

현실에 만족스럽지 못하거나 힘들 때, 지금과는 다른 삶을 살아 보고 싶을 때 써보실 꿈 노트를 적어 보실 것을 권한다. 자신을 돌아보고 가치관과 사명을 찾을 수 있는 시간이 될 것이다.

내가 살아가야 하는 이유를 알게 될 것이다. 우리 모두가 1인 기업이다. '나 자신을 어떻게 경영해 갈 것인가?' 이 화두를 들고 써보실 꿈 노트를 통해 나다운 브랜드 비전을 가질 수 있기를 바란다.

나의 사명서를 통해 '나는 누구인가?'에 대한 답을 찾아야 한다. 즉 나의 존재 가치를 찾아야 한다. '내가 가장 가치 있게 생각하는 것은 무엇인가?'를 고민해 봄으로써 핵심 가치를 찾아내야 한다. '나는 이런 사람으로 기억되고 싶다.'를 통해 내가 바라고 원하는 미래 가치를 뽑아낼 수 있어야 한다. 나의 존재 가치와 핵심 가치, 미래 가치를 통해 나를 움직이는 동력을 찾아 꿈을 향해 나아갈 수 있기를 바란다.

지금 현재 놓여 있는 상태에서 하나씩 차근차근 해 나가라. 성공은 멀리 있지 않다. 자신과 약속한, 오늘 해야 할 일을 하나씩 해 나가는 것이 오늘 내가 이룰 수 있는 성공이다. 나 자신이 의사 결정의 주체가 되어 자신과 소통하며 나를 포함한 주변과 사회의 문제 해결을 도우며 꿈을 실현해 나갈 수 있어야 한다. 성공과 실패를 포함한 나의 경험을 통해 주변인들과 소통할 수 있어야 한다. 남들이 다 하고 있는 일을 똑같이 할 수는 없다. 그보다 더 잘해도 별 의미가 없다. 남들과는 다른 차별화된 나만의 노하우가 있어야 누군가의 꿈이 될 수 있다. 성공한 일뿐만 아니라 실패를 포함하여 수없는 시행착오를 통해서 찾은 나만의 독특한 경험을 타인과 나누는 일도 좋은 일이다.

내가 원하는 궁극적인 목표를 달성하기 위해서 꿈을 실현할 수 있는 크기로 나눠서 목표를 세워 보자. 그 후엔 실현 가능성에 따라 재배치하여 중요한 순서부터 우선순위를 정해 보자. 끊임없는 동기부여 속에서 자신을 격려하며 자신에 대한 믿음과 긍정적인 열정을 불러일으키는 내 삶의 원동력을 찾아보자.

혼자서는 의지가 약해서 어려울 수 있다. 뜻이 맞는 사람들끼리 온라인 커뮤니티를 만들어 함께해 보는 방법도 좋은 방법이다. 작심삼일로 끝나고 말 일도 함께하면 쉽다. 서로 동기부여를 해 줄 수 있기 때문이다. 공개 선언을 하면 자기 말에 대한 책임감이 생기기 때문에 목표 달성에 성공할 확률이 더욱 높아진다.

어느 정도 실천 습관이 들 때까지 혼자보다는 함께해 보기를 권한다. 서로의 응원과 격려 속에서 하나씩 이뤄 가기를 바란다.

코스모스도 한 송이 꽃보다는 군락을 지어 여러 송이로 피어 있을 때 더욱 아름답다.

써보실 꿈 노트는 '써서 보고 실천하는 꿈 노트'다. 써 본다는 것은 생각을 행동으로 옮기는 것의 첫 단계에 해당한다. 아무리 좋은 계획도 수천 번, 수만 번 머리에만 담고 있으면 혼자만의 생각에 그치고 만다. 글로 남기는 것은 생각 정리를 통해 좋은 씨앗을 골라 세상에 그 씨앗을 뿌리는 것과 같다. 꿈을 이루고자 하는 행동의 시작인 것이다. 써서 보고 공개한다는 것은 내가 뿌린 씨앗에 물을 주며 잘 자랄 수 있도록 기르는 것이다. 날마다 들여다보며 정성으로 가꿔야 식물도 잘 자라듯 꿈도 마찬가지다. 써서 잘 보이는 곳에 붙여 두고 날마다 보아야 한 걸음 더 성취를 향해 나아갈 수 있다. 써서 보며 실천한다는 것은 내가 뿌린 씨앗에 꽃을 피우고 열매를 맺게 하는 일이다. 열매가 영글어 수확하기까지 꾸준히 정성을 다해야 좋은 열매를 얻을 수 있듯이 꿈도 실천 습관을 들여 꾸준히 실천해야지만 내 것이 될 수 있다. 실천이 곧 성공의 열쇠다. 지금 바로 시작해라!

남들이 다 하고 있는 일을 똑같이 할 수는 없다. 그보다 더 잘해도 별 의미가 없다. 남들과는 다른 차별화된 나만의 노하우가 있어야 누군가의 꿈이 될 수 있다. 성공한 일뿐만 아니라 실패를 포함하여 수없는 시행착오를 통해서 찾은 나만의 독특한 경험을 타인과 나누는 일도 좋은 일이다.

내 생의 밑줄

벼랑 끝
활주로

CLIFF-END RUNWAY

4장

만나고 배우고 나누어라 오늘이 마지막인 것처럼

"가슴이 시키는 일, 다시 태어나도 하고 싶은 일, 가만히 있어도 하고 싶어 안달이 나는 일, 그런 일이 있는가?"

무슨 일을 할 때 가장 행복했었는지를 생각해 보자. 가장 행복했었던 일을 가만있어도 하고 싶어 안달이 나는 일로 바꿔 보면 어떨까? 강사 양성과정을 개설하면서 필요한 사람들에게 뭔가 해 줄 수 있는 일이 있다는 생각에 가슴이 뛰었다. 다시 태어나도 하고 싶은 일이라는 생각이 들었다. 가만히 있으면 뭐라도 해 주고 싶어 안달이 난다. 나를 믿어 주고 찾아온 사람, 함께해 주는 사람, 그보다 더 좋은 사람들이 어디 있겠는가? 이런 분들과 함께라면 영원히 뭐든 도모할 수 있을 것 같다. 이런 요즘이 내 생애 가장 빛나는 시기다.

누구나 눈을 뜨면 오늘이라는 하루와 마주한다. 오늘을 어떤 이는 선물처럼, 어떤 이는 고통으로, 또 어떤 이는 아무 의미 없는 것으로 맞이하게 될 것이다. 그대는 오늘을 어떻게 마주 대할 것인가?

나의 하루는 보통은 새벽 4시부터 시작된다. '진짜 나 찾기 자기혁명 프로젝트' 회원들과 함께하는 단톡방에 "똑똑…" 노크와 함께 선물 같은 하루의 시작을 알린다. 오늘 하루도 나답게 즐기기 위해 파워타임에 시동을 걸고 글을 쓰거나 독서를 하고 필사를 하기도 한다. 이렇게 최선을 다하며 시작한 하루는 소중한 나의 흔적이 되고 역사가 된다.

가천대학교 전문 강사 양성과정으로 1기 수료식 때 출발에 앞서 원우들에게 해 준 말이 생각난다. 어쩌면 내 자신에게 했던 말이다. "함께한 소중한 시간들마다 감동이었다. 여러분은 한 분 한 분이 모두 소중한 나의 스승이다. 지금부터 날마다 갱신되는 100년! 죽어서도 영원히 함께하고 싶다. 여러분이 없었다면 오늘 이 시간, 이 자리에 내가 설 수 없었다. 정말 감사하다. 오늘도 새로 태어나 마음껏 즐길 수 있는, 내 생애에서 가장 젊은 날이다. 지금 이 순간 무조건 즐겨라. 하루만 살다 가는 하루살이처럼 치열하게 하루를 살아 보자. 우리는 어느 순간, 어떻게 죽을지 모른다. 죽는 그 순간, 파노라마처럼 아주 짧게 스치는 내 인생의 비디오를 보며 'OOO! 수고했다. 열심히 잘 살았다.'라고 말하면서 행복한 미소를 지을 수 있는 사람이 되자. 그러려면 지금 이 순간순간을 미쳐야 한다. 미쳐서 즐겨야 한다. 나는 그런 사람이 되기 위해 아침 새벽부터 치열하게 하루를 시작한다. 오늘은 새벽 2시에 일어나 마음을 담아 원우님들 한 분 한 분께 손편지를 썼다. 우리 교육과정은 사랑이 바탕이 되는 함께 성장하는 교육 과정이다. 수료는 새로운 시작이다. 말뿐만이 아닌 행동으로 실천하는 리더다운 리더가 되어 내가 앞에서 노를 저을 테니 우리 함께 같이 가 보자."라는 말을 했었다.

나의 소중한 분들에게는 전문 강사, 최고 명강사로 서기까지 내가 겪었던 아픔을 느끼게 해 주고 싶지 않다. 치열한 야생에서 어떻게든 새끼를 보호해 주고 싶은 어미의 마음이랄까? 공무원을 하면서 강사 활동을 할 때는 치열한 강사계의 현실을 몰랐다.

공무원으로 재직하던 시절 내부 강사로 활동하면서 강의 기획을 하고 기획서가 통과되면 수강 신청을 받아 교육과정을 개설하기도 했다. 그때부터 강의 기획에 흥미를 느꼈다. 내가 하고 싶은 커리큘럼을 직접 짠 후 심사 통과, 수강 신청 등을 거쳐 함께하고픈 분들과 5주 과정의 총 15시간을 즐기듯 보내곤 했다.

대학에서 5년 동안 강의를 하면서 강의 계획서를 올리고 학생들의 수강 신청을 받았던 때와는 느낌이 또 달랐다. 강사양성 과정은 공무원 재직 시절부터 퇴직하면 가장 하고 싶었던 일이었다. 그래서 퇴직하자마자 곧바로 대학에 강사양성 과정을 개설했다. 경기도에 있는 대학에 강사 양성과정을 개설하고 싶다고 자문을 구했을 때 "대단하다. 잘해 봐라. 응원한다."라고 했던 분이 가천대 명강사 과정이 개강되자 안면을 바꿨다. 내가 맡았던 교육과정의 강사를 말도 없이 다른 강사로 바꾸기도 했다.

공무원 직을 사직하고 현업 강사로 첫발을 내딛자마자 발견한 강사의 세계는 이렇듯 동물들이 먹고 먹히며 생존 본능으로 살아가는 동물의 왕국과 다를 바 없었다. 무조건 사람을 믿어 버리는 성격 때문에 생각의 소화불량에 걸리면 가끔씩 그 상처가 드러나 가슴이 아프다. 하지만 소신껏 치열하게 방어하며 더욱 성장할 것이다. 나를 믿고 함께해 주시는 교수님과 나를 믿고 찾아온 우리 교육생들에게 똑같은 일을 겪지 않도록 배려하며 야생에서도 치열하게 살아남을 수 있도록 최선을 다해 도울 것이다.

그래서 매월 무료 스터디를 기획해 역량을 강화해 주고 있다. 원하는 사람들에 한해 진짜 나를 찾아 험한 세상에 우뚝 설 수 있도록 자기혁명 프로젝트를 통해 단련시켜 가고 있다. 수료가 끝이 아닌 새로운 시작이라는 것을 보여 줄 것이다. 긍정과 열정의 힘으로 하루를 나답게 즐기는 사람이 가장 젊은 사람이다.

치열하게 살지 않으면 제대로 살아갈 수 없는 세상이다. 남들과 차별화된 나만의 콘텐츠로 나만의 특별한 방식이 있어야 한다. 무엇보다 나 자신에게 가장 떳떳한 사람, 자신에게 부끄럽지 않은 사람으로 살아가야 한다.

특히, 강사는 사명감을 가지고 있어야 한다. 사명감이 없는 강사는 청중 앞에 설 자격이 없다. 겉과 속이 다른 모습으로 남들 앞에 선다는 것은 청중에 대한 위선이고 모독이다. 절대 남들 앞에서 자신의 명예를 걸고 부끄러운 사람은 되지 말자. 단, 하루를 살더라도 떳떳하게 눈부신 태양을 끌어안을 수 있도록 마음을 열어 보자. 그리고 내게 주어진 소중한 하루에 감사하며 내가 할 수 있는 최선을 다해 보자. 남의 인생에 끼어들려 하지 말자.

그 시간에 내 인생을 돌아보고 오늘 주어진 나의 일에 최선을 다하자.

그 누구도 내일을 미리 만나 보지 못한다. 내일이 나한테 온다는 보장도 없다. 아침에 일어나 보면 온다던 내일은 없고 오늘이다. 그렇다. 내일은 없고 오늘만 있다. 오늘이 우리가 원하던 내일이었다. 그것을 알아차리기까지 무려 39년이 걸렸다. 오늘이 빛나야 내 인생이 빛난다. 내일이란 없다. 나는 하루살이다. 아무도 넘볼 수 없는 자체 발광으로 무조건 치열하게 오늘을 마음껏 빛내 보자. '오늘이 내 생애에서 가장 젊은 날이다.' 오늘도 치열하게 그리고 가슴 따뜻하게 아자아자 파이팅!

그 누구도 내일을 미리 만나보지 못한다. 내일이 나한테 온다는 보장도 없다. 오늘이 빛나야 내 인생이 빛난다. 내일이란 없다. 나는 하루살이다. 자체 발광으로 무조건 치열하게 오늘을 마음껏 빛내 보자. 오늘이 내 생애에서 가장 젊은 날이다.

내 생의 밑줄

세상을
바꾸는 것은
내가 아닌 우리다

　내가 좋아하는 문장들 중의 하나가 "우리보다 더 나은 개인은 없다."이다.

　'당신이 있기에 내가 있다'라는 의미의 아프리카 인사말인 '우분투Ubuntu: I am, because you are'가 생각난다. 아프리카 원주민의 생활과 문화에 대한 연구를 하던 이들이 아이들을 모아 놓고 게임 하나를 제안했다고 한다. 아프리카에서 귀한 딸기가 가득한 바구니를 큰 나무 옆에 두고 먼저 뛰어가 그 바구니를 차지한 아이에게 과일 바구니를 주는 게임이었다. 아이들은 약속이라도 한 듯 서로 손을 잡고 함께 달려가 과일 바구니에 둘러앉아 처음 맛보는 과일을 즐겁게 나누어 먹었다. 먼저 과일바구니를 차지한 사람에게 과일을 준다고 했는데 왜 손을 잡고 함께 달린 것이냐는 물음에 아이들이 '우분투'라고 합창했다. 그리고는 "나머지 사람들이 먹지 못해 슬프다면 어떻게 나만 먹고 기분이 좋아질 수 있어요?"라고 했다. 나로 인해 주변의 공동체가 더 나아지게 하는 것이 바로 우분투의 정신이다. 조직이나 공동체보다 개인주의 이기주의가 팽배해진 사회에서는 함께하는 문화를 통해 서로 교류하며 관계를 맺을 때 더 의미 있고 가치 있는 삶을 이룰 수 있다. 우분투 정신을 가진 사람은 열린 마인드의 소유자다. 다른 사람을 인정하고 기꺼이 도우며 함께 동반 성장을 꿈꾼다. '내가 아닌 우리'라는 정신의 근본은 진정한 사랑이다. 그 사랑이 인간을 인간답게 만드는 것이다.

농사는 혼자서 하기엔 너무나 힘들기에 우리 선조들은 품앗이를 통해 서로 거들어 주면서 품을 지고 갚아 왔다. 혼자서는 어려운 일들을 '우리'라는 이름으로 함께하면 가능했던 것이다.

나 자신의 변화도 버겁고 힘든 세상에 개인이 세상을 바꾸는 일은 어려운 일이다. 추진 중인 실천 습관 들이기의 하나인 '진짜 나 찾기 자기혁명 프로젝트'도 마찬가지다. 혼자라면 대부분 작심삼일에 그치고 마는 일이지만 회원들과 함께여서 꾸준히 진행 중이다. 우리 회원들은 단톡방에서 서로를 '혁명 동지'라 부른다. 우리라는 이름으로 여명을 여는 새벽 단톡방에 모여 서로 동기부여하는 분위기 속에서 자기 자신과 세상을 바꿔 나가고 있다. 힘들 때 손 내밀면 서로 잡아 주며 희망을 갖게 한다. 삶에 지쳐 우울의 바다 속에 빠져 기운이 바닥을 칠 때는 다시 일어설 수 있는 용기를 갖게 해 준다. 열심히 노력하는 타인의 삶을 편견 없이 들여다보면서 강한 동기부여도 받는다. 혼자가 아닌 우리라서 가능한 일이다.

명강사과정도 개개인의 성장을 타이틀로 걸고 있지 않다. 그 명칭이 '함께 성장하는 가천명강사최고위과정'이다. 개인주의로는 절대 성공할 수 없는 세상이다. 혹여, 성공한다 할지라도 개인주의만으로는 행복해질 수가 없다. 1기는 전문강사 양성과정으로 시작했다. 2기는 최고명강사 프로젝트로 한층 격을 높였다. 학교에서 3기인 2020년 1학기부터는 일반교육과정에서 최고위과정으로 승격해 '가천명강사최고위과정'으로 운영하자고 제의해 왔다. 코로나 바이러스 확산 방지 차원으로 1개월 개강을 연기해 2020년 4월에 만나게 될 '가천명강사최고위과정' 원우들과의 만남이 기대된다.

가천대학교 최고명강사과정의 2기 원우 모집과정에서 있었던 일이다. 몇 년 전 강의를 하면서 강의에 활력을 좀 더 불어넣고 싶고 다른 사람들의 강의기법도 궁금해서 주말(토, 일요일)에 진행되는 강사과정에 가 본 적이 있었다. 그 강사과정의 책임자가 밤 11시가 넘어 내게 전화한 적이 있다. 통화 중에 스승을 밟고 일어서는 행동이라는 말을 했다. 이틀간 교육과정을 수강했다고 강의 경력이 10년 차가 훨씬 넘은 사람에게 그런 표현을 했다.

내가 운영하는 최고명강사과정을 견제하고 있는 듯싶었다.

믿고 싶지 않았지만 심지어 그 과정을 수료한 수료생에게 전화해 가천대학교 강사과정에 등록하면 자기네 과정에서 앞으로 활동하지 못한다는 말까지 했다는 얘기를 전해 들었다. 이렇듯 명강사를 양성한다는 책임자에게서도 불합리한 개인주의를 볼 수 있는 세상이다. 강사는 죽을 때까지 배움의 끈을 놓지 않아야 한다. 여러 과정에서 배우다 보면 단 한 가지라도 얻을 것이 있는 법이다. 형편없는 강의에서도 '난 저렇게 하지 말아야지. 나라면 저걸 이렇게 하겠다.'라는 깨달음을 얻을 수 있다. 여러 분야에서 적극 공부하고 경험하며 배울 수 있도록 독려해야 한다.

배움은 변화를 위한 시도다. 내가 변하지 않고서 세상이 변하기를 바란다면 변화의 바람은커녕 반드시 역풍이 불어올 것이다. 단 한 명의 능력자나 영웅보다는 함께 손잡고 우분투 정신으로 함께할 때 세상을 바꿀 수 있다. 다른 사람의 피나는 노력을 인정해 주고 아픔과 슬픔을 함께 나누며 가식이 아닌 진심으로 상대방을 포용할 때 가능한 일이다. 포용이란 그냥 받아들이는 것이 아니다. 진정으로 내 안에서 우러나와 온몸으로 사랑을 느끼며 선한 영향력으로 상대를 품어 주는 것이다. 포용은 혼자가 아니다. 큰 나무가 되어 평생을 많은 사람에게 그늘을 드리워 주며 일생을 다하는 것이다. 누군가에게 선한 영향력을 전하는 강사는 포용심이 더욱 깊어야 한다. 강사란 나의 모습을 스스로 추켜세우기보다 청중과 나의 고객에게서 나의 모습을 보아야 한다. 강사의 거울은 바로 청중이고 고객이다. 공무원 직을 사직하고 강사 시장에 뛰어들어 치열하게 현장에 적응하였고 지난 1년 동안 일생 동안 일어날 수 있는 엄청난 일들을 겪으면서 변별력을 가지게 되었다. 현실에 점점 눈을 뜨고 세상을 바라보는 눈을 키워 준 그분들이 이제는 고맙다. 몸과 마음의 불편함 속에서 얻은 최고의 선물이다.

정신력을 빼면 시체라고 할 만큼 강인한 멘탈과 남들보다 적게 자고 많이 일하는 열정으로 지금까지 최선을 다하며 살아왔다. 가난으로 찌들어 공부하지 못한 것이 한이 되었던 내가 직장과 더불어 뒤늦게 야간대학교를 다니면서 일과 학업을 병행하고 대학 강의, 집안일, 환자 보호자, 강사 활동 등 여러 가지 일을 하면서 박사 학위까지 취득했다. 여러 강사 과정을 공부하고 나름 치열하게 15년 넘도록 자기계발을 하면서 미친 듯 살아왔다.

그런 고된 경험들을 녹여서 변화를 꿈꾸는 사람들과 함께 성장하고픈 마음에 강사 과정을 시작했다. 명강사양성 과정을 시작으로 새벽 4시에 일어나는 자기혁명 프로젝트도 기획한 것이다. 온몸을 던지며 혼을 담아 삶을 일궈 가는 과정에서 비슷한 일을 하고 있는 몇몇 분에게는 곱지 않은 시선을 받으며 생각지도 못한 엉뚱한 오해를 받기도 했다. 모두가 가까이 지냈던 사람들이나 내가 공부한 곳들이다. 밟으면 꿈틀하는 지렁이처럼 건들면 건들수록 나는 더 배로 베풀며 치열하게 살아갈 것이다. 사람의 부류가 다 다르듯 살아가는 방법에도 참 여러 가지가 있는 것 같다. 틀린 것이 아니라 살아가는 방법이 다른 것이란 생각이 든다.

내가 아닌 우리가 되어 서로 도우며 세상을 바꿔 갈 또 하나의 밑그림을 그려 본다. 가천명강사최고위과정, 진짜 나 찾기 자기혁명 프로젝트, 한국강사교육진흥원, 한국청소년지도학회 서울센터에 이어 다음 밑그림은 봉사단을 구성하여 이끄는 일이다. 사단법인 대한문화역사탐구연합회 소속의 KCA봉사단을 전국구로 모집하여 대한민국 구석구석까지 희망을 전하며 행복한 세상을 만들어 갈 것이다. 혼자라면 어렵겠지만 마음이 통하는 사람들이 모여 '우리'라는 이름으로, 우분투 정신으로 함께 손잡으면 가능한 일이다. 사랑의 손길이 필요한 곳이면 함께 손잡고 달려가 포용할 수 있는, 세상의 빛과 소금이 되어 희망을 전하는 봉사단이 되기를 바란다. 사람들과 함께 진정한 마음으로 소통하며 소중한 경험을 통해 가슴 뛰는 삶을 공동체에서 찾아보고자 한다. 사람이 재산이다. 사람 없이는 아무것도 할 수 없다. 사람을 귀히 여기지 않는 사람치고 성공하는 사람은 없다. 내 이웃을 감동시키고 세상을 감동시키고 나 자신을 감동시키는 삶을 꿈꿔 본다. 봉사단 회원들과 함께 손잡고 더욱 나은 세상을 위해 나눔 활동을 하고 끌림 속 울림이 있는 행복한 동행으로 세상에 촛불을 밝혀 가리라 다짐해 본다.

> 사람들과 함께 진정한 마음으로 소통하며 소중한 자산인 경험을 통해 가슴 뛰는 삶을 공동체에서 찾아보고자 한다. 내 이웃을 감동시키고 세상을 감동시키고 나 자신을 감동시키는 삶을 꿈꿔 본다.
>
> 내 생의 밑줄

끌림과
울림이 있는
일을 하라

"2019년 교수님의 영향력으로 큰 힘을 얻었다."

"2019년 교수님과의 만남 이후 제 삶에 큰 변화가 생겼다. 멋진 도전이 꿈이 아닌 현실이 되었다.", "2019년 최고명강사과정을 통해 교수님을 알게 된 것은 큰 행운이다. 자신감으로 이루어 나가겠다.", "2019년은 내게 특별한 한 해다. 교수님을 만나 자기혁명 프로젝트를 통해 새벽 시간의 중요성을 알고 하루의 시간을 효과적으로 보낼 수 있었고, 최고 명강사과정을 통해 많이 성장할 수 있었다." 이는 새해에 들은 인사말이다.

요즘은 가성비보다 더 중요한 것이 가심비라고 한다. 끌리는 것이란? 사람의 마음을 사로잡는 것이다. 그것이 진한 감동과 울림을 줄 수 있는 일이라면 더욱 좋겠다. 사람의 감성을 이끌어 내는, 좋은 것들을 끌어들여 울림을 만들어 내는 일이 무엇일까? '해 보고 싶은 것이 있는데 해 보지 않아서', '내가 잘할지 몰라서', '해도 될지 몰라서' 그렇게 주저하며 평소 망설이고 있던 일일 수도 있다. 끌림으로 찾아온 고객에게 울림을 한 아름 선물하는 일, 그 일의 중심이 강사라 생각한다. 강사는 길을 잃고 헤매는 누군가에게 등대가 되어 주고 나침판이 되어 줄 수 있어야 한다. 길을 찾아갈 수 있는 용기를 주어야 한다. 강사가 살아온 삶이 누군가에게 내비게이션이 될 수 있어야 한다. 강사를 양성하는 지도자라면 더더욱 그렇다.

강사가 되고자 하는 끌리는 맘으로 찾아온 이들에게 울림을 주며 변화를 꿈꾸게 하는, 진정성 있는 리더다운 리더가 되리라 마음먹고 강사 양성과정에 뛰어들었다. 인간이 지구를 지배할 수 있는 것은 지혜와 지식을 가지고 도구를 사용할 줄 알기 때문이다. 동물과는 다르게 고도의 지능과 이성을 갖추어 판단하는 능력과 생각할 수 있는 사고를 지녔기 때문에 가능한 일이다. 이성이 있다는 것은 현명하게 대처할 수 있는 능력이 있음을 의미한다. 그럼에도 불구하고 인간은 가끔 시기와 질투심으로 이성을 잃고 동물적 행동을 할 때가 있다. 자신의 일에 조금이라도 위기를 느끼면 피해 의식을 갖고 지나치게 방어를 한다.

어떻게든 하고 싶은 일을 꽃피워 보려고 애쓰는 사람을 짓밟기 위해, 남의 삶의 터전에 터무니없는 제안을 하거나 어처구니없는 일을 벌이는 사람도 있었다. 약육강식이 판을 치는 동물의 왕국과 다를 바가 없는 강사 시장의 벽을 쉽게 만날 수 있었다.

명강사 양성과정을 진행하면서 다른 대학에 강사 양성과정이 개설되지 못하도록 막으려는 의도가 다분한 행동들을 서슴없이 하는 기존 세력들의 양면성을 접하며 참 많은 것을 배웠다. 존경받는 사회 지도층까지도 추한 모습을 거침없이 드러냈다. 기존 가천대 강사과정의 거의 두 배에 달하는 등록금을 제안하며 학생 모집이 되지 않아도 예정 모집인원의 등록금 50%를 학교에 무조건 납부하겠다는 얘기를 한 사람도 있었다는 것을 학교 측에서 전화로 알려 온 적이 있다.

제안한 그분께 모르는 사람도 아니고 왜, 그렇게까지 해야 했느냐고 카톡과 문자로 물었는데 아직까지 답을 듣지 못했다.

모름지기 강사를 양성하는 리더란? 배려심을 기본적으로 갖추고 있어야 한다. 자신감을 잃거나 좌절하고 있는 사람들에게 용기를 줄 수 있는 사람이 되어야 한다. 어둠에서 밝은 빛으로 인도할 수 있어야 한다. 최소한의 양심과 사명감은 가지고 있어야 한다. 아무리 시기와 질투에 눈이 멀어도 최소한의 양심을 집어던지지는 말아야 한다. 겉과 속이 다른 위선으로 마이크를 잡는 일은 더더욱 없어야 한다. 동물은 기껏해야 임박한 상황만 알아채고 움직이지만, 인간은 수 세기 앞까지 내다보며 계획을 세우고 노력하기도 한다. 만물의 영장인 인간으로 태어나 더구나 교육자로, 지도자로 살면서 겉과 속이 다른 모습을 보이지는 말아야 한다. 자기가 한 행동에 대해 변명 한마디조차도 못 하는 불쌍한 사람은 되지 말자.

교육 사업은 사명감이 생명이다. 수익 사업으로 봐서는 진정한 교육이 이루어질 수 없다. 각 대학 평생교육원의 수익 구조도 문제라고 본다. 총장 명의의 수료증을 발급하고 강의실을 빌려 주는 조건으로 보통은 등록금의 50~60%를 챙겨 간다. 나머지 40~50%로 홍보비를 포함한 운영비와 강사료를 지급하며 운영을 해야 한다. 평생교육원의 강사과정에서 리더의 사명감 없이는 양질의 교육이 이루어질 수 없다. 이것이 대학의 평생교육원에서 이루어지는 강사 육성 과정의 실태다. 평생학습을 지원하는 우리나라 대학의 평생교육원 수익 구조 또한 바뀌어야 한다.

　우리는 살아가면서 힘든 일, 고된 일, 어려운 일들과 부딪히면서 고통 속에서 벗어나기 위해 무수한 발버둥 속에서 살아간다.
　그 고통의 대부분이 사람과의 관계에서 비롯된다.
　고통 속에서 사는 사람들에게 힘든 시련 속에서 한 걸음씩 나아갈 수 있는 용기를 주고 싶다. 더 나은 삶을 살 수 있도록 희망을 주고 싶다. 내가 경험해 온 힘들었던 상황을 다른 사람들에게는 똑같이 겪게 하고 싶지 않았다. 가슴 뛰는 삶, 희망이 가득한 벅찬 삶이 있다는 것을 느끼게 해 주고 싶었다. 서로 도움을 주며 함께 성장해 가는 삶을 살고 싶다. 서로 의지하며 살아갈 힘을 북돋우고, 서로의 덕담이 동기부여가 되어 날마다 최고의 행복을 갱신해 가는 삶을 고객들과 함께하고 싶다. 이것이 내가 강사로, 교수로 살아가고자 하는 이유다. 강사 과정을 열고 있는 이유이기도 하다. 가난으로부터 깨우친 것은 돈의 노예가 되지 말자는 것이다. 가난으로 인해 한이 맺힐 정도로 힘들고 어려웠지만 돈의 노예가 되어 아등바등 사는 모습이 되긴 싫었다. 죽으면서 재산을 가져갈 것도 아니고 굶어 죽지 않을 만큼만, 먹고살 수 있을 만큼만 가지면 되지 않겠는가? 돈보다 더 소중한 가치를 쌓아 가는 것, 사람을 얻는 것이 내가 생각하는 부자가 되는 길이다. 자신만이 독식하기 위해 남을 밟아 없애려는 비인간적이고 불쌍한 사람이 가장 가난한 사람이라고 생각한다. 남을 힘들게 하면 언젠가는 부메랑이 되어 자기 자신에게 돌아올 것이다.

'사람이 재산이다'라는 말을 늘 강조하게 된다. 이제 겨우 50여 년 살아왔지만 내 삶 속에서 터득한 인생의 진리다. 아무리 가진 것이 많은들 주위에 사람이 없다면 과연 그 사람은 행복할 수 있을까? 주위에 사람이 많은들 진정으로 나를 위해 주는 사람이 없다면 그 사람은 행복하다고 할 수 있을까? 비록 가진 것이 없어 가난하지만 자신의 주위에 진정으로 서로를 위해 주는 사람들이 있다면 그게 더 행복한 일이고 울림이 있는 일이다.

강연을 마치고 기립 박수를 받으며 누군가의 멘토가 되어 주는 일처럼 가슴 벅찬 일은 없다. 벅찬 마음이 가슴으로 스며들 때면 밥을 굶어도 배고픈 줄 모르고, 잠을 자지 않았어도 잠이 오지 않는다. 강연장에 서 있는 동안에는, 일을 하는 동안에는 아무리 힘든 상태여도 힘든지도 모르고 그 순간에 나도 모르게 빠져들게 된다. 그러다 보면 오히려 무거웠던 몸도 솜털처럼 가벼워지는 것을 느낀다. 많은 사람과 함께 교감하면서 서로의 끌림과 울림 속에서 자연 치유가 되는 것이다. 이러한 체험이 무척 좋았기에 더 많은 분과 함께하고 싶었고 그래서 전업 강사가 되었다.

강사 양성과정을 개설하고 나의 모든 혼을 바쳐 온몸과 마음으로 정성을 다해 과정을 진행하고 있다. 물론 시기와 질투의 눈길을 보내며 괴롭히는 경우도 있다. 그럴 때마다 '얼마든지 괴롭혀라. 얼마든지 밟아라. 밟으면 밟을수록 더욱 잘 자라는 보리처럼 더욱 푸르게 소신껏 내 신념대로 살아갈 것이다. 더욱 잘할 것이다.' 하고 생각한다. 힘든 일을 많이 겪다 보니 잡초 근성이 자리하고 있어 괴롭힘까지도 내게 양식이자 비타민이 되어 받아들여지고 있다. 여러 가지 비인간적인 방식의 괴롭힘에도 이제는 조금도 동요하지 않는다.

이렇게 씩씩하게 이겨 낼 수 있었던 이유는 강사과정을 진행하면서 잃은 것보다 더욱 소중한 사람을 많이 얻었기 때문이다. 좋은 인연을 많이 만나게 되었고, 더욱 가까워질 수 있는 계기가 되었다. 서로 도움을 주려고 하는 분들이 많아졌다. 아무리 어렵고 힘든 일이 있어도 나의 사명을 다해 갈 것이다. 나의 소중한 교육생들에게 하고 있는 100년의 약속을 지켜 갈 것이다. 말뿐만이 아닌 행동으로 보여 주는 리더다운 리더로 거듭날 것이다. 소중한 나의 고객에게 한 점 부끄러움이 없는 강사와 저자가 될 것이다.

노력 없이 이루어지는 것은 아무것도 없다. 우리 인간의 가야 할 길은 본인의 의지에 달려 있다. 지난 과거와 타인을 바꿀 수는 없지만, 스스로 내 자신은 바꿀 수 있다. 오로지 바꿀 수 있는 것은 내 자신뿐이다. 자신에게 주어진 운명을 스스로 바꿀 줄 알아야 한다. 나는 이러한 타고난 운명을 사랑한다. 니체가 말한 운명애(아모르파티)처럼 운명을 상당히 긍정적인 마음으로 사랑한다.

최선의 노력 없이 자기 자신을 바꾸지 않으면서 얻으려는 생각은 하지 말아야 할 것이다. 나의 사명, 끌림과 울림 속의 100년의 약속을 한번 더 다짐해 본다.

강연을 마치고 기립박수를 받으며 누군가의 멘토가 되어 주는 일은 가슴 벅찬 일이다. 벅찬 마음이 가슴으로 스며들 때면 밥을 굶어도 배고픈 줄도 모르고, 잠을 자지 않았어도 잠이 오지 않는다. 강연장에 서 있는 동안에는, 일을 하는 동안에는 아무리 힘든 상태여도 힘든지도 모르고 나도 모르게 그 순간에 빠져들게 된다. 그러다 보면 오히려 무거웠던 몸도 솜털처럼 가벼워지는 것을 느낀다. 많은 사람과 함께 교감하면서 서로의 끌림과 울림 속에서 자연 치유가 되는 것이다.

내 생의 밑줄

누구나 삶의 높은 벽 하나쯤은 마주하게 될 것이다. 어느 날 갑자기 내 앞에 장벽이 놓여 있다면 어떻겠는가? 점점 답답해져 오고 숨이 막혀 올 것이다. 높은 인생의 벽과 만나면 때로는 이성을 잃게 될 수도 있다. 어쩌면 쌍욕을 하며 벽에다 발길질을 할지도 모른다. 어떤가? 높은 벽은 꿈쩍도 하지 않은 채 내지른 내 발만 아파 올 것이다. 우리가 살아간다는 것은 벽을 넘는 일이기도 하다. 내 앞에 장애물이 없다면 그만큼 보람도 덜할 것이다. 삶이란 늘 선택이고 도전의 연속이다. 수없이 할까 말까 고민하게 되고 선택 속에서 살아가야 한다. 그냥 주저앉을 것인가? 그 벽을 넘어설 것인가? 아니면 모두를 위해서 시원하게 깨부술 것인가? 모든 것은 마음먹기에 달려 있다. 어떤 상황에서도 강한 의지와 희망이 있다면 벽 하나쯤은 문제가 되지 않을 것이다. 거뜬하게 넘어설 수 있다.

고민이 시작되는 순간부터 내 안에 잠자고 있는 강력한 본능을 깨워야 한다. 강력한 의지만 있다면 모든 해결 방안이 내 안에서 나온다. 아무리 고민해도 답이 나오지 않을 때도 더러 있다. 어디론가 훌쩍 떠나 버리고 싶을 때도 있다. 답이 나오지 않을 때는 노트에 문제를 적어 덮어 두고 잠시 잊어버리는 편이 훨씬 낫다. 잠시 머리를 식히다 보면 불현듯 해답이 찾아질 때가 있을 것이다. 평소에 보지 못하던 지인들과 만나 수다를 떨기도 하고 이 사람 저 사람 만나다 보면 아이디어가 떠오르고 고민에 대한 답을 얻을 때가 있다. 그 순간, 머릿속은 개운해지고 맑아진다. 인간관계의 벽도 혼자서 끙끙거리기보다는 멘토가 될 만한 주위 분들에게 조언을 구해도 좋을 것이다. 혼자서 해결하기 힘든 일은 도움을 청하는 방법도 좋은 방법이다. 어떠한 형태든 한 번 허물고 나면 소통이 가능해진다. 소통을 하다 보면 상대의 진실한 마음이 느껴지고 보이지 않았던 따뜻한 이면들이 보일 것이다.

도서관에 근무할 때의 일이다. 발령받아 인사드리러 갔을 때 마주한 직속 과장님은 특유의 카리스마로 감히 근접조차 할 수 없었다. 관장님보다도 더 위엄 있고 직원들이 좀처럼 다가서기 어려운, 가까이할 수 없는 분이었다. 감히 올려다볼 수도 없는 높은 벽처럼 느껴졌었다. 자기주장이 확실하고 냉철한 분이셨다.

직원들 중 부딪히지 않으려고 슬슬 피해 다니는 사람까지 있을 정도로 차가워 보이는 분으로 인식되어 있었다. 알고 보면 참 따뜻하고 정이 많은 분이신데 오해를 받으신 것이었다. 많은 사람이 겉으로 보이는 모습만으로 판단하는 오류를 범한다.

나는 다른 도서관에까지 소문날 정도로 그분과 잘 지냈다. 차갑고 냉정해 보이는 카리스마 속에 숨은 진실을 알아차릴 수 있었기에 그렇게 할 수 있었다. 그때는 폐암으로 고생하시는 아버지를 모시고 살았을 때였다. 과장님은 단골 가게인 올가 매장에서 건강에 좋은 유기농 재료들로 잔뜩 장을 보셔서 우리 집에 배달시켜 주시기도 했다. 학교로 발령을 받았을 때는 백화점에서 만나자 하시더니 예쁜 장지갑도 선물해 주셨다. 내가 열심히 잘 모시기도 했지만 그분 역시 보이지 않게 여러모로 신경을 많이 써 주셨다. 아무리 높은 벽이라도 일단은 두드려라. 진정한 마음으로 최선을 다해 시도하면 인간관계의 벽을 넘을 수 있을 것이다. 스스로 굳게 쌓아 올린 자신의 벽이 더 큰 벽이지 않을까 생각해 본다.

스스로 쌓아 올린 높은 벽에 갇힌 내 안의 묵은 감정과 노폐물 때문에 점점 병들어 가는 것이 가장 큰 문제가 아닐까? 스스로 허물지 못하는 높은 벽 때문에 마음이 곪아 가는 사람들도 있다.

어릴 적부터 받아온 상처가 겹겹이 쌓여 지층을 이루고 평생을 마음에 돌담을 쌓고 사는 사람들도 있다. 가슴에 큰 바윗돌 하나 얹고 사는 사람들이다. 좀처럼 움직이지 않는 바윗돌이다.

움직이려 할 때마다 상처가 되는 바윗돌이다. 가슴을 짓누르는 무게에 겨우겨우 한숨으로 숨구멍을 열어 가는 사람들도 있다. 스스로 가슴에 주홍글씨를 새기며 사는 사람들, 가장 가까운 피를 나눈 가족에게 받은 상처라면 더할 것이다. 어쩌면 스스로 쌓아 올린 벽을 허물거나 넘어서기까지 평생이 걸릴지도 모른다. 그 벽이 가장 가까운 사람들로 인한 것이라면 끝내 그 벽을 허물지 못하고 벽화로 남기는 사람들도 있을 것이다.

자신을 비워 내고 이겨 내지 못하면 아무것도 이룰 수가 없다.

절망의 벽 앞에 갇혀 찬란한 빛을 느낄 수도, 볼 수도 없다. 당당히 절망의 벽 앞에 마주하라. 현실을 직시하고 일어설 수 있는 에너지를 찾아라. 극한 상황에서는 돈이나 명예, 인격 따위는 모두 버려야 한다. 가진 것을 과감히 내던져라. 모두 다 내려놓고 자신을 비우고 벌거벗은 무에서부터 시작할 수 있는 용기가 있어야 한다. 절망의 벽화로 남겨질 수 있는 벽은 허물자. 내가 감당할 수 있는 야트막한 벽이면 적당하다. 스스로 성장할 수 있도록 힘을 실어 주며 자신을 보호할 수 있는, 가변형의 낮은 벽이면 충분할 듯싶다.

원하는 목표를 이루기 위해서 가장 중요한 것은 '자기 신뢰'다.

자기 자신을 신뢰하지 못하면 어느 누구도 나를 신뢰해 주지 않을 뿐더러 찾지 않는다.

늘 입버릇처럼 하는 말이 있다. '사람이 재산이다.'라는 말이다. 잘되는 사람 주위에는 사람들이 많다. 가만히 있어도 돕고 싶어 하는 사람들이 많다. 인간관계에서 신뢰를 쌓는 법은 얄팍한 처세술이나 입술로 되는 것이 아니다. 상대방에게 도움이 될 수 있는 일을 추진하는 진정성에서 나온다.

인생의 최고 무기인 '신뢰'를 쌓는 일이 인간관계의 근본이 되어야 한다. 뭘 해도 믿음이 가는 사람이 되어 보자. 가슴이 꽉 찬 사람이 되어 보자. 가슴이 꽉 찬 사람은 가벼운 행동을 하지 않는다. 인생에서 긍정적인 변화를 이끌어 내는 사람이 되어 보자.

신뢰가 가는 사람이라면 벽이 생길 수가 없다. 인간관계에서 가장 중요한 것은 믿음이다. 후발 주자도 진정성 있는 자기 신뢰가 바탕이 된다면 기존 세력의 벽을 넘어설 수 있다. 새로운 것을 시도하려는 용기와 의지에 진정성이 뒷받침된다면 어떠한 진입 장벽도 넘을 수 있다. 우리 주변에는 다른 사람들의 신뢰를 아무렇지 않게 훼손하는 사람들을 쉽게 볼 수 있다. 자만심으로 자신의 이미지마저 실추시키는 사람들이다. 그런 사람들은 사리사욕에 눈이 멀어 머리도 비고 가슴도 텅 빈 껍데기 인생을 사는 사람들이다. 머리와 가슴이 꽉 찬 사람들은 가볍게 행동하지 않는다. 삶의 깊이만큼 인성의 깊이가 있다.

서로 win-win하면 더 큰 시너지 효과를 볼 수 있는데도 당장 눈앞에 보이는 사리사욕에 눈이 멀어 그동안 쌓아 온 신뢰를 팽개쳐 버리는 일들을 서슴없이 하는 사람들이 있다. 그들과의 관계 속에서 생긴 상처는 언젠가는 벽화가 되기 전에 풀고 가야 할 나만의 숙제로 남아 있다. 강사과정을 운영하고 있는 대표자 3명을 제외한 분들 중의 대부분은 열심히 하는 모습에 감동받았다며 어떻게든 도움을 주시려고 한다. 공무원 직을 퇴직한 후 1년 동안 열린 마음으로 지내다 보니 엄청난 인연들을 많이 만났다. 1년 동안 명강사 양성과정을 운영하며 부쩍 성장한 느낌이 들었다. 어려움 속에서도 긍정적인 변화를 이끌어 내려면 태도를 바꾸어야 한다. 마음먹는다고 해서 태도가 저절로 바뀌는 것은 아니다. 스스로 뭐가 부족한지, 채워야 할 것은 무엇인지, 무엇을 잘못하고 있는지 나만의 점검표를 만들어 끊임없이 점검하고 개선해 나가야 한다. 너무 많은 태도를 바꾸려 하지 말고 가장 중요한 것부터 하나씩 고쳐 나가는 습관을 가져 보면 어떨까?

볼링을 칠 때 1번과 2번 핀이나 1번과 3번 핀을 맞추면 10개의 볼링 핀이 모두 쓰러지듯 가장 중요한 하나를 고치면 다른 것들도 자연스럽게 고쳐질 것이다. 자신을 변화시키는 일, 벽화가 되기 전에 벽을 허물 수 있는 일은 바로 나의 태도를 바꾸는 일이다. 나의 태도가 바뀌면 그만큼 세상이 달라 보인다. 우물 안 개구리로 살 것인가? 뛰어올라 세상 밖으로 행진할 것인가?

인간관계에서 가장 중요한 것은 믿음이다. 후발 주자도 진정성 있는 자기 신뢰가 바탕이 된다면 기존 세력의 벽을 넘어설 수 있다. 새로운 것을 시도하려는 용기와 의지에 진정성이 뒷받침된다면 어떠한 진입 장벽도 넘을 수 있다.

내 생의 밑줄

아침 댓바람부터 난리법석을 떨어라

미라클모닝이 한때 열풍이었다.

날마다 새벽 4시가 되면 똑똑… 고요한 새벽 시간에 여명의 기적이 시작된다.

단톡방의 문이 열리고 리더를 중심으로 신명나게 축제가 시작된다. 365일 연중 캠페인처럼 열정의 하루가 치열하게 시작된다. 잘 짜인 목표나 계획도 중요하지만 '간단한 습관'을 들이는 것이 가장 중요하다. '어제보다 나은 오늘의 나' '오늘의 나와 다른 내일의 나' 이렇게 진짜 나를 찾아가는 행복한 변화가 시작된다. 아무리 작은 일이라도 매일매일 새롭게 조금씩 변화를 시도하며 '날마다 내 생애 최고의 날'을 갱신해 간다. 오늘도 어김없이 이른 새벽부터 책상에 앉았다. 진짜 나 찾기 자기혁명 프로젝트의 패밀리와 파워타임을 즐기기 위해서다. 필사를 하고 글을 쓰고 공부를 하고 점점 성장해 가는 나에게 날마다 양분을 공급해 주는 파워타임! 창밖에서 청아한 새소리가 응원해 준다.

2019년 6월, 강원도 원주 잔디와 소풍 강의소림의 아침! 경기도교육청 내부 강사 공모 연수과정(1박 2일)의 둘째 날이었다. 전날 새벽 2시 30분에 일어났는데도 좋은 분들과 함께했었기에 피곤한 줄도 모르고 꼬박 24시간을 즐겼다. 1시간 30분 만에 다시 일어나 앉아 맑은 새소리를 들으며 파워타임을 즐기는 이 시간은 가장 행복한 시간이다. 깜깜한 새벽에 일어나 점점 동이 터오는 소리를 듣는다. 먹이를 찾아 부지런히 움직이는 새들의 움직임에서도 생명력이 느껴진다.

전날 강의 시간에 그림이 있는 사진을 가지고 수업하면서 파도를 헤치며 노를 저어 질주하는 사진을 보며 심장이 용솟음치는 짜릿함을 느꼈다. 파도 속에서 그 순간 최선을 다하며 조금씩 앞으로 나아가는 모습에서 희열이 느껴졌다. 사진 한 장 속에 내 삶의 모습이 보였다. 보고 있노라면 하고 싶어지는 욕구가 샘솟는 사진이었다. 공공기관이라는 직장이 주는 안도감에서 벗어나 야생에서 내 힘으로 실천 습관을 들이며 꿋꿋하게 치열하게 개척해 가는 지금의 내 모습과 닮았다. 리더다운 리더로 성장하기 위해 누구보다 많은 것을 공부하며, 품격을 쌓고자 노력하고 있다. 이른 새벽부터 일어나 실천 습관을 들이기로 마음먹고 자신과의 치열한 싸움을 통해 변화를 시도해 가고 있다. 이때 나와 함께해 주는 '진짜 나 찾기 자기혁명 프로젝트' 파워타임에 참여하는 우리 회원들이 가장 소중하고 존경스럽다. 습관이 자기 자신을 지배한다. 정신적인 습관이 변화면 행동도 바뀌게 된다. 생각을 액션으로 실행할 수 있는 도전 정신은 늘 위대하다. 자신의 실천 습관을 변화시켜 나가는 것은 강한 사람이 될 수 있는 가장 확실한 방법이다.

맥아더 장군이 남긴 말 중 "세월은 당신의 피부에 주름을 만들지만, 열정을 잃어버리면 당신의 영혼에 상처가 생긴다."라는 말이 생각난다. 거창한 계획을 세우려고 시간을 낭비하지 말아야 한다. 지금 당장 행동으로 옮기는 열정이 필요하다. 실패를 거듭하면서 그 실패에서 얻은 교훈이 성공으로 가는 발판이 되어야한다. 훌륭한 인격이나 인품도 하루아침에 만들어지지 않는다. 매일 부딪히고 변화하며 자신의 행동을 수정해 나가는 꾸준한 노력과 열정이 바른 성품을 만들어 준다.

좋은 습관을 형성하는 데 꼭 필요한 양질의 비타민은 함께하는 이들과의 동기부여 속에서 생성된다. 이는 꼭 필요한 것으로 회원들의 마음 깊숙이 좋은 습관이 형성되어 갈 수 있도록 돕는 발판이 되고 밑거름이 될 것이다. 내 마음에서 우러나오는 힘이 모든 행동의 열쇠다. 내 자신이 원하는 삶을 이룩하고 가치 있는 인생을 살아가기 위해서는 변화와 혁신이 필요하다. 내 자신도 혁명하지 않으면 나를 온전히 주인으로 세울 수 없다. '언젠가 해야지.'를 '오늘 당장 해야지.'로 바꾸어라. 지금 바로 실행하라.

생각만 하고 계획을 짜느라 전전긍긍하며 시간을 허비하지 말고 20~30분씩이라도 날마다 할 수 있는 일을 시작하라. 새벽같이 일어나 매일매일을 축제로 만들어라. 축제를 즐기며 신명나게 춤추듯 축제의 물결로 하루를 보내자. 날마다 하루하루가 선물로 다가올 것이다. 인생은 숙제가 아닌 축제이기에 나만의 멋진 노래 한 곡은 있어야 할 듯싶다. 그 노래는 세상을 울리는 영혼의 선율이리라.

리더란 등대이고 나침판이고 내비게이션이다. 한편으로는 뚜렷한 목적과 목표를 가질 수 있도록 희망이라는 백신을 주사하는 의사다. 또한 계획하고 행동할 수 있는 도전이라는 약을 처방하는 약사이기도 하다. 리더는 앞에서 끌어 주기만 해서는 안 된다. 팀원들과 함께 손잡고 같이 성장곡선을 타며 성장할 수 있어야 한다. 성장하지 않는 리더는 리더가 아니다. 행동으로 실천하지 않는 리더는 더는 리더가 될 수 없다. 리더가 성장을 멈추는 순간, 그 팀은 파괴된다.

가슴 설레는 심장 박동 소리가 들리는 비전을 세워 팀원들과 함께해야 한다. 리더의 적극적인 헌신이 팀워크를 이뤄 팀원 모두가 성장해 갈 수 있는 지름길로 안내한다. 팀워크는 팀을 움직이는 핵심이다. 우리는 대부분 자신이 원하는 삶, 나아가 좀 더 가치 있는 삶을 살기 위해 고군분투한다. 머리로만 생각했던 일들을 하나씩 실천하는 습관을 들이기 위해 매일 파워타임을 열고 있다. '진짜 나 찾기 자기혁명 프로젝트'에는 팀원들과 새벽부터 동기를 자극하는 매일매일의 즐거움과 성취감이 있다. 진정으로 원하는 미래의 목표를 위해 하루하루 변화하고 성장해 가는 회원들의 모습에서 무한 가능성이 보인다.

"정상까지 얼마나 남았나요?"
"다 왔습니다. 조금만 가면 됩니다."
사람들은 최종 목적지인 성공에만 집중하는 경향이 있다. 산을 오를 때도 올라가는 과정을 즐기는 것이 아니라 정상만을 보고 올라가는 사람들이 많다. 꽃도 보고 나비도 보고 나무의 생김새도 보면서 눈앞에 펼쳐지는 순간들을 즐기며 올라갈 수 있다면 즐겁게 정상에 도달할 수 있을 것이다. 현재 내 앞에 놓인 지금 이 순간을 최대한 누리며 마음껏 미친 듯이 즐겨라. 많은 사람들이 아직 다가오지 않은 목적지에만 집중하여 순간의 행복을 대부분 저당 잡히고 느끼지 못하고 있다. 행복은 가장 가까이에서 함께하는 내 삶 속에 있다. 또 남에게 행복을 주는 것에도 있다. 베풂은 삶의 활력소가 되어 주기 때문이다.

나는 새벽부터 치열하게 파워타임을 즐기며 삶 속에서 공유하면 도움이 될 만한 좋은 글을 기상톡과 함께 올려 공감한다. 행복이라는 예쁜 꽃을 피워 함께하는 이웃에게 꽃향기를 선사하는 것과 같다. 아름다움으로 승화시킨 순간순간의 열정으로 가슴 뜨겁게 몰두한 결과물이 올라올 즈음 파워타임이 끝나 간다. 열정적인 사람들은 다른 사람들에게 사기와 의욕을 불러일으키고 무엇이든 실행할 수 있는 용기를 준다. 자신이 하고 있는 일에 푹 빠져 열애하듯 자신의 일을 사랑한다. 가슴 뜨겁게 자신이 하고 있는 일에 몰두한다. '할 수 있다.'라는 자신에 대한 믿음과 굳은 의지가 단단하다.

프랑스의 소설가 로맹 올랑은 "성공한 사람은 다른 사람이 아니라 자기가 할 수 있는 일을 한 사람이다. 그러나 실패한 사람은 자신이 할 수 없는 일만 바라고 있다. 당신이 할 수 있는 일은 때를 놓치지 말고 하라. 그것으로 충분하다. 인생의 불행은 자신이 할 수 있는 일을 하지 않는 데 있다."라고 했다. 우리는 자신이 할 수 있는 일을 하기 위해 이렇게 새벽에 일어나 파워타임을 즐기며 한 걸음씩 나아가고 있다. 철저한 준비와 계획만 세우다 시간을 허비하기보다는 현재 당장 할 수 있는 일을, 가장 중요한 '실제 행동'을 하고 있다.

실행하지 않는 준비와 결심은 그저 생각에 머물고 만다. 매일 새벽 4시에 일어난다고 하면 어떤 사람들은 이런 말들을 한다.

"우리와는 다른 사람 같다. 다른 세계를 살고 있는 사람 같다.", "지금 뭘 시작하기에는 나이가 너무 많은 것 같다.", "하고는 싶은데 지금은 하는 일들이 많아서 어렵다." 이처럼 자신의 삶을 제한하고 있다. 직접 경험을 해 보면 대부분 그 생각이 틀렸으며 핑계일 뿐이었다는 것을 알게 될 것이다.

일단 작은 일부터라도 행동으로 옮겨 보고 나서 감상을 말해도 늦지 않다. 일단 시작해 보고 말해도 늦지 않다. 좋아하는 일을 찾아 긍정적인 좋은 습관을 만들어 가길 바란다. 에너지가 샘솟는 가슴 뛰는 인생 후반기를 위해 "지금 이 순간, 액션!" 행동으로 옮겨라. 성공은 움직이는 자만이 누릴 수 있는 특권이다.

최대한 많이 움직여라. 그리고 늘 생각해라. 미래를 향하여 마음을 열고 넓은 마음으로 멀리 내다봐라.

'언젠가 해야지'를 '오늘 당장 해야지'로 바꾸어라. 지금 바로 실행하라. 생각만 하고 계획을 짜느라 전전긍긍하면서 시간을 허비하지 말고 20~30분씩이라도 날마다 할 수 있는 일을 시작하라. 아침 댓바람부터 난리법석을 떨며 매일매일을 축제로 만들어라. 축제를 즐기며 신명 나게 춤추듯 하루를 보내자.

내 생의 밑줄

만남은
시작이다

"교수님은 언제 가슴이 제일 설레나요?"

"강의하러 갈 때에 가장 가슴이 설렙니다."

삶은 새로운 만남의 시작이다. 새로운 사람을 만난다는 것은 가슴 설레는 일이다. 강의 요청이 들어오면 새로운 사람들과 좋은 인연이 될 생각에 가슴이 뛴다. 새로운 사람들과 좋은 인연으로 새로운 만남이 시작되는 현장이 내게는 바로 강연장이다. 강연장은 내가 살아가는 존재 이유를 찾을 수 있는 곳이다. 청중이 내 말에 따라 변화하는 것을 실감할 수 있는 곳이다. 호기심, 기대, 설렘 등이 가득 담긴 초롱초롱한 눈망울들은 나의 소중한 엔도르핀이다. 그 많은 눈망울이 더욱 영롱한 아름다운 보석으로 영원히 빛을 발할 수 있도록 신명나게 반짝이는 광선을 타고 신들린 듯 춤을 춘다. 청중의 눈은 빙빙 돌며 반짝이는 조명이 되고 청중의 손과 발은 반주를 하는 악기가 되고, 강사는 광대가 되어 조명과 반주에 맞춰 청중과 하나 되어 한풀이 굿 한 판이 벌어진다. 이것이 내가 가슴 설레며 꿈꾸는 강연장이다. 이렇게 시작된 만남은 평생 좋은 인연이 되어 서로 도움을 주며 바늘과 실처럼 평생을 함께 간다.

"교수님이 하시는 일에는 뭐든 다 참여하고 싶어요."

이렇게 가슴으로 말해 주며 함께 행동하는 정말 좋은 사람들이 있다. 앞에서도 언급했던 박정인 강사님, 이현례 강사님이다.

흑진주 시인이신 장복순 시인 역시 가천대 명강사과정의 1기와 2기 개강식과 수료식 때마다 팥 시루떡을 해 오며 잔칫집 분위기를 내 줬다. "앞으로도 시루떡은 내가 맡겠다."고 하는 분이다. 이처럼 나의 일인 양 아낌없이 함께하는 분들이 점점 많아지고 있다. 운영교수로 활동하면서 재능 기부를 해 주시는 교수님들 또한 은인이다. 이렇게 함께하는 모습들을 볼 때마다 내가 평생을 강사로 살아가고자 하는 이유이자 사명이 무엇인지 더 확실히 깨닫게 된다. 시간이 허락되는 날까지 강연장을 찾아 한 땀한 땀 바느질하듯 전국을 누비며 많은 분과 함께 성장하고 싶다.

불가에 "옷깃만 스쳐도 인연이다"라는 말이 있다. 전생의 인연이 삼천 번은 있어야 현생에서 옷깃을 스칠 수 있을 정도의 인연이 맺어진다고도 한다. 옷깃을 스치는 그 수많은 사람도 인연이 삼천 번이나 있어야 만나게 된다는데 한 공간에서 함께 몇 시간, 몇 개월씩 호흡하며 장단 맞추는 인연은 얼마나 귀하고 소중한 인연인가? 그중에서도 강사의 말 한마디에 동기부여가 되어 변화하고, 인생역전이 되는 사람들도 있으니 이들은 정말 귀하게 여기며 평생을 함께 가고픈 소중한 인연인 셈이다. 그래서 나의 청중이 더욱 소중하고 귀하다. 귀한 만큼 잘하고 싶은 욕심이 앞선다.

뭐 하나라도 더 주고 싶고 재밌게 해 주고 싶어서 선물 하나라도 더 챙겨 가게 된다. 강의가 끝나면 강의를 요청해 주신 담당자들이 잘해 주셔서 정말 고맙다고 강의료를 올려서 주는 경우도 더러 있다. 오감을 통한 가슴 설레는 만남에 강사료는 덤으로 따라오는 선물이다. '이 어찌 기쁘지 아니하겠는가?' 귀하고 소중한 인연을 만들어 가는 강사라는 직업이 보람 있고 참 좋다. 살아가면서 알게 모르게 인연들이 맺어져 더욱 귀한 인연으로 얽힌다. 이야기를 하다 보면 한 다리 건너 다 아는 사람들일 때가 더러 있다.

심지어 몇 년씩 같은 아파트 같은 동, 같은 라인에 살고 있었던 사람이었는데도 다른 곳에서 처음 만나게 된 경우도 있었다. 지금 내 곁에 있는 가족, 내 친척, 내 이웃, 내가 알고 있는 사람들은 모두 귀한 인연이다. '사람의 인연!' 더욱 소중하고 귀하게 여기자.

매일 새롭게 시작되는 첫 새벽, 새롭게 시작되는 월요일, 새로운 한 달이 시작되는 첫날, 분기가 시작되는 첫날, 반기가 시작되는 첫날, 신정과 구정 등 1년이면 새로운 계획을 세워 새롭게 도전할 수 있는 기회가 상당히 많다. 이런 날이 아니더라도 어떤 계기로 새로운 공부를 시작할 때 듣게 되는 교육과정의 첫 개강일을 기점으로 새로 태어나듯 새롭게 시작할 수 있다. 나는 '진짜 나 찾기 자기혁명 프로젝트 파워타임'을 기점으로 매일 새벽 4시에 새로이 태어난다. 사람은 누구를 만나느냐, 누구와 어울리느냐가 중요하다. 자기계발로 선한 영향력을 펼치기 위해 새벽을 가르며 고군분투하는 멋진 분들과 함께 매일매일 스스로 정한 미션을 실천해 가고 있다. 새벽을 여는 아름다운 사람들과의 만남은 항상 새롭고 가슴 설렌다. 자기 일을 묵묵히 해 나가며 서로에게 울타리가 되고 동기부여가 되는 혁명 동지들! 5감사 3배려 일기에 매일매일 1순위로 5감사의 1번을 차지하는 이유다. 변화를 꿈꾸며 각자 실천하는 선한 영향력으로 우리는 하나가 되어 세상을 변화시켜 가고 있다. 변화를 꿈꾸는 사람들과의 만남은 늘 신선하다.

가천대학교 최고명강사 프로젝트 2기와의 특별한 만남! 개강식 강의 소감에서 '운명적 만남이다.'라고 적어 주신 분이 있어서 더욱 기뻤다. 1기는 거의 지인들로 구성되었지만 2기는 대부분 처음 뵙는 분들이었다. 그래서 더욱 설레고 어떻게 하면 그분들에게 잘해 드릴 수 있을까 하는 마음에 긴장되기도 했다. 새로운 것에 대한 기대감, 미래에 대한 희망으로 원우들 역시 설레는 마음으로 왔으리라 생각된다. 22명의 귀한 인연들이 함께 엮어갈 수많은 인연을 생각하니 '함께'라는 단어가 주는 포근함이 가슴을 적셔 주었다. 우연인지 운명인지 11명으로 1기를 시작했는데 2기는 22명이 되었다. 운명 같은 숫자로 선물처럼 22명과 2기에서 귀한 인연을 맺었다. 최고명강사과정 원우들이 함께 승승장구하여 세상에 빛과 소금이 될 수 있기를 바라 본다. 2기 원우들에게 뭔가

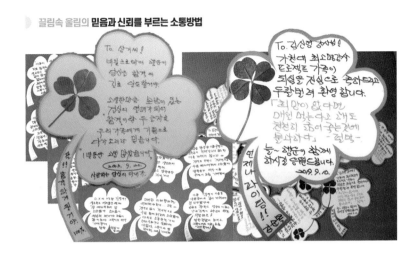

끌림속 울림의 **믿음과 신뢰를 부르는 소통방법**

특별한 것을 통해 내 마음을 전하고 싶었다. 쪼그리고 앉아 네 잎 클로버를 찾아 모았다. 한 개라도 더 모으면 원우 한 명이라도 더 올 것 같은 예감이 들어 "하나만 더 주세요." 하면서 눈을 부릅 뜨고 찾았었다. 그렇게 22개를 모았는데 신기하게도 22명의 원우가 2기에 와줬다. 지금도 그 생각만 하면 가슴이 떨린다. 손으로 쓴 희망의 메시지에 네 잎 클로버를 담아 정성껏 코팅해서 나눠주었다. 22명의 원우에게 나눠 드린 네 잎 클로버의 행운이 늘 함께하기를 바란다. 네 잎 클로버는 끌림 속 울림의 믿음과 신뢰를 부르는 나만의 소통 방법이다. 2003년도부터 네 잎 클로버의 행운이 함께했다. 남편이 중요한 시험을 보는 날에 내가 남편에게 만들어 준 네 잎 클로버가 남편에게 합격의 영광을 안겨준 것 같다고 믿고 싶다.

독일의 의사며 작가인 카로사Hans Carossa는 "인생은 만남의 존재다."라고 말했다. 태어나면서부터 우리의 만남이 시작된다.

죽음으로 만남이 끝이 나므로 만남은 곧 인생이다. 그냥 가볍게 스치는 만남이 있는가 하면, 우리의 일생을 결정짓는 운명적인 깊은 만남도 있다.

우리는 어떤 만남을 가져야 할까? 첫째, 인간적인 진솔한 만남이 있어야 한다. 서로 얽히고설킨 이해관계를 떠나서 서로 존경하고 신뢰할 수 있는 깊은 만남이면 좋겠다. 둘째, 필요와 이용에 따라 그때그때 버려지는 것이 아닌 평생 함께할 수 있는 만남이면 좋겠다. 셋째, 서로에게 도움을 주고 나침판이 되어 줄 수 있는, 서로 멘토가 되어 줄 수 있는 발전적인 만남이면 좋겠다. 좋은 만남이란 저절로 되는 것은 아니다. 좋은 만남을 위해 서로 노력하고 책임을 다해야 한다. 인간의 소중함을 인식하고 사람을 대하는 마음과 행동의 바탕이 올곧게 되어야 한다. 타인과의 만남에 앞서 자기 자신과의 내면의 만남이 실행되어야 한다. 자신을 돌아보고 객관적인 입장에서 성찰하는 것이 중요하다.

우리의 현실적 만남은 대개 이해타산부터 생각하게 되거나, 사이가 틀어지면 서로 헐뜯고, 많은 사람과의 폭넓은 만남보다는 끼리끼리 만나는 것을 선호하는 방향으로 이루어진다. 그러다 보니 반드시 보아야 할 내면을 보지 못하고 겉모습만 보고 살아가는 경우가 많다. 오늘날에는 자신에게 이로우면 함께하고, 이롭지 않으면 등을 돌려 자기 이익만을 챙기는 게 다반사이므로 "달면 삼키고 쓰면 뱉는다."라는 속담이 현실의 만남을 대변하는 말처럼 인식된다.

아리스토텔레스는 "인간은 죽은 후 관 뚜껑을 덮은 후에 올바른 평가가 나온다."라고 했다. 죽음은 피할 수 없는 마지막 만남이다.

우리의 마지막 만남, 우리의 일생은 어떻게 남겨질까? 죽은 자는 말이 없으므로 남은 자들의 말에 죽은 자의 일생이 왜곡될 수도 있다. 하지만 더 중요한 것은 나의 인생을 대하는 나 자신의 모습이다. 죽음의 문턱에서 파노라마처럼 스치는 자신의 일생과 대면하는 마지막 만남, 그 마지막 만남에서 나의 죽음과 대면했을 때 자신에게 '후회 없이 참 열심히 살았노라.'고 말하고 흐뭇하고 뿌듯한 미소를 지으며 생을 마감할 수 있다면 가장 성공한 인생이라 생각된다. 그 짧은 순간을 위해 일생 동안 최선을 다해 삶을 살아가는 것이 가장 아름다운 인생과의 조우다. 다른 사람에게 어떻게 기억될지도 중요하고 스스로 떳떳하게 사는 것도 중요하다. 항상 나의 마지막 만남을 염두에 두고 행동할 수 있기를 바란다. 내 눈앞에 보이는 내가 만나게 되는 모든 사람은 오늘도 나의 스승이다.

죽음의 문턱에서 파노라마처럼 스치는 자신의 일생과 대면하는 마지막 만남, 그 마지막 만남에서 나의 죽음과 대면했을 때 자신에게 '후회 없이 참 열심히 살았노라.'고 말하고 흐뭇하고 뿌듯한 미소를 지으며 생을 마감할 수 있다면 가장 성공한 인생이라 생각된다. 그 짧은 순간을 위해 일생 동안 최선을 다해 삶을 살아가는 것이 가장 아름다운 인생과의 조우다. 다른 사람에게 어떻게 기억될지도 중요하고 스스로 떳떳하게 사는 것도 중요하다. 항상 나의 마지막 만남을 염두에 두고 행동할 수 있기를 바란다.

내 생의 밑줄

　내가 만나는 사람이 곧 나다. 삶은 만남의 연속이다. 하루에
도 수없이 많은 만남을 통해 많은 감정이 교차하고 있다. 누군가
와의 만남을 통해, 어떤 계기를 통해 행동이 바뀌고 삶의 변화를
가져온다. 살면서 내게 꼭 필요한 사람은 만나게 되어 있다. 조
언을 해 주고 쓴소리도 해 줄 수 있는 사람, 평생 지인으로 삼고
싶은 인연을 놓치고 싶지 않은 사람도 만나게 된다. 내 인생의
변화를 가져다주고 빛이 된 10번의 만남을 소개하고자 한다. 이
런 만남이 이루어지기 전에는 큰 목표도 꿈도 없이 세상을 원망
하며 그저 그렇게 살고 있었다. 꿈을 갖게 되고 가슴을 뛰게 해
주며 벅찬 감사를 솟구치게 해 준 이 만남들을 소개하게 되어 기
쁘다.

내 인생을 바꿔 준 첫 번째 만남은 중학교 2학년 때 담임선생님인 최영진 선생님이시다. 그 당시 미혼이셨는데 긴 생머리에 정말 당차고 멋진 분으로 기억된다. 지금으로서는 생각할 수 없는 훈육법이었다고 할까? 늘 "잠자는 시간은 죽어 있는 시간이다."라는 것을 강조하시며 그 말을 학생들의 뇌리에 박히도록 교육하셨고, 성적이 떨어진 아이들은 모두 일어서서 손등을 맞았었다. 그리고는 선생님도 마음 아프고 속상하셔서 우셨던 기억이 난다. 그때부터였다. 나의 머릿속, 가슴속, 심장 속에 "잠자는 시간은 죽어 있는 시간이다."라고 각인되면서 잠이 없어졌던 것이….

　　두 번째 만남은 역시 중학교 3학년 때 담임선생님이신 온삼봉 선생님이시다. 미술 선생님이셨는데 예술가다운 외모에 부드럽고 자상한 분이셨다. 나는 가난한 가정환경 때문에 동급생보다 1년 늦게 중학교에 들어갔는데 결국 고등학교에 진학하지 못하고 공장으로 가야 할 형편이었다. 그때 선생님께서는 자전거로 왕복 이십 리의 비포장도로를 달려 우리 집을 방문하셔서 부모님을 설득해 주셨다. 그러기를 몇 차례 거듭하신 끝에 결국 공장으로 가게 될 운명이었던 나는 고등학교에 갈 수 있었다. 선생님이 직접 붓으로 써서 교실에 걸었던 급훈이 "오늘 일은 오늘에 하자."였다. 휴먼옛체와 비슷한 글씨체로 액자에 걸린 급훈은 아직도 내 머리와 가슴속에 선명하게 자리하고 있다. 선생님 덕분에 그때부터 미루는 습관이 없어졌다. 내가 결혼할 때 사모님과 함께 공주에 있는 예식장까지 찾아 주셨던, 참 고마우신 선생님이시다. 선생님! 사랑합니다.

세 번째 만남은 고등학교를 졸업도 하기 전에 1985년에 입사한, 나의 첫 직장인 삼성전자㈜ 반도체사업부다. 삼성은 내 삶에 많은 변화를 가져다주었다. 내 삶에 가장 변화를 준 것이 '삼성반도체인의 신조'였다. 매일 조회 때마다 사무실의 전 직원이 자리에서 일어나 삼성반도체인으로서의 긍지와 자부심을 느끼며 방송 조회에 따라 큰 소리로 이렇게 외쳤었다.

1. 안 된다는 생각을 버려라.

2. 큰 목표를 가져라.

3. 일에 착수하면 물고 늘어져라.

4. 지나칠 정도로 정성을 다하라.

5. 이유를 찾기 전에 자신에게서 원인을 찾아라.

6. 겸손하고 친절하게 행동하라.

7. 서적을 읽고 자료를 뒤지고 기록을 남겨라.

8. 무엇이든 숫자로 파악하라.

9. 철저하게 습득하고 지시하고 확인하라.

10. 항상 생각하고 연구해서 신념을 가져라.

5년 4개월 동안 방송 조회 때마다 외치다 보니 삼성반도체인의 정신이 온몸에 배어 버렸다. 수십 년이 지난 지금까지도 기억하고 되새기고 있는데 이는 오늘의 내가 있기까지 큰 에너지원이 되고 있다.

네 번째 만남, 동원대학교 e-비즈니스과의 송형철 교수님이시다. 나는 39세 늦깎이 대학생으로 동원대학교 야간대학에 입학했었다. 교수님들의 말씀 하나라도 놓칠까 봐 집중하고 몰입하기 위해 교탁 바로 아래의 맨 앞자리에 앉아 한풀이하듯 공부했었다. 어느 날은 교수님께서 "김순복 씨는 꼭 공부에 한 맺힌 사람 같다."라는 말씀을 하셨다. 수십 년 내 가슴속 한을 어쩌면 그리 족집게처럼 잘 보셨을까? 한이 맺힌 만큼 원 없이 최선을 다했다. 그 결과 졸업할 때까지 성적 우수 전액 장학금을 받을 수 있었다. 송형철 교수님께서 졸업할 때 정말 내 인생을 바꿀 한마디를 하시며 악수를 청해 주셨다. "우리 다음에 만날 때는 교수 대 교수로 만납시다." 그 한마디는 내 인생을 바꿔 주었다. 그때부터 나의 꿈은 대학 강단에 서는 것이었다.

다섯 번째 만남, 동원대학교 관광과의 선수균 교수님이시다.
선수균 교수님은 동원대학교에 다닐 적에 e-비즈니스과 교수님이셨다. 처음으로 대학 강단에 설 수 있도록 용기를 주시고 대학 강사가 될 수 있도록 이끌어 주신 분이다. 당시 학과장이었던 교수님 덕분에 대학 강단에 서겠다는 꿈을 이룰 수 있었다. 선수균 교수님은 중학교 입학도 하지 못하고 들에서 풀을 매고 산에서 땔감을 구하고 동네 우물에서 물을 길어 날라야 했던 물지게 소녀가 대학의 교수가 될 수 있는 발판을 만들어 주셨다. 또한 경영과 강의 소개까지 해 주셨다.

여섯 번째 만남, 현재 한국 핏줄을 갖고 있는 베트남 어린이들의 어려운 처지를 돕기 위해 설립한 사단법인 한베따이한의 조상위 이사장님이시다. 조상위 이사장님도 동원대학교 재학 시절 겸임교수님이셨다. 조상위 교수님 덕분에 경기과학기술대학교에서 강단에 설 수 있었다. 경기과학기술대학교 교수님으로 계시는 동안 어떻게든 제자들을 대학 강단에 설 수 있도록 애써 주신 분이셨다. 교수님들의 선한 영향력 덕분에 경험을 쌓을 수 있었고 그 결과 오늘의 내가 있게 되었다.

일곱 번째 만남, 얼굴도 이름도 성도 모르는 평생 은인이자 우리 가족에게 천사인 분이다. 딸이 급성 백혈병을 앓고 있을 때 조직적합성항원이 맞는 공여자가 없어 사경을 헤매고 있었는데 혜성처럼 나타나 피를 만들어 내는 어머니 세포인 조혈모세포를 기증해 주신 분이다. 우리가 알아낸 정보는 그 당시 30대 여성이라는 것, 딸아이가 한 명 있다는 것, 혈액형이 O형이라는 것, 교회를 다니는, 심성이 아주 좋은 분이라는 것뿐이다. 한국조혈모세포은행협회를 통해 감사 편지를 드리고 그분에게 받은 편지한 통으로 가늠해 볼 수 있는 그분의 인적 사항이다. 그분의 선한 나눔을 통해 당시 꽃 몽우리였던 스물세 살의 한 생명을 살릴 수 있었다. 그 일을 계기로 우리 가족은 나눔을 실천하기 위해 장기 기증 서약을 하게 되었다. 한 번 왔다 가는 인생이기에 내가 가진 모든 것을 아낌없이 다 나눠주고 가고 싶다. 이분 덕분에 나눔의 미덕을 몸소 느꼈고 이를 실천할 수 있었다. 평생 나눔을 실천하는 일을 사명으로 굳히는 계기가 되었다.

여덟 번째 만남, 잔디와 소풍 강의소림의 대표인 김인식 교수님이다. 강사양성 과정에서 이분의 강의를 처음 듣고 '아, 강의는 이렇게 하는 거구나.'라는 것을 느꼈다. 학습자가 자연스럽게 참여할 수 있는 공감 학습식 강의는 내가 찾고 꿈꾸던 강의였다.

경기도교육청 내부 강사로 활동할 때 강의 스킬이 부족하고 딱딱한 직무 강의에서 벗어나고 싶었던 터라 가슴에 더욱 와닿았다. 상담학 박사 과정을 공부하며 많은 도움을 받았다. 내가 힘들어하고 고민할 때마다 올바른 방향이 뭔지 스스로 답을 찾아 행동할 수 있도록, 내 인생의 좌표를 찾을 수 있도록 조언을 해 주시기도 했다. 등대 역할을 해 주는 나의 멘토님이다.

아홉 번째 만남, 『벼랑 끝 활주로』를 집필할 수 있도록 아낌없이 조언을 해 주신 김영돈 작가님이다. 이분은 『말 주변이 없어도 대화 잘하는 법』과 『삐뚤어진 또라이의 작가일지』라는 책을 각각 펴내셨다. 2017년 경기도교육청 소속 일반직 공무원 내부 강사 공모 연수를 통해 함께 활동하면서 알게 되었다. 작가님의 선한 영향력으로 내가 작가를 꿈꾸며 『벼랑 끝 활주로』를 집필할 수 있는 계기를 만들어 주신 분이다. 명강사 양성과정 책 쓰기 지도교수로 함께하며 좋은 인연으로 이어가고 있다.

열 번째 만남, 진짜 나 찾기 자기혁명 프로젝트의 회원님들이다. 아무리 피곤해도 새벽 4시면 어김없이 일어날 수 있도록 해 주는 분들이다. 함께 새벽을 열며 변화를 꿈꾸면서 선한 영향력으로 주변을 아름답게 물들여 갈 사람들이다. 서로 동기부여를 하면서 공감하는 좋은 글을 나누며 각자 바른 실천 습관을 들여가고 있다. 나 역시 혼자서는 작심삼일에 그치고 말았을 실천 습관을 자기혁명 프로젝트 회원님들 덕분에 이뤄 나가며 변화된 나, 내가 원하던 진짜 나를 만날 수 있었다. 빼곡하게 채워져 가는 필사 노트와 5감사 3배려 한 뼘 성장 스토리에서 뿌듯함을 맛보며 마음의 양식을 채워 간다. 행동의 변화를 실감하며 함께하는 분들 덕분에 내 삶이 점점 윤택해지고 있다. 이분들과 함께 실천할 수 있는 새벽 파워타임 덕분에 『벼랑 끝 활주로』가 세상에 나올 수 있었다.

이상이 이렇듯 내 인생을 바꿀 수 있었던, 내 인생의 밝은 빛으로 다가왔던 소중한 만남들이다. 희망의 씨앗을 심어 주고 선한 영향력으로 살펴 주신 10번의 소중한 만남에 감사드린다. 이 외에도 책으로 한 권 다 채워도 될 만큼 감사한 분들이 참 많다. 특히, 강사들의 성장·발전에 도움을 주시는 한국강사신문의 한상형 대표님과 김장욱 본부장님을 빼놓을 수 없다. 오늘의 내가 있기까지 뉴스보도 등을 통해 나의 인지도를 더욱 높여주신 분들이다. 또한, 시민기자 활동을 할 수 있도록 도움을 주셨으며, 지금은 한국강사신문 정식기자로 활동할 수 있도록 기자로 임명해 주셨다. 덕분에 더욱 많은 분들께 도움을 줄 수 있게 되었다.

오늘 내가 살아 있음에 감사하며, 이 순간에도 꿈을 꿀 수 있음에 감사하며, 나도 누군가에게 선한 영향력으로 희망의 씨앗을 심어 주는 사명감으로 살 수 있는 것에 감사하다. 나눔과 배려에서 행복을 찾을 수 있는 지금의 삶에 감사하며, 오늘도 이 행복을 실천하며 이어 갈 것이다.

오늘 내가 살아 있음에 감사하며, 이 순간에도 꿈을 꿀 수 있음에 감사하며, 나도 누군가에게 선한 영향력으로 희망의 씨앗을 심어 주는 사명감으로 살 수 있는 것에 감사하다.

내 생의 밑줄

배움이란
열병에
취하다

늦은 나이인 39세에 나는 미친 듯이 공부를 시작했다. '우리의 인생에 있어 정상이란 없다. 우리가 끝없이 올라야 할, 우리가 끝없이 배워야 할, 각기 다른 희망의 산봉우리만 존재할 뿐이다.' '김순복 교수의 써보실 꿈 노트' 뒷면에 적힌 글이다. 배움에는 종착역이 없다. 죽는 그 순간까지도 배워야 하고, 어린아이에게도 배울 점이 많다. 성공은 곧 희망의 산봉우리이고, 내 삶을 변화시키기 위한 수단이다. 성공으로 향하는 길은 행복을 찾아가는 새로운 방식의 끝없는 여정이다. 오늘도 희망의 산봉우리를 넘기 위해 나는 길을 걷는다. 배움은 온몸으로 이루어진다.

온몸으로 촉을 세워 배움을 받아들여야 한다. 내가 이 원리를 조금만 더 일찍 깨달았더라면 내 삶이 좀 더 달라졌을까? 늦게라도 알게 되어 실천할 수 있어 고맙다.

배움은 희망의 산봉우리를 넘기 위해 꼭 필요한, 삶을 변화시키기 위한 본격적인 '실천'이다. 삶의 방식을 바꾸는 실천은 열린 마인드에서 시작된다. 비우고 받아들일 준비가 되어야 비로소 그 지식이 내 것이 될 수 있다. 똑같은 교육과정을 이수한 사람들이라도 수료할 때의 수준 차이는 천차만별이다. 배움은 내 삶을 오랫동안 빛나게 해 주는 채찍이다. 자신의 미래를 더 크게 상상하고 과감히 도전해야 내 것이 될 수 있다. 배움은 성장하기 위해 진정한 나 자신을 찾고, 그렇게 찾아낸 나 자신을 최고의 버전으로 키워 나가는 과정이다. 배움의 주인이 되어야 제대로 된 인생을 꿈꾸며 실천해 나갈 수 있다.

많은 사람이 배움 앞에서 시간 핑계를 많이 댄다. 강사과정 등의 교육과정에 관심을 보이며 수강하고 싶다는 분들에게 소개를 해 드리면 '이번에는 시간이 안 돼서 다음 기수에 꼭 도전하겠다.', '시간이 없다.', '바쁘다.'라는 말을 가장 많이 한다. 시간이 계속 흘러 다음 기수가 돌아와도 마찬가지다. 그런 분들은 영영 시간이 나지 않을 것이다. 무슨 일을 할 때에는 시간의 노예가 되지 말고 시간을 지배하는 자가 되어야 한다. 바쁘지 않은 사람이란 없다. 놀기에도 바쁜 것이 현실이다. 바쁜 생활 속에서도 시간을 잘 쪼개어 시간을 지배하는 자가 되어야 한다. 단 한 시간 아니 십 분이라도 자신을 위해 시간을 할애하고 이용할 줄 알아야 원하는 것을 내 것으로 만들 수 있다.

교복을 맞추고 중학교 등록금을 낼 형편이 못 되어 초등학교를 같이 졸업한 동급생들 중에서 혼자만 중학교에 입학하지 못했을 때는, 어떻게든 공부할 생각을 하지 못하고 그저 가난을 원망하고 돈을 원망하고 세상을 원망하고 부모의 무능력을 원망했다. 원망 속에서 피 같은 귀한 시간을 죽이고 있었다. 끝이 보이지 않는 어두운 긴 터널에 갇혀 내 눈앞에 아른거리며 자꾸만 생겨나는 하루살이 떼와 싸우고 있었다는 표현이 맞을 것 같다.

학교에 사무치게 가고 싶어서 매일 저녁 소리 없이 울면서 교실에 앉아 공부하는 꿈을 꾸면서도 스스로 공부할 생각은 전혀 하지 못했었다. 우여곡절 끝에 배움이 다시 시작되었고, 빨리 취직하기 위해 어렵게 상고에 들어갔다. 결국 나는 삼성에 취업했다.

수입이 있었을 때도 어떻게든 돈을 모아야 했기 때문에 공부할 엄두를 내지 못했다. 대학원 다니며 공부하는 고학생을 만나 결혼하고 대리 만족으로 열심히 뒷바라지하기 바빴는데 그때도 형편이 어려워 공부할 엄두를 내지 못했다. 기능직 공무원으로 임용되던 해, 39세의 나이로 뒤늦게 대학에 갔을 때는 정말 미친 듯이 공부했다. 한이 맺혔던, 그토록 하고 싶어 했던 공부를 할 때, 눈이 확 떠지고 정신이 번쩍 드는 새로운 세상을 경험했다.

대학원을 졸업할 때까지 배움의 열병에 취해 미친 듯이 공부했다. 무엇을 배울 수 있다는 것은 축복이었고 날마다 마음에 새 생명이 잉태되는 것 같은 느낌 때문에 가슴이 벅찼다. 무엇인가 알아 가고 성장하는 기쁨으로 너무 행복해서 잠을 이루지 못한 적도 많았다. 공부는 할수록 재미가 더해 갔다. 뿌듯한 성취감이 온몸을 휘감을 때의 기쁨이란 겪어 보지 않은 사람은 모른다.

그 묘미를, 온몸으로 느껴지는 그 짜릿한 전율을 짐작하지 못할 것이다.

두 번째 배움의 열병에 취했던 것은 명강사로, 강사다운 강사로 거듭 성장하기 위해 배움에 도전했을 때다. 그때는 내 인생의 가장 큰 우기였다. 딸이 급성 백혈병 환자로서 자신에게 맞는 골수 공여자가 없어 사경을 헤매고 있을 때였다. 너무나 암담하고 힘들어서 마음 둘 곳이 없어 어떻게든 살아 보고자 힘을 내기 위해 시작한 공부였다.

'강사다운 강사가 되어 보자.'라고 결심하고 누구의 소개가 아니라 스스로 찾아가 공부했다. 엄마가 열심히 살아가는 모습을 보여 주면 딸도 희망의 끈을 놓지 않을 것 같았기 때문이다. 무조건 살아야겠다는 강한 의지를 심어 주고 싶었다. 아이는 병원 무균실에서 거의 살다시피했으므로 내가 밖에서 할 수 있는 일이라고는 열심히 꿋꿋하게 살아가는 모습을 아이에게 보여 주며 힘을 실어 주는 것 말고는 없었다. 명강사양성 과정을 다니면서는 숨이 좀 쉬어졌다. '지금까지 했던 강의는 강의가 아니다.' 생각하며 열린 마음으로 열심히 배웠다. 배움에는 끝이 없었다. 하나를 배우면 둘을 배우고 싶었고, 끊임없이 배우고 노력하며 성장해 가는 모습에서 희망이 보였고 불투명했던 미래가 보였다.

여러 명강사 과정을 다니며 명강사다운 열정을 품게 되었고 명강사가 되기 위한 수련을 계속하였다. 더욱 알차고 깊이 있는 강의를 해 보려고, 내친 김에 상담학 박사 과정에까지 도전하여 결국 이를 해냈다. 그 덕분에 '김순복' 하면 많은 분이 제일 먼저 '긍정과 열정'이라는 단어를 떠올릴 정도로 끝없는 열정이 계속되었다.

배움이란 열정에 취하다 보니 어느새 모든 일을 함에 있어 열정이 배어 있는 것이 습관이 되었다. '그럭저럭', '그냥저냥', '대충대충', '적당히'와 같은 모호한 수식어는 아예 나와 상관이 없도록 열정으로 똘똘 뭉쳐졌다. 배우고자 하는 마음을 잃었을 때, 열정이 식었을 때 우리는 늙기 시작한다. 늙지 않는 심장을 갖기 위해서는 늘 적극적으로 배우고자 하는 새로운 목표가 있어야 한다. 내가 가지고 있는 창조성을 마음껏 끄집어내 배움과 조합을 이룰 때 나에게 드리워진 모든 위기를 타개하는 활로가 생길 것이다.

보조국사 지눌은 "호랑이의 눈으로 보고, 황소의 걸음으로 걷다."라고 했다. 먹잇감을 노리는 호랑이의 눈으로 무엇을 어떻게 배울지를 신중하고 냉철하게 판단해야 한다. 시류에 흔들리지 말고, 내가 원하는 것, 내가 좋아하는 것, 그리고 나의 꿈을 실현해 줄 수 있는 것을 찾아야 한다. 그것을 찾았다면 이제는 황소처럼 천천히, 그러나 끈기 있게 걸어가면 된다는 뜻이다. 내가 하는 일에 자부심을 갖고 일하기 위해서는 철저하게 준비하고 노력해야 한다.

강사처럼 나눔 활동을 직업으로 하고 있는 사람은 배움에 대해 항상 목말라 있어야 한다. 배움을 통해 자기를 발견하고 새로운 꿈과 목표를 찾아 끊임없이 노력해야 한다. 배움을 멈추는 순간 모든 생명의 성장은 멈춘다. 인간만이 누릴 수 있는 특권 중의 특권이다.

나의 배움의 눈높이는 어디쯤 와 있는가? 남들 앞에 선다는 것은, 누군가에게 희망이 된다는 것은 책임감이 따르는 일이다. 나 자신의 인생에 책임을 지고 모범을 보여야 하는 것이다. 나는 오늘도 배움에 목이 마르다. 배움은 사람을 배신하지 않는다.

나눔 활동을 직업으로 하고 있는 사람은 배움에 대해 항상 목말라 있어야 한다. 배움을 통해 자기를 발견하고 새로운 꿈과 목표를 찾아 끊임없이 노력해야 한다. 배움을 멈추는 순간 모든 생명의 성장은 멈춘다. 인간만이 누릴 수 있는 특권 중의 특권이다. 나의 배움의 눈높이는 어디쯤 와 있는가?

내 생의 밑줄

"사람이 살아간다는 것은 누군가의 마음에 희망의 씨앗을 심는 일과도 같다. 어떤 씨앗은 내가 심었다는 사실을 까맣게 잊은 뒤에도 쑥쑥 자라나 나무가 되기도 한다." 이는 위지안의 오늘 살아가는 이유다. 내가 강사로 평생을 살고자 하는 이유이기도 하다. 인생에서 가장 행복한 순간을 꼽으라 하면 청중과 함께 소통하는 순간이다. 청중을 만나는 날에는 유난히도 가슴이 설레고, 청중을 만나고 온 밤에는 벅차오르는 가슴에 잠을 이루지 못할 때가 많다. 청중과 함께 호흡하며 숨 쉴 수 있는 것만으로도 내게는 삶을 살아가는 데 필요한 동력이고 에너지원이 된다.

가정 형편과 환경 탓으로, 아니 내 탓이라고 해야 맞겠다. 어려서부터 낯가림이 심하고 주눅이 쉽게 들어 남 앞에 나서지도 못하고 말 한마디 제대로 하지 못했다. 나 같은 시골 촌뜨기가 대중 앞에 서서 마이크를 잡고 이야기한다는 것은 꿈도 꾸지 못할 일이었다. 오빠들이 수도 없이 놀렸었다. "어쩜 넌 그렇게 말이 없니? 찍소리라도 좀 해 봐." 그래도 대답이 없자 "야, 이 찍소야." 하면서 놀렸었다. 그러다 울기라도 하면 "뜸북뜸북 뜸북새 논에서 울고… 야, 뜸북새!" 하면서 놀려 대곤 했었다. 찍소리도 못 한다 해서 '찍소', 바보같이 숨어서 울기만 한다고 '뜸북새'라고 놀렸었다. 집 밖으로 나오려 하질 않는다고 '방안퉁소'라고 부르는 것을 비롯해 온갖 단어를 다 주워다 붙이곤 했었다.

동네 친구들까지도 놀렸다. 어릴 적이라 김 씨가 무척 많이 있는지 몰랐었다. 그 많은 김 씨가 다 어디 살았는지 우리 동네에 김 씨라고는 우리 집밖에 없었다. 동네 아이들은 나만 보면 "야, 저기 김일성 김 씨 온다." 하면서 놀려 댔었다. 그렇게 놀리는 데도 친구들 앞에서조차 말 한마디도 못 했었다. 그랬던 아이가 대학에서 강의를 하고, 많은 대중 앞에서 마이크를 잡고 열정적으로 강의를 한다. '그것도 스피치 강의까지?' 감히 상상도 하지 못할 일이었다.

왜, 어떻게 할 수 있었을까? 스스로 대인 기피증, 무대 공포증, 발표 울렁증에서 벗어난 나의 경험, 나의 사례를 토대로 청중에게 다가갈 수 있었기 때문이다. 스스로의 경험에서 얻은 이야기는 청중의 가슴에 진솔하게 스며들기 마련이다. 진정성이 느껴져 청중의 공감을 일으킬 수 있다. 강사는 단순히 지식을 전달하기보다는 지식에 자신의 스토리를 입혀서 그만의 색깔로 강의를 해야 한다.

나만의 색깔을 입혀 간다는 것은 그리 쉬운 일만은 아니다. 삶의 천둥 번개도 겪어 보고 남들이 겪지 못한 고통의 소용돌이에서도 굳건히 살아남아야 한다. 식상한 이야기와는 뭔가 다른, 남들과는 다른 특별함이 묻어나야 한다. 고객의 니즈를 파악하여 차별화 전략으로 나가지 않으면 살아남기 힘든 시대다.

나는 교육행정직 공무원으로 교육지원청에서 근무하다가 퇴직했다. 공무원이 되기 전까지는 안 해 본 일이 거의 없다고 해도 과언이 아니다. 상고를 졸업하고 삼성반도체에서 5년 4개월간 재직하다 결혼하면서 퇴직한 후 아이들을 키우면서 닥치는 대로 일했다. 집에서 잠깐씩 10원짜리 부업도 했었다. 보험 회사 대리점도 해 봤고, 슈퍼에도 나가 일했다. 아파트 관리사무소의 경리일도 했다. 그리고 고기를 파는 식당도 3년 정도 운영했었다. 아이가 초등학교 입학하기 전까지 이렇게 수많은 일을 했다.

아이를 초등학교에 조기 입학시키면서 아이가 다니던 학교에 학교운영위원회 위원으로 활동했다. 그러면서 학교 회계직 자리가 나서 2000년도에 초등학교 회계직 사무원이 되어 교육계와 인연을 맺었다.

학교 회계직 사무원으로 일하다 보니 기능직 공무원이 있다는 사실을 처음으로 알았다. 모집 공고를 보고 기능직 공무원 시험에 응시해서 합격한 후 임용됐다. 공무원으로 임용된 이후에는 야간대학교를 다니는 것을 시작으로 꾸준히 자기계발을 해 왔다. 미친 듯이 공부해서 기능직 공무원을 하면서 대학 강사 활동을 병행했다. 최하위 기능직 공무원으로 직장 다니면서 두 개 대학에서 강의를 하기란 보통 일이 아니었다. 그만큼 맡은 일을 잘해야 할 뿐더러 솔선수범하면서 직원들과도 잘 지내야 했다. 잠자는 시간을 줄여 가면서 강의 준비를 했기에 최고의 전성기를 누릴 수 있었다. 집안의 아픈 환자까지 돌봐 가며 최선을 다했다. 최대한 시간을 쪼개 가며 무척 열심히 살았다. 기능직보다는 교육 행정직 공무원이 되고 싶어 패혈증으로 고생하는 남편의 병상을 지키며 공부해서 교육 행정직 공무원이 되었다. 내부 강사 활동을 하면서 스스로도 만족하는 전문 강사가 되고 싶었다.

외부 강사 과정을 통해 강의 스킬 등을 습득하면서 한순간도 쉬지 않고 자기계발을 해 왔다. 그렇게 매 순간 내일을 꿈꾸며 쉼 없이 오늘을 살고 있다.

질곡이 많은 삶 속에서 꾸준히 자기계발을 하며 발전시켜 온 삶의 스토리를 접목해 소통하다 보면 어느새 청중의 마음속에 내가 들어가 있다는 것을 느낄 수 있다. 강의를 많이 다니다 보니 청중이 먼저 알아보고 어디서 강의 들었다면서 인사를 해 주는 사람들이 점점 많아지고 있다. 어떤 교육생은 내가 한 것은 뭐든 다 하고 싶다는 교육생도 있었다. 오랜만에 만난 한 교육생은 "교수님! 지금 쓰고 있는 책이 언제쯤 출간되나요? 제가 제일 먼저 사서 읽어 보고 싶어요."라고 말하기도 하였다.

2년 전, 특임교수로 재직 중인 한국열린사이버대학교에 워크숍이 있어서 그곳에 갔다. 4학년 대표인 임용재 학생이 많이 아파서 중환자실에서 사경을 헤맸다는 소식을 뒤늦게 들었는데 그 자리에 건강한 모습으로 나와서 엄청 반가웠다. 더욱 반갑고 고마웠던 것은 '김순복 교수의 써보실 꿈 노트'를 오래전에 줬는데 그 꿈 노트를 지니고 다녔다는 것이다. 어찌나 반갑고 고맙던지 잠깐 봐도 되겠느냐고 물었더니 건네주었다. '임용재의 사명서'를 또박또박 빼곡하게 작성해서 서명을 한 후 지니고 다니며 그날도 소리 내서 읽고 있었다. 그렇게 잘 활용해 주니 눈물 날 만큼 크나큰 감동을 받았다. 진심으로 그 꿈이 모두 이루어지길 응원하고 또 응원한다. 나는 그간 써보실 꿈 노트를 제작해 강의하면서 3,000부 이상을 나누어 주었다. 그 순간, 그렇게 노트를 나눠주었던 것에 대한 보람과 뿌듯함을 한꺼번에 느낄 수 있었다.

강사의 말 한마디가 누군가에게 인생역전의 핵심 요인이 되고 신화가 될 수 있다. 내 인생 스토리가, 나의 경험담이 누군가에게 동기부여가 되어 그가 큰 꿈을 꾸고 성장해 나가길 바란다.

아파 본 사람만이 아픈 사람의 심정을 알 수 있듯이 어려운 환경에서도 노력하는 사람들을 보면 꿈을 꿀 수 있도록 돕고 싶다.

역경 속에서 꿈을 이루며 성장해 온 나의 경험이 많은 사람에게 조금이나마 동기부여가 되고 도움이 되었으면 하는 바람이다.

고통 속에서 고생하고 있는 분들을 접하면 가슴이 먹먹하고 나의 일처럼 마음이 아프다. 손 내밀어 주고 싶고 이끌어 주고 싶다. 이는 경영학에서 전공을 바꿔 상담학 박사 학위를 취득한 이유이기도 하다. 사람들의 아픈 마음을 어루만져 달래 주며 치유해 주고 싶다.

강의에 접목해서 청중의 마음속에 좀 더 가까이 다가가고픈 마음에서 상담학 공부를 시작했다. 바라던 대로 강의에 크게 도움이 되고 있다. 세상의 통로에서 희망과 행복을 전하는 행복 멘토이자 빛으로 희망으로 세상을 밝히는 등대 같은 멘토가 될 것이다. 대한민국 전역을 구석구석 밝은 빛으로 행복에너지로 물들여 가고 싶다. 모든 사람이 행복해지는 지상낙원인 대한민국을 이끄는 명강사를 꿈꿔 본다.

내 안에 꿈틀꿈틀 샘솟듯 용솟음쳐 오르는 무궁무진한 꿈의 원동력을 나의 청중과 함께 나누고 싶다. 손잡고 동반 성장할 수 있는 날들을 오늘도 꿈꾸며 기대한다. 써서 보고 실천할 수 있는 써보실 꿈 노트에 꿈을 빼곡하게 채워서 하나씩 이뤄 나가고자 한다. 이를 통해 나의 사랑하는 청중이 꿈틀거리는 벅찬 가슴을, 용솟음치는 꿈틀거림의 희열을, 행복감으로 가슴 벅차서 잠 못 이루는 생생한 느낌을 가졌으면 한다. 최소 1년에 한 번씩 '써보실 꿈 나눔 day'를 통해 내가 뿌린 희망의 씨앗에 양분의 엑기스를 채워 가며 영원히 함께 성장하고 싶다. 그 '써보실 꿈 나눔 Day'로 정한 매년 1월 둘째 주 수요일, 청중과 함께 꿈을 나눌 수 있는 그날이 기대된다.

써서 보고 실천할 수 있는 써보실 꿈 노트에 꿈을 빼곡하게 채워서 하나씩 이뤄 나가고자 한다. 이를 통해 나의 사랑하는 청중이 꿈틀거리는 벅찬 가슴을, 용솟음치는 꿈틀거림의 희열을, 행복감으로 가슴 벅차서 잠 못 이루는 생생한 느낌을 가졌으면 한다.

내 생의 밑줄

벼랑 끝
활주로
CLIFF-END RUNWAY

5장

**벼랑 끝에
활주로가
있다**

당신의
인생에
무리수를 던져라

하루 24시간을 분으로 환산하면 1,440분! 하루의 1%는 15분이다. 하루 1%라도 꾸준히 나만의 시간을 가지면서 남들이 하지 않는 일, 미래를 내다보며 계획하는 일에 투자하면 1%가 99%를 좌우할 수 있다. 하루 1%의 시간이라도 꾸준히 실천한다면 나를 바꾸고 세상을 바꿀 수 있는 역량을 가지게 된다. 현재 나의 위치에서 내 자신의 꿈과 목표와 구체적인 비전을 세워 점검해 보기를 권한다. 내가 하고 싶은 일, 이루고자 하는 일에 너무 많은 시간을 들여 고민하지 않았으면 한다. 움직이지 않고 얻어지는 것은 아무것도 없다. 야생에서 시행착오를 겪고 직접 부딪히면서 우리의 삶은 더욱 견고해지고 탄탄해진다. 위선자든 좋은 사람이든 내가 만나는 사람들은 모두 나의 스승이다. 일단 부딪히면서 배우며 깨우쳐라. 돌멩이가 반질반질한 자갈돌이 되기까지 얼마나 무수히 부딪히며 뒹굴었겠는가! 우리의 삶도 수많은 경험 속에서 옥석이 되어 간다.

　　누가 봐도 반듯한 직장인 공직, 그것도 교육청에 근무하는 공무원이 사직원을 쓰기란 결코 쉬운 일이 아니다. 많은 이들이 무리수를 던지는 것이라고 생각했을 것이다. 양탄자가 깔려 있는 길에서 약육강식이 난무하는 야생으로 뛰어들었다 해도 과언이 아니다.

　　전업 전문 강사가 되기 위해 내가 뛰어든 야생의 현장은 어쩌면 동물의 세계와 다를 바 없었다. 정식 에이전시가 아님에도 강의를 소개해 주고 강의가 끝나고 나면 사전에 말도 없던 소개 수수료를 요구하는 강사들도 많다. 강사로서 윤리에 어긋나는 일이다. 자기 밥그릇 빼앗기지 않으려고 치열하게 밥그릇 싸움을 하는 현장도 목격했다. 독식하려고 거리낌없이 남을 짓밟아 버리려는 사람도 있었다. 겉으로는 남들 앞에서 지원군처럼 응원한다며 속으로는 사정없이 내치는 위선의 현장도 있었다.

　　'강사로서, 교육자로서 어떻게 저런 마인드로 마이크를 잡고 남들 앞에 설 수가 있나' 하는 생각에 혼자서 분개하기도 했다. 그러면서 한편으로는 감사한 마음도 들었다. '초반에 나를 단련시키려고, 더 큰 재목으로 성장시키려고 어떠한 힘이 작용하나 보다' 하는 생각마저 들었다. 그렇지 않고서는 이해할 수 없는 일들이었다. 교육청 공무원으로서 담당 업무만 했더라면 이런 귀한 경험을, 진정한 인생 공부를 할 수 없었을 것이다.

하루하루 소중하지 않은 날이 없다. 시련조차도 이제는 너무 귀하고 소중하다. 한 번 왔다 가는 인생이다. 안일하게 살고 싶지는 않다. 역동적으로 내가 할 수 있는 체험을 다 해 보고 싶다.

힘들 때면 나도 모르게 주먹을 불끈 쥐고 "도전! 도전! 도전!"을 외치게 된다. 그러다 보면 흐트러지려 했던 마음도 다잡아진다. 역동적으로 펌프질하는 심장의 박동 소리가 참 좋다. 가슴을 활짝 열고 숨을 깊게 들이마셔 보라. 뭔가 해야겠다는 의욕이 솟구칠 것이다. 도전 없이는, 인생에 무리수가 없이는 내가 원하는 인생의 참맛을 느낄 수 없다. 인생의 참맛은 내가 원하는 삶을 사는 데서 느껴지는 것이다. 단 1%의 가능성만 보여도 "무조건 도전하라."고 말하고 싶다.

도전 속에 얻어지는 성취감은 곧 희열이다. 무한 가능성이다. 하고 싶은 일에 사명감을 부여해 보라. 사명감은 도전에 힘을 실어 준다. 사명감이 나의 꿈을 이루고 성공할 수 있도록 돕는 내 인생의 주춧돌이 된다. 사명감으로 무장하라. 더 도움을 받고 싶다면 꿈을 이루고 성공하는 삶을 사는 나만의 멘토를 만들어라. 멘토는 내 인생의 내비게이션이다. 아무리 힘들고 어려운 상황 속에서도 진정한 멘토가 있다면 수렁 속을 허우적거리지 않아도 된다. 내 인생의 방향을 잡아 줄 수 있는 사람! 그런 멘토가 한 명쯤 있다면 성공한 인생이다.

살아가면서 후회를 한 번도 해 보지 않은 사람은 아마 없을 것이다. 나도 모르게 한 말과 행동부터 결정적인 실수까지 우리는 대부분 크고 작은 후회 속에서 살아간다. 후회를 한다는 것은 좋은 일이다. 이는 앞으로 발전 가능성이 있다는 뜻이기 때문이다.

후회를 한다는 것은 언제든 힘든 상황에서, 잘못된 상황에서 벗어날 수 있는 가능성이 있음을 의미한다. 새로운 삶을 살아 보고자 하는 의지가 있다는 것이다. 후회하는 그 순간이 새로 시작하는 출발점이 되어야 한다. 늦었다고 생각하고 포기해 버린다면, 나의 삶은 발전 가능성을 잃어버리고 정차 중인 상태로 남게 된다. 더는 구불구불한 비포장도로를 달리며 길을 잃고 헤매지 않기를 바란다. 생각만 바꾸면 고속도로 하이패스를 지날 수도 있다. 인생의 정체기에 망연자실하며 소중한 시간을 허비하는 일이 없기를 바란다. 단, 1%라도 하고 싶다는 생각이 든다면 무조건 실행할 것을 권하고 싶다. 후회를 하더라도 일단, 해 보고 후회하라. 분명, 실패 속에서도 배우고 얻어지는 것이 있을 것이다. 실패를 발판 삼아 더 단단하게 영글어 갈 것이다.

어느 환경에서든 사람은 다 살아가게 되어 있다. 원시 시대에도 잘 살아왔고 물질문명이 발달한 4차 산업혁명 시대인 오늘날에도 잘 살고 있다. 앞으로도 물론 잘 살게 될 것이다. 그러나 당신은 자신의 삶에 있어서 이방인인가? 아니면 진정한 주인공인가? 무엇을 할까 말까 고민하거나 늦었다고 후회하고 있다면 지금 당장 도전하라. 도전해야 당신만의 특별한 삶을 시작할 수 있다. 누구나 고행 없이 살 수 있는 평범 속에서 벗어나기를 바란다. 세상을 바라보는 시각을 넓히길 바란다. 세상은 살아 볼 가치가 있는, 무궁무진하게 오묘한 곳이다. 세상을 놀이터 삼아 후회 없이 마음껏 뛰어놀기를 바란다. 성공은 누구에게나 찾아오는 것이 아니다. 먼저 시작한 사람이 먼저 성공하라는 법도 없다. 하지만 먼저 시작한 사람이 더 많은 것을 배우고 깨우친다.

내 앞에 다가올 미래를 두려워하지 말고 맞설 줄 알아야 원하는 열매를 얻을 수 있다. 내게 다가올 미래에 당당하게 맞서고 도전장을 내밀어 보라. 다가올 세상과 맞장 뜰 자세가 되어 있어야 한다. 세상을 바라보는 눈을 키워 무궁무진한 인생의 폭을 넓혀 가길 바란다. 과감히 당신의 인생에 무리수를 던져 볼 수 있기를….

야생에서 시행착오를 겪고 직접 부딪히면서 우리의 삶은 더욱 견고해지고 탄탄해진다. 위선자든 좋은 사람이든 내가 만나는 사람들은 모두 나의 스승이다. 일단 부딪히면서 배우며 깨우쳐라. 돌멩이가 반질반질한 자갈돌이 되기까지 얼마나 무수히 부딪히며 뒹굴었겠는가! 우리의 삶도 수많은 경험 속에서 옥석이 되어 간다.

내 생의 밑줄 ✈

'위기'는 위대한 기회다

사물을 보는 관점을 살짝만 틀어도 또 다른 새로운 세상이 보인다. 신기한 일이다. 현상이 일어날 때마다 그 이면의 본질을 생각해 본다. "쥐구멍에도 볕 들 날이 있다."는 몹시 고생하는 사람도 좋은 때를 만나 운이 트일 날이 있다는 말이다. 조금은 식상하게 들릴 수도 있지만 아무리 어렵고 고생스럽고 힘든 상황에서도 포기하지 않으면 언젠가는 좋은 때가 온다. 당장 내 눈앞에 펼쳐진 일들이 어렵고 힘들다고 중간에 포기한다면 아무것도 얻을 수 없다. 당장은 살아가기가 너무 버겁더라도 낙심하지 말고 조금만 힘을 내서 희망을 품어 보자. 나는 어렵고 힘든 사람들에게 한 줄기 희망을 심어 주고 희망의 싹을 틔울 수 있도록 돕고 싶어서 강의 현장에 거침없이 뛰어들어 사람 냄새를 맡고 있다.

인생사를 하나 둘 들여다보면 아픔 없는 인생이 어디 있으랴.

힘들지 않는 인생이 어디 있으랴. 굴곡 없는 삶이 어디 있으랴! 인생의 고비와 맞닥뜨렸을 때, 그 위기를 탈출할 수 있는 지름길이 있다. '지금의 이 위기가 나에게 절망의 끝이 아니라 새로운 시작이다.'라고 받아들이면 어떨까? 조심스럽게 제안하고 싶다.

고난이 닥쳤을 때 이를 내 인생의 전환점, 터닝 포인트라고 받아들인다면 내 안에서 또 다른 기적이 고개를 내밀 것이다. 인생에서 가장 힘들었을 때 나를 위해 선택한 일은 운명을 바꿔 줄수 있다. 가장 절실한 마음으로 시작한 일은 성공할 수밖에 없다. 절실한 만큼 나의 영혼을 걸고 최선을 다해 올인하며 매달리게 되기 때문이다. 절실한 마음으로 시작한다면 뭔들 못 할까?

우선 '하고 말겠다'라는, '꼭 이루고 말겠다'라는 신념을 가져야 한다. 신념이 없다면 희망 또한 가질 수 없다.

정말 소중한 기회는 위기 속에서 생겨난다. 인생이 버겁다고 현실 속에서 피해자로 살 것인가? 아니면 위기를 위대한 기회로 삼고 발돋움하여 뛰어오를 것인가? 눈물겹도록 힘들었던 날들, 가슴이 저미듯 조여 오며 가슴이 뜨겁게 타올라 목구멍으로 그 뜨거움이 울컥울컥 솟아올라 토해 내야 할 때가 있었다. 역류성 식도염과 위궤양이 완쾌되지 않는 것도 어쩌면 당연했다. 그때마다 억지로라도 미소 지으며 두 손 불끈 모아 내 몸에 기를 넣어 준다. 때로는 눈물이 핑 돌기도 했지만 "김순복 장하다! 잘하고 있는 거야. 더 힘내자. 파이팅!" 이렇게 내 자신을 어르고 달래며 치열하게 싸워 왔다. 가난 때문에 받아 왔던 수많은 상처, 이 책에서 밝히지 못한 상처들과 배신감! 끊임없이 바쁜 생활 속에서 환자를 돌보며 눈물겹게 보냈던 수많은 세월, 인간관계에서 비롯된 상처들, 내 삶에 내가 없었던 그 수많은 시간! 삶이 무거워 힘들고 버거울 때마다 "웃어라 캔디야. 울면은 바보다. 캔디 캔디야." 이 노래를 즐겨 부르며 눈물을 참고 씩씩하게 혼자서 이겨내야 했던 세월 속에서 나도 모르게 내가 영글어 가고 있었다.

힘들 때마다 위기 속에서 나를 구해 준 긍정적인 시각과 꼭 해내고 말겠다는 뜨거운 의지, 잘될 것이라는 신념, 끝까지 해 보겠다는 용기 등이 내 삶을 조금씩 더 밝은 곳에 자리할 수 있도록 도와주었다. 이런 마음들이 함께했기에 내 자신을 짓누르려는 검은 그림자와의 끝없는 사투 속에서 이길 수 있었다. 난 어느 한순간도 포기하지 않는다. 내가 해 볼 수 있는 한계점까지 최선을 다해 시도해 본다. 나는 누구의 힘을 빌리기보다는 내 손으로 해내고 싶은 욕구가 크다. 이는 종교를 갖지 못하는 이유이기도 하다. 신에게마저도 의지하고 싶지 않은 마음이 크기 때문이다. 객관적으로 이런 내 자신을 바라보면 참 처절하게 몸부림치는 모습으로 보인다. 하지만 그러한 몸부림도 내가 이생에서 겪어 내야 할 나의 몫이다. 어쩌면 내 아이들이 이런 나의 모습을 닮은 듯싶다. 어릴 때부터 두 아이를 키우면서 아이들은 용돈 달라는 소리를 한 번도 하지 않았다. 준다 해도 돈도 없으면서 됐다고 했던 아이들이다.

딸이 3년 전 조혈모세포 이식을 받아 새 생명을 받은 터라 이식일을 제2의 생일로 해서 챙겨 줬었다. 그런데 3년째 되던 해에는 너무 바쁘다 보니 챙겨 주지 못하고 지나가 버려 미안한 마음에 돈을 줄 테니 필요한 것 있으면 사라고 했다. 딸이 내 친구들은 엄마한테 용돈 주는데 나를 언제까지 어린아이 취급할 거냐며 버럭 화를 냈었다. 아들 녀석도 외국에 혼자 나가 살면서 돈을 벌어 엄마 통장에 자동이체로 용돈을 넣어 주고 있다. 참 대견하고 장한 아이들이다. 죽을 고비를 넘기며 살아온 딸, 고등학교 1학년 때 자퇴하여 큰 가방 하나 들고 홀로 미국으로 건너가 학교 다니며 자립한 아들! 모두가 참으로 대견하고 고마운, 든든한 의지의 한국인이라 해도 과언이 아니다. 아이들도 어떻게든 혼자의 힘으로 살아 보려고 애쓰는데 어른이 되어 대충 살 수는 없는 노릇이다.

교만일까? 위선일까? 힘자랑하는 것일까? 가진 사람들, 부족함이 없어 보이는 사람들이 가끔씩 돌팔매질을 하는 경우가 있다. 이때 아무리 힘이 있는 사람일지라도 정당하지 않은 방법 앞에서는 절대로 굽히지 않는다. '지렁이도 밟으면 꿈틀한다.'는 속담이 있듯이 나 역시도 건들면 가만히 있지 못하는 성격이 있다. 보험사마다 모두 보험 가입을 거절할 정도의 몸이지만 정신력으로 치열하게 때로는 버겁게 지탱하며 하루하루 긍정의 힘으로 최선을 다해 살아가고 있다.

긍정은 긍정을 낳고, 부정은 부정을 낳으며 꼬리에 꼬리를 물고 인생이 만들어지는 것이 영원불멸한 우주의 진리다. 아무리 세상이 변하고 시대의 패러다임이 바뀌어도 결코 변하지 않는 사실이다. 때문에 무한 긍정의 눈과 진정성 있는 따뜻한 가슴으로 승부해야 한다. 사명감 없이 본인 위주로만 살려는 사람들을 보면 화가 난다. 특히, 선한 영향력을 펼쳐야 하는 강사들이 그런 모습을 보이면 더욱 그렇다. 강사를 키워 내는 리더가 그렇다면 더더욱 참을 수 없을 만큼 꼴불견이다. '나는 그러지 말아야지.'라는 이런 다짐을 수없이 하면서 배운다.

어려움이 닥칠 때마다, 위기가 올 때마다 삼성반도체인의 신조 십계명이 생각난다. '안 된다는 생각을 버려라. 큰 목표를 가져라. 일에 착수하면 물고 늘어져라. 지나칠 정도로 정성을 다하라.' 모두 열 개였지만 이 네 개는 늘 또렷하게 생각난다. 20대에 삼성전자㈜ 반도체 사업부에서 5년 넘게 근무하면서 몸속 깊이 새겨진 말들이다. 그래서 습관과 환경은 참 중요한 요소로 작용함을 알 수 있다.

원대한 비전을 장착했다고 해서, 꿈을 가졌다고 해서 저절로 되는 일은 하나도 없다. 우리는 늘 위기 속에서 살고 있다. 비전에 집중하며 위기를 위대한 기회로 바꾸어 나가야 한다. 이는 사명감 없이는 할 수 없는 일이다. 행동하고 실천하는 피나는 노력 없이는 불가능한 일이다.

위기를 기회로 만들어가는 사람들에게는 특별한 추진력이 있다. 위기 속에서 "난 잘될 거야. 반드시 잘될 거야!"라고 외치는 사람들은 많다. 허나 외침이 행동으로 연계될 수 있도록 추진하지 못하면 오히려 악화되기 일쑤다. 그러면 상황에 핑계를 대기 마련이므로 변명하기에 급급해질 것이다. 무슨 일이든 이유는 분명히 존재한다. 모든 기회에는 어려움이 있으며, 모든 어려움 속에는 반드시 기회가 있다.

어려움을 역동적으로 거침없이 헤쳐 나가는 사람들을 벤치마킹해 보는 것도 좋은 방법이다. 무엇이든 자기가 노력한 만큼 움직여야 값진 보석이 얻어진다. 노력도 없이 대충 얻어 보려고 하는 것은 보석을 훔치려고 하는 것과 같다. 위기를 기회로 만들려고 하는 노력 속에 진귀한 보물이 숨어 있다. 이제, 그 보석을 캐낼 때다.

힘들 때마다 위기 속에서 나를 구해 준 긍정의 눈과 꼭 해내고 말겠다는 뜨거운 의지, 잘될 것이라는 신념, 끝까지 해 보겠다는 용기 등이 내 삶을 조금씩 더 밝은 곳에 자리할 수 있도록 도와주었다. 이런 마음들이 함께했기에 내 자신을 짓누르려는 검은 그림자와의 끝없는 처절한 사투 속에서 이길 수 있었다. 난 어느 것도 포기하지 않는다.

내 생의 밑줄 ✈

선택과 결단에는 용기가 필요하다

"가난하다고 말하지 마라. 나는 들쥐를 잡아먹으며 겨우 살아 남았고, 내가 살던 땅에서는 시든 나무마다 비린내만 났다."

"너무 막막하다고, 그래서 포기해야겠다고 말하지 마라. 나는 목에 형틀을 쓰고도 탈출했고, 뺨에 화살을 맞고 죽었다 살아나 기도 했다."

이는 칭기즈칸이 한 말이다. 칭기즈칸은 몽골의 가난한 유목 민의 아들로 태어났다. 부족장이었던 아버지가 다른 부족에 의 해 독살되자 자신의 부족으로부터 버림을 받았다. 아홉 살에 아 버지를 잃고 마을에서 쫓겨나 먹을 것이 없어 풀뿌리를 캐 먹고 들쥐를 잡아먹으며 연명했다고 한다. 하지만 칭기즈칸은 대제국 의 황제가 되었다. 십만밖에 안 되는 병사로 중국과 중앙아시아, 동유럽 일대까지 정복해 가장 넓은 영토의 몽골 제국을 만들었다. 평생을 전쟁터에서 보낸 칭기즈칸은 죽을 고비를 수없이 넘기며 몽골을 중국까지도 지배하는 역사상 가장 큰 제국으로 성장시켰다. 칭기즈칸은 "적은 밖에 있는 것이 아니라 내 안에 있었다. 나를 극복하는 순간 나는 테무친에서 칭기즈칸이 되었다."라고 말했다.

이렇듯 성공한 사람들의 인생을 살펴보면 처음부터 모두 유리한 조건을 갖추고 있지는 않았음을 알 수 있다. 극한 어려움 속에서도 포기하지 않고 끝없는 선택과 결단 속에서 치열하게 나를 극복하며 노력한 사람만이 성공의 희열을 맛볼 수 있다. 마음속에 자리한 자신의 꿈, 그 꿈을 실현하기 위해 어렵고 힘든 일들이 많을 것이다. 그때마다 그 꿈의 실현 후를 상상하며 설레는 마음으로 용기 있게 도전해 보자. 희망이나 기대보다는 꼭 이루고 말겠다는 각오와 신념을 갖는 것이 중요하다. 마음의 여유 또한 함께 가지려고 노력해야 한다. 꿈을 꾼다는 것은 빛나는 나와의 만남을 위해 움직인다는 것이다. 어느 정도 큰 꿈을 가지고 얼마만큼 노력하는가에 따라 자신의 인생을 디자인할 수 있다.

단 한 번밖에 없는 인생이다. 용기 있는 마음가짐으로 우리의 인생을 바꿔 보자. 목표하는 방향으로 움직여 꿈에 다가설 수 있는 힘찬 발걸음을 내딛길 바란다.

이러지도 저러지도 못하는 우유부단함은 실패를 부르는 가장 큰 요인이다. 결단은 신속·정확하게 내릴수록 좋다. 내린 결정을 변경할 때는 충분히 시간을 두고 고려해 봐야겠지만 한번 실행하고자 결정을 내렸다면 일단 부딪혀 보는 것이 좋다. 단호한 결단력이 성공을 부른다. 단호한 결단력이 없으면 남의 의견에 나의 마음이 좌우되고 만다. 남의 의견에 좌우된다는 것은 내게 진실하고 확고한 소망이 없음을 뜻한다. 진정으로 성공을 원한다면 각오와 신념이 필요하다. 각오가 단단할수록 불안에 휩쓸리는 일이 없다. 각오는 곧 위대한 결단이다. 훈련과 습관이 된 사람은 자신의 의지에 따라 마음을 조정할 수 있다. 난 나의 의지를 믿는다. 극한 상황에서도 누군가의 도움보다는 스스로 헤쳐 나오고 싶은 마음이 강하다.

우리는 일생 동안 수많은 선택의 기로에 선다. 매 순간이 결단의 시기라 해도 과언이 아니다. 결단에는 용기가 필요하므로 용기를 내지 못하면 결단의 시기를 놓치는 경우가 종종 생긴다. 어떤 일을 결단해야 할 때는 누구나 걱정과 불안에 휩싸이게 된다.

그렇다고 망설이고 있다가는 기회가 다른 경쟁자에게 돌아가고 말 것이다. 결단의 시기를 정확하게 포착하고 행동할 수 있어야 한다. 적절한 시기에 결단을 내릴 때에는 반드시 실행이 뒷받침되어야 한다. 결단을 아무리 잘했더라도 실행이 잘 안 된다면 모든 일이 수포로 돌아가고 마는 것은 당연한 이치다.

선택과 결단에는 반드시 용기가 필요하고 실행이 뒷받침되어야 한다. 아무리 좋은 선택을 했다 하더라도 결단을 내리지 못하면 일을 성취할 수 없다. 결단에는 용기와 강한 의지와 희생이 수반된다. 아이디어는 무궁무진해도 결단하여 실행으로 옮기는 자는 극소수다. 단호한 결단만이 성공으로 이어지는 길을 찾게 해 줄 것이다.

결정을 쉽게 하지 못하는 사람들을 결정장애자라고 부른다. 결정장애자들은 실패가 두려워 갈팡질팡하다가 기회를 놓쳐 버리기 일쑤다. 그런 사람들은 자신이 내린 선택에 대해서도 몰입하지 못하고 후회하며 중도에 포기하고 만다.

결단은 내 안에 숨어 있는 나를 깨운다. 나쁜 습관들은 의도하지 않아도 저절로 나오지만, 좋은 습관들은 결단이 필요하다. 작년과 올해 똑같은 고민과 갈등 속에서 헤어 나오지 못하고 있다면 과감히 단호한 결단으로 후회 없이 도전하라.

결단력은 하루아침에 만들어지는 것은 아니다. 연습과 실행 속에서 실패를 통한 교훈, 성취를 통한 자신감으로 결단력은 견고해진다. 우선 작은 습관부터 결단하고 실천해 보자. 작은 결단과 실행들이 모여서 큰 결단을 할 수 있다. 매일 새벽 눈뜨자마자 파워타임 시간에 오늘 내가 실천할 수 있는 미션을 정해 일기장에 적어 둔다. 일상에서 쉽게 할 수 있는 작은 일들이지만 매일매일 적어서 실행하다 보니 선택과 결단, 실행력까지 실천 습관이 되어 가고 있다.

나를 깨울 수 있는 결단에는 포기하지 않고 노력을 쏟아부을 용기가 필요하다. 그런 사람들만이 꿈을 이룰 수 있다. 온 힘을 다해 아무리 노력해도 안 되는 일이 있다. 그럴 때는 단념하는 용기도 필요하다. 단념해야 할 때 단념하지 못하고 도저히 안 되는 일을 잡고만 있다면 그 또한 시간 낭비만 하고 있는 꼴이 된다. 이러한 시간 낭비를 줄이려면 기한을 정해 놓는 것도 좋은 방법이다. "언제까지 목표를 달성하지 못하면 포기하겠다."라고 적어서 스스로 약속을 해 두어야 한다. 포기하지 않는 끈기와 단념하는 마음 사이에 균형이 필요하다. 꿈꾸고 변화해야 한다는 절박한 마음이 들 때가 절호의 기회다.

과감한 용기로 세상과 맞서길 바란다. 가장 큰 실패는 용기조차 내 보지 않고 두려움만 가지는 것이다. 인생은 액션이다. 용기를 가지고 많이 움직여라. 용기는 근육과도 같다. 생각은 처음처럼, 결정은 마지막처럼 단호해야 한다.

포기하지 않는 끈기와 단념하는 마음 사이에 균형이 필요하다. 꿈꾸고 변화해야 한다는 절박한 마음이 들 때가 가장 절호의 기회다. 과감한 용기로 세상과 맞서길 바란다. 가장 큰 실패는 용기조차 내 보지 않고 두려움만 가지는 것이다. 인생은 액션이다.

내 생의 밑줄

벼랑 끝,
내 인생의
터닝 포인트

"시간을 낭비하겠는가? 바로 실행하겠는가?"

사람은 자신의 일생에서 수많은 기회를 접하기에 누구나 변화의 기회를 여러 번 맞이한다. 허나 여러 번의 기회가 와도 자신에게 의지가 없으면 그 어느 것도 바뀌지 않는다. 자신의 노력 없이 이루어지는 것은 아무것도 없다. 우리의 인생에는 정답이란 없다. 사람마다 모두 똑같은 인생이 아니듯이 본인이 스스로 자기의 인생을 결정하고 만들어 가야 한다. 유일하게 정해진 정답이 아니라 다양한 해결 방안으로 인생의 해답을 찾아가야 한다. 해답을 찾아가는 과정에서 자신의 인생에 책임을 져야 하는 것이 인생이다. 인생을 바꿀 기회는 누구에게나 수없이 남아 있다. 지금이 마지막이라고 생각했을 때 가장 후회되고 아쉬움으로 남을 것 같은 일을 선택하라. 그 일이 가장 중요한 일이다. 하고 싶은 일을 하지 못하면 잠을 이루지 못할 정도로 그 일이 자꾸만 아른거리고 생각날 때가 있다. 그래서 결국 포기하지 못하고 다음 날 그 일을 하게 된다. 결국 하게 될 일이었는데 선택이 늦어져서 그만큼 시간을 낭비한 꼴이 된다.

우리 삶에서 행복과 불행에 어떠한 절대적인 기준이 있는 것은 아니다. 나는 내 남은 인생의 프레임을 나눔으로 정했다. 그래서 함께 나눔 활동할 수 있는 일을 찾기로 했다. 도움이 필요한 사람들에게 뭔가 도움을 주고 희망을 나누며 행복을 전염시켜 갈 것이다. 혼자보다는 마음이 맞는 사람들과 같은 방향을 바라보며 함께 웃으며 함께 성장해 가고 싶다. 누구나 행복해지고 싶지만 많은 사람이 그것에 실패하는 이유는 혼자서 행복해지려고 하기 때문이다. 행복은 혼자서 가지기가 어려운 것이다. 함께할 때 행복도 기쁨도 배가되고 슬픔도 반으로 줄어든다. '함께'라는 단어가 많은 위로가 되고 용기가 된다. '함께'라는 테두리에서 물음표와 느낌표를 거듭하다 보면 자극을 받고 동기부여 속에서 새로운 아이디어가 샘솟으며 삶의 시너지 효과가 생긴다.

강사 교육을 좀 더 체계적으로 진행하고 싶어 2020년 1월 1일자로 한국강사교육진흥원을 설립했다. '가천명강사최고위과정'의 한 학기 과정을 수료한 후 경험 없이 현장에 바로 강사로 투입된다면 어려움을 겪을 가능성이 있기에 그를 보완하고 싶었다. 매월 스터디와 한국강사교육진흥원의 집중교육을 통해 최고

명강사로 함께 성장해 갈 것이다.

　도전할 수 있는 용기가 없었다면 오늘의 나는 존재하지 않았다. 우리 인생을 살다 보면 현재와 미래 사이에서 수도 없이 길을 잃고 헤매는 경우가 있다. 인생길이 매일 고속도로와 같을 수는 없다. 살다 보면 자갈길도 가시밭길도 만나고 수렁도 만나게 된다. 길을 잘못 들어 유턴을 해야 할 일도 수없이 많다. 되돌아갈 수 없는 길도 있다. 그럴 때는 잠시 멈춰서 내 삶의 지도를 꺼내 나를 되돌아보는 시간을 가져 보라. 시간이 조금 더 걸리더라도 다시 바른 방향으로 갈 수 있는 길을 분명히 찾을 수 있을 것이다. 다른 사람들이 정해 놓은 삶의 지도를 그대로 따라가다 보면 안전할 수는 있다. 하지만 그 삶 속에는 내가 없다. 내 삶에 내가 주인이 될 수 없다. 내 삶의 온전한 주인이 되고 싶다면 용기를 내어 내 스스로 내 삶 속에서 나의 길을 찾아야 한다.

　어쩌면 가끔 방황의 길에서 내 존재가 너무 작고 하찮게 느껴질 때가 있다. 절망하기보다는 그런 나를 그대로 내려놓고 문을 열고 나와야 한다. 스스로의 자의식, 나로만 꽉 차 있는 내 머릿속에서 벗어나야 한다. 세상 밖으로 나와 '나보다는 누군가를 위해 할 수 있는 일이 무엇일까?'를 궁리해 보라. 궁리하다 보면 분명히 '쓸모 있는 나'를 발견하게 될 것이다. 쓸모 있는 나를 발견하는 순간, 그 순간이 내 인생의 변곡점이 될 것이다. 다소 말을 좀 더듬는다고 해서 생각을 더듬는 것이 아니고, 말을 좀 못한다고 해서 생각이 모자란 것은 아니다. 우리 삶에서 힘들었던 기억들이 꼭 나쁜 것만은 아니다. 오히려 변곡점을 넘어 새롭게 맞이하는 삶의 무대를 만드는 데 튼튼한 발판이 된다.

장애물은 우리 인생 곳곳에 숨어 있다. 어느 순간 튀어나와 우리를 넘어뜨리고 진로를 방해할지 모른다.

어릴 때 자전거 사고를 두 번 당했다. 한 번은 초등학교 때 자전거에서 내리다 바지가 핸들에 걸려 넘어지면서 쇄골이 부러졌다. 또 한 번은 중학교 때 교복을 입고 이른 아침에 학교를 가다 장애물에 걸려 넘어지면서 자전거 두 바퀴가 떨어져 나가 세 덩어리로 분해되었다. 다행히 많이 다치지 않아 주섬주섬 세 덩어리를 주워 모아 어깨에 메고 집까지 걸어가 내려놓은 후에 다시 학교에 간 적이 있다. 그래도 자전거 타기를 포기하지 않았었다.

그 후로는 자전거를 더 조심스럽게 살피며 타게 되어 한 번도 넘어진 적이 없다.

간혹 이렇게 깨지고 부서진다 해도 다시 일어나 달릴 수 있다면, 그 순간이 새로운 출발점이다. 그 상처로 인해 더욱 단단해지는 법이다. 아무리 힘들고 어려운 상황에서도 새롭게 깨닫는 그 무엇이 있다면, 그 새롭게 마주하는 상황이 새로운 다른 삶의 시작이다. 나의 업業을 바꾼 것에는 후회가 없도록 내 인생의 변곡점을 받아들였기 때문이다. 가장 아름다운 삶은 무엇일까 자문해 본다. 그것은 내가 주도하는 삶이다.

모든 것이 준비되어 있고 탄탄한 외길 인생과 내 스스로 길을 찾아가야 하는 인생길이 있다면, 당신은 어떤 길을 선택할 것인가? 나라면 당연히 후자를 선택할 것이다. 고속도로만 달리다 보면 빨리 갈 수는 있지만 국도보다 보고 느끼는 재미는 덜하다.

국도를 달릴 때보다 고속도로를 달릴 때 졸음이 더 잘 찾아오기도 한다. 무미건조한 인생길보다는 굴곡이 있더라도, 조금 더 더디게 가더라도 느낌이 있는 역동적인 길을 가고 싶다. 스스로 개척하며 느끼는 성취감, 사람 사는 냄새가 참 좋다. 내가 찾은 크고 작은 인생의 변곡점, 늘 쉬지 않고 달려온 길들이, 내게 주어졌던 경험들이 소중하고 감사하다. 친구들 앞에서까지 주눅 들었던 물지게 소녀가 중학생이 되었던 일, 공장으로 돈 벌러 가야 했던 위기에서 벗어나 상고에 입학해 삼성이라는 대기업에 당당히 입사했던 일, 학교 회계직으로 자녀가 다니는 학교에 취직했던 일, 기능직 공무원 시험에 도전해 합격했던 일, 교육 행정직 공무원 시험에 도전해 합격했던 일, 39세에 야간대학을 다니기 시작한 일, 석사와 박사 학위를 취득한 일, 대학 교수가 된 일까지 모두가 열심히 살아온 흔적들이다.

가장 절박했던 상황에서 특히, 말더듬이, 찍소, 방안퉁수였던 내성적이던 내게 지금의 강사, 교수가 되기까지 부딪히며 노력했던 경험들은 정말 소중하다. 39세에 야간대학을 다니며 발표수업을 하면서 남들 앞에 준비 없이 선다는 것에 대한 부끄러움을 알았다. 스스로 변화하지 않으면 안 된다는 것을, 알을 깨고 나오지 못하면 아무것도 할 수 없다는 것을 알았다. 발표 울렁증을 없애고자, 버벅거리며 속에서만 웅얼거리고 입 밖으로 나오지 못하는 문제점을 고쳐 보고자 이를 악물었다. 또 다른 나를 찾아 변신해 보고자, 성격이라는 것을 바꿔 보고자 무지 애썼던 기억들이 생각나서 지금은 웃음이 지어진다. 5년 동안 해 오던 대학 강의를 새로 바뀐 관리자로 인해 더 이상 못 하게 되었을 때는 좌절감에서 벗어나기 위해 연수원 담당자들에게 내부 강사로 써 달라고 이력서를 보내며 끝없이 도전했다. 내부 강사가 되고 연수원에서 운영하는 공짜 연수만 받다가 거금을 들여가며 외부 연수로 눈을 돌리고, 배움에 목마른 사람처럼 많은 곳을 기웃거리며 배우러 다녔다.

대학 교수도 해 보고 강사도 해 보았지만 좀 더 강사다운 강사가 되어 보고 싶어 이것저것 배우면서 강의의 매력에 빠져 공무원이라는 테두리를 벗어나고 싶어졌다. 직장 동료, 상사들의 만류에도 불구하고 과감하게 사직원을 제출하고 공무원증을 반납하면서 '이 공무원증보다 훨씬 더 가치 있는 삶을 살리라.'라고 다짐했었다. 공무원을 사직하고 전문 강사로 뛰어든 것이 지금까지의 내 인생에서 가장 큰 터닝 포인트다.

나의 가치는 내 자신의 노력에 의해 만들어진다. 어떠한 비바람에도 흔들리지 않을 올바른 나의 신념대로 나아가다 보면 나의 가치는 덤으로 따라붙는다. 내가 남은 내 인생의 프레임으로 정한 나눔을 바탕으로 나의 소신을 펼칠 때 내가 원하는 가치는 다시금 새롭게 형성될 것이다. 1%의 가능성에도 해 보고 싶은 것에 도전하여 부딪혀 보고 깨지면서 얻은, 나만의 값진 진리다.

사람이 가장 큰 재산인 것처럼 나눔으로 정성을 다하며 선한 영향력을 펼치다 보면 의도하지 않아도 '함께'라는 테두리 안에 좋은 사람들이 모여들 것이다. 그 사람들이야말로 앞으로 함께 빛날 수 있는 가장 값진 보석이다. 이렇게 나의 귀한 보석들과 함께 알알이 빛나며 후세에 교훈으로 남을, 석류 같은 사람으로 성장해 갈 것이다. 이왕이면 함께 손잡고 '우분투' 정신으로 성장해 가자. 벼랑 끝 내 인생의 터닝포인트는 바로 '실행력'이었다.

아무리 힘들고 어려운 상황에서도 새롭게 깨닫는 그 무엇이 있다면, 그 새롭게 마주하는 상황이 새로운 다른 삶의 시작이다. 나의 업(業)을 바꾼 것에는 후회가 없도록 내 인생의 변곡점을 받아들였기 때문이다. 가장 아름다운 삶은 무엇일까 자문해 본다. 그것은 내가 주도하는 삶이다.

내 생의 밑줄

"그동안 고마웠다. 이제, 너보다 더 가치 있는 삶을 살 거야."

공무원증 속의 방긋 웃는 사진에 작별 인사를 하며 공무원증을 반납했다. 누구나 선망하는 공무원이 되기 위해 비좁은 고시텔에서 머리 싸매고 몇 년씩 공부하는 사람들도 있다는데, 난 그 꿈의 직장을 그만두기로 한 것이다. 상사들이 붙들어 앉혀 놓고 다시 한 번 생각해 보라고 만류도 했지만 내 결심은 바뀌지 않았다. 누가 봐도 공무원이라는 커리어를 두고 50 중반의 나이에 꿈을 찾아 나서는 나의 모습이 무모하고 위태로워 보였을 것이다.

가족을 제외한 사람들 중 대부분이 만류했다. 딸은 내가 사직을 생각할 때 다음과 같은 말을 해 주었는데 이는 사직을 결정하는 데 가장 큰 힘이 되었다.

"엄마, 그 사람들은 엄마를 잘 몰라서 그래. 엄마가 어떻게 살아가고 있는지 잘 보지 못해서 그래. 이제 엄마가 하고 싶은 것을 해. 평생 할 일이니 정년퇴직하고 시작하는 것보다 하루라도 빨리 지금부터 시작하는 것이 더 좋지 않겠어?" 내가 언제 그만둘지 고민하고 있을 때 친구 같은 딸이 해 준 말이다. 그 말에 가장 큰 용기를 내어 사직원을 썼다. 공무원증을 반납하면서 아쉬움보다는 홀가분했었다는 표현이 맞을 것 같다. 강의 요청을 받아도 외부 강의 신고나 겸직 신고할 필요 없이 내 맘대로 얼마든지 눈치 보지 않고 자유롭게 다녀도 된다. 내가 하고 싶은 강의를 얼마든지 기획해서 할 수 있다. 자유의 몸으로 미지의 세계를 훨훨 날 수 있게 되었다. 퇴직하자마자 강사의 꿈을 가진 분들과 지금까지 해 왔던 내 경험을 더해 함께 성장해 가고 싶어 무작정 가천대학교를 찾아갔다.

지금 하지 않으면 안 되는 일들, 하루라도 빨리 시작하고 싶은 일들, 가진 것을 버려야 얻을 수 있는 일들이 있다. 겁 없이 부딪혀 보는 인생에서 묘한 희열이 느껴진다. 벼랑 끝까지 몰리며 맞닥뜨린 시련 속에서도 발돋움하게 해 줄 수 있는 일! 더 늦기 전에 그 일을 빨리 시작하고 싶었다. 후회 없는 삶을 살아 보기 위해 지금도 더 치열한 세상 속으로 몸을 던지는 중이다. 그냥 얻어지는 지식보다 어렵고 힘들더라도 몸으로 직접 경험해 보는 것을 좋아한다. 극한 상황에서도 소중한 경험으로 얻어지는 것들이 있다. 어떤 상황에서도 기회는 존재한다. 내가 하고 싶은 일들이 모두 기회다. 기회를 잡으려면 그 일을 할 수 있는 곳으로 자리를 옮겨 직접 부딪혀 봐야 한다. 수백 시간, 수천 시간 고민해 봤자 아무것도 이룰 수 없다. 더 이상 잃을 것이 없다는 마음으로 하고 싶은 일이 있다면, 단 1%라도 가능성이 느껴진다면 당장 일어나 부딪혀 봐라. 직접 세상 밖으로 나가 몸으로 부딪히고, 사람들을 만나 대화하며 움직이다 보면 미지의 세계가 펼쳐질 것이다.

꿈은 누구나 꾸지만, 누구나 행동으로 옮기는 것은 아니다.

하고 싶은 일을 하지 않으면 병이 날 것처럼 안달이 나는 몸으로 만들어라. 하고 싶은 일들이 있는데도 '좀 더 돈을 벌어서 해야지? 아이가 졸업한 후에 해야지? 애들 시집, 장가보내고 해야지?' 하다 보면 그 꿈은 내 꿈이 아니다. 천만의 말씀! 만만에 콩떡이다. 이루고 싶은 꿈은 내게서 점점 멀어져 내가 잡을 수 없을 만큼 저만치 가 있을 것이다. 무엇인가를 하기 위해 손가락 하나라도 움직인다면 그것은 용기 있는 일이다. 어느 순간, 그 용기 있는 일을 해 보기로 나는 단호하게 맘먹었다. 지금 내가 하고 싶은 일을 찾아 박차고 나오기로 했다. 더 늦기 전에, 더 나이 먹기 전에 평생 하고 싶은 일을 찾아 내 앞에 놓인 안정된 비단길을 포기했다. 울퉁불퉁 자갈길이 나올지라도, 사막이 나오더라도, 수렁이 나오더라도 일단 도전해서 터득한 경험을 나와 같은 길을 가고자 하는 생각이 비슷한 사람들에게 나눠 주기로 했다.

그렇게 내가 가진 것을 버리고 무궁무진한 광활한 우주를 향해 발돋움하는 지금의 인생 2막에서는 날마다 가슴이 뛴다. 어제보다 오늘이 더 행복하고 오늘보다 내일이 더 행복할 것이다. 뜻이 같은 사람들과 함께 나누며 함께 성장해 가는 이 삶의 가치는 공무원증과는 비교할 수 없는 가치다. 공무원이었을 때의 제약 조건들로 실천에 옮길 수 없었던 꿈들을 마음껏 펼칠 수 있는 지금이 내 인생의 황금기다. 삶의 가치를 마음이 시키는 길을 향해 발걸음을 옮기는 것에 두고 박차를 가할 때 성공은 자연스럽게 그림자처럼 따라붙는다. 내가 가진 것을 놓지 못하고 지키고만 있다면 미지의 세계로 날아오를 수 없다. 무한한 꿈을 펼칠 수 있는 지금의 내 삶이야말로 1년 내내 감사함을 느끼는 인생이다.

인생 제2막을 꿈꾸고 싶다면 변화를 받아들이고 세상 사람들에게 마음을 열어야 한다. 다른 사람들의 삶의 방식에 대한 편견을 버리고 이해해야 한다. 이를 거꾸로 뒤집어 보면, 나 역시 남들이 무슨 말을 하건 자기 소신껏 신념대로 살아가는 것이 중요하다는 뜻이 된다. 남의 시선을 신경 쓰다 보면 자신의 꿈을 좇아갈 수 없을뿐더러 진정 내 삶의 주인으로서 원하는 삶을 살 수 없을 것이다. 내가 무엇을 가장 하고 싶은지, 그 일로 인해 무엇을 얻고 싶은지, 확실하게 추구하는 가치가 무엇인지를 명확하게 도출해 낼 수 있어야 한다. 양손에 떡을 쥐고 놓지 못하고 있다면 영원히 그 손으로는 새로운 것을 잡을 수 없다. 버려야 보이고 비워야 채우고 놓아야 얻는다. 내가 비장의 무기라 여기고 지켜 왔던 것들도 버려야 넘어설 수 있다. 오래된 살림 도구들을 버려야 새집으로 이사 갈 수 있는 것처럼 버리는 연습을 해야 한다.

'내 인생에서 버려야 할 것은 무엇인가?'라고 고민해 볼 필요가 있다. 1년 전, 2년 전, 3년 전, 10년 전과 지금의 우리 모습이 크게 다르지 않은 이유는 무엇일까? 우리의 삶에서 별로 필요하지 않은 것들을 버리지 못해서가 아닐까? 우리는 앞으로 나아가며 가져오는 것들에는 익숙하지만, 무엇인가를 버리는 것들에는 익숙하지 않다. 한 걸음 더 나은 인생을 위해 우리 인생에서 버려야 할 한 가지 정도는 무엇인지를 염두에 두고 버리면서 나아가 보자.

창의적인 아이디어가 시대를 이끌 수 있다. 자신의 인생을 변화시키는 데 꼭 필요한 '버려야 하는 것'을 찾아보자. 버리면서 달라지는 것들, 버려야 이상적인 삶을 꿈꿀 수 있다. 어수선한 일상을 정리하다 보면 인생이 바뀔 수 있다. 어수선하다고 느끼면서도 무엇을 버려야 할지 몰라 정리를 하지 못할 때가 있다.

소중하게 간직해 왔던 것에도 감흥이 없고 설레지 않는다면 과감히 버릴 줄 알아야 한다. 가장 기본적으로 내가 쓰고 있는 책상 위에 있는 것들, 내 방에 있는 것들부터 버리고 정리해 보자.

가슴 설레는 일만 하기에도 우리의 인생은 짧다. 미니멀 라이프 시대에 맞게 심플한 삶에 관심이 많아지고 있다. 시간이 지날수록 채워지는 것들로 인해 일상이 복잡해지고 무거워진다면 날아오를 수 있겠는가? 풍요 속에서도 왠지 모르게 허전하고 피로가 느껴진다면 내 주변부터 정리하고 버리는 연습을 해야 한다.

감흥이 없는 것들, 설레지 않는 것들은 과감히 버리면서 경쾌하게 날아오를 준비를 하자.

박사논문 심사위원장이셨으며 국제문화대학원대학교 총장 직무대리로 계시는 정사무엘 교수님께서 다음과 같은 말씀을 주셨다. "공무원 직까지 그만두고 나왔으면 그보다 더 나은 일을 해봐야 하지 않겠느냐."라는 말씀을 하시며 조언과 함께 많은 도움을 주셨다. 내 마음이 흔들릴 때마다 새로운 각오로 그 말씀을 기억하며 힘을 내곤 한다. 누군가의 인생에 어쩌면 좌표가 될 수 있는 힘이 되는 한마디를 해줄 수 있는 그런 사람이 되어야겠다.

어수선하다고 느끼지만 무엇을 버려야 할지 몰라 정리를 하지 못하는 사람들이 있다. 소중하게 간직해 왔던 것에도 감흥이 없고 설레지 않는다면 과감히 버릴 줄 알아야 한다. 가슴 설레는 일만 하기에도 우리의 인생은 짧다.

내 생의 밑줄

"주무관님! 내가 경영지원과에 전화해 줄 테니 사직원 낸 것 다시 한 번 생각해 봐."

교육청에서 공무원 직 사직원을 제출한 후 과장님과 국장님께서 각각 나를 부르셔서 하신 말씀이다. 과장님과 국장님께서는 모두 안타까운 표정으로 다시 생각해 보라고 하시면서 사직을 말리셨다. 진심으로 나를 염려해 주신, 잊을 수 없는 참 고마운 분들이시다. 하지만 정년퇴직 때까지 기다렸다가는 너무 늦을 것 같았다. 마음먹었을 때, 지금 아니면 안 될 것 같았다. 사직원을 냄과 동시에 하루도 쉬지 않고 바로 마음먹었던 다음 일을 시작했다. 공무원이었을 때보다 더욱더 잘되기 위해 최선을 다했다.

많은 사람이 미래의 모습을 생각하며 지레 내일을 걱정하며 현재를 살아간다. 미래에 대한 두려움으로 항상 한 발을 미래를 향해 걸쳐 놓은 채 어정쩡한 모습으로 현재를 즐기지 못하는 사람들이 많다. 끊임없이 종종거리며 일을 하면서도 자신이 지금 무슨 일을 하고 있는지조차 깨닫지 못한 채 다람쥐 쳇바퀴 돌듯 바쁘게만 살아간다. 지금 당장 해야 할 것 같은 수많은 일에 싸여 앞뒤 돌아볼 여유도 없이 종종걸음이다. 지금 하고 있는 일들이 미래의 나에게 얼마만큼 도움이 될지 생각할 여유조차 없이 현재 주어진 일에 늘 바쁘기만 하다. 내일에 대한 두려움 때문에 무엇이라도 하지 않으면 안 될 것 같은 불안함에 싸여 살기도 한다. 열심히 하고 있어도 내가 하고 있는 일에 대해 충분한 만족감을 느끼지 못하기 때문에 잠깐씩 주의를 다른 곳으로 돌릴 때도 있다. 끊임없이 일을 하고 있는 사람들 중에는 현재 하고 있는 일에 대해 그다지 중요성을 느끼지 못하는 사람들도 많다. 그들에겐 아직 손에 쥐어지지 않은 다가올 미래, 이루어지지 않은 미래가 더 중요하기 때문이다.

어디에 있을지 모르는 불확실한 미래를 꿈꾸기보다는 나의 가장 가까이에 있는, 분명하게 보이는 일부터 시작하자. 모든 일에는 때가 있다. 지금 당장 하지 않으면 안 되는, 확실히 보이는 일부터 시작하자. 내가 그랬듯 열심히 분주하게 살면서도 '내가 지금 잘 살고 있는 걸까?'라는 의문이 들 때가 있을 것이다. 쉼 없이 바쁘게만 산다고 이 의문에 답이 되지는 않는다. 그저 바쁘다 보니 주어진 시간과 상황에 떠밀려 나를 버려두기 일쑤다. 그러다 보면 반복되는 일 속에 묻혀 우리의 꿈도 인생도 무뎌지고 무기력해지고 만다. 점점 얽혀 가는 삶 속에서 실마리를 풀기가 점점 어려워질 것이다. 마음의 문을 활짝 열고 시야를 넓혀 지금 이 순간이 얼마나 소중한지를 깨달아 보자. 깨닫는 순간, 복잡하게 보이던 삶이 선명하게 다가와 인생의 의미를 찾을 수 있을 것이다. 바쁜 일상생활로 인해 놓치고 있는 인생의 중요한 순간들을 찾아 내 것으로 만들어야 한다. 누구나 내가 하지 못한 것들에 대한 아쉬움이 남는다. 내 선택에 대해 너무 가혹하게 매달릴 필요는 없다. 누구의 인생을 부러워할 필요는 더더욱 없다. 그것은 그들의 인생이다. 마찬가지로 나밖에 살 수 없는 것이 내 인생이다.

퇴직 후, 지난 1년 동안을 돌이켜 보면 의미 있고 잘한 일들이 있다. 첫째, 하루도 쉬지 않고 곧바로 가천대학교에 '최고 명강사 교육과정'을 개설·운영하며 온갖 어려움을 이겨내며 과정을 키워 가고 있는 일이다. 둘째, 진짜 나 찾기 '자기혁명 프로젝트'를 기획해 하루도 빠지지 않고 회원들과 새벽 파워타임을 이용해 자기계발 시간을 보내고 있는 일이다. 셋째, 박사 학위 논문이 심사를 통과해 박사 학위를 취득하고 소논문 하나도 완성해 한국청소년지도학회지에 올린 일이다. 넷째, 사랑의 책 나누기 운동본부 병영 독서 코칭 강사에 지원해 합격해서 난생처음 강원도 양구까지 군부대를 오가며 1년간 독서코칭 강사활동을 한

일이다. 군 장병들의 애환을 들여다볼 수 있었고 열심히 최선을 다하는 장병들의 대견한 모습을 보며 뿌듯했다. 2019년에는 간식 하나라도 더 챙겨다 주고 코칭활동 하나라도 더해 주고 싶은 애틋한 엄마의 마음으로 장병들과 함께 의미 있고 귀한 시간을 보냈다.

다섯째는 사단법인 KCA봉사단의 운영본부장으로 취임한 일이고 여섯째는 한국강사교육진흥원을 설립하고 특허청에 상표 등록까지 진행한 일이다. 일곱째로는 한국강사신문 기자로 활동하며 원우들의 강의활동과 더불어 좋은 뉴스를 보도하게 된 일이고, 여덟째, 강사활동 영역을 전국으로 넓혀 활동한 일이 있다. 그리고 아홉째, 『벼랑 끝 활주로』를 탈고해 독자와의 만남을 기다리고 있으며, 마지막 열째로 무엇보다 가장 의미 있는 일이 이 모든 활동을 하면서 귀중한 사람들을 얻었다는 것이다. 공무원이었다면 접하지 못했을 귀하고 소중한 많은 인연을 만났다.

내 앞에 다가오는 기회들을 놓치지 말자. 열린 사고를 가지고 내가 아니면 안 되는 일들로 기회를 바꾸어 나가자. 어떠한 상황에서도, 어떠한 최악의 경우에도 그 상황을 헤쳐 나가야 하는 사람은 오직 나다. 볼록 렌즈로 빛을 모아 종이를 태울 수 있는 것처럼 내가 아니면 안 된다는 생각으로 내 삶에 집중할 수 있는 시간을 가져 보자. 힘들게만 느껴졌던 일들도 생각의 방향을 바꾸면 의미 있는 인생으로 바꿀 수 있다. 그냥 의욕만으로 지금 당장 해야 할 것 같은 일을 선택하는 것은 조금 위험한 일이다.

지금이 아니면 안 될 것 같은 것들을 두고 이 일을 '내가 언제 더 재밌게 할 수 있겠는가?'를 고려해 보면 좀 더 쉽게 선택을 할 수 있을 것이다. 이는 내가 잘나가는 내부 강사를 겸하고 있었던 공무원 직을 한순간에 그만두었을 때 가장 크게 고려했던 사안이다. '내가 하고 싶었던 일을 언제 시작하는 것이 가장 보람 있게 내 인생의 아름다운 열매를 영글게 할 것인가?' 이 생각이 들었을 때 고민하는 시간이 더는 가치가 없음을 깨달았다. 매 순간 의미를 부여하며 몰입하다 보면 1년 안에도 이렇게 많은 일을 해낼 수 있다. 공무원으로 재직하면서 강사 활동을 했을 때보다 더 의미 있고 바쁘게 살아온 것 같다.

앞으로의 1년, 2020년은 보람되고 의미 있는 일로 채워 갈 것이다. 먼저 『벼랑 끝 활주로』가 독자들의 삶에 많은 변화를 주기 바라며 전국을 돌며 작가와의 만남을 진행할 것이다. 둘째, 봉사단을 전국구로 꾸려서 어려운 사람들에게 빛이 되고 소금이 되는 일을 할 것이다. 셋째, 한국강사교육진흥원의 교육과정을 활성화해서 체계적인 교육과정으로 만들고 교육생들이 최고 명강사로 자리매김될 수 있도록 연구하며 성장해 갈 것이다. 넷째, 원우들과 함께 가천명강사최고위과정을 성장하는 교육과정으로, 대한민국 최고의 명강사과정으로 이끌어 갈 것이다. 다섯째, 한국강사신문 기자로 더욱 활발한 기자활동을 하며, 함께하는 분들의 좋은 기사를 세상에 알릴 것이다. 여섯째, 참여형 공감학습 교구에 대한 연구 활동을 통해 나만의 교구를 개발해 낼 것이다. 일곱째, 새로 외래교수로 강의를 시작하게 된 오산대학교 경영계열 학생들과 의미 있는 교수활동을 할 것이다. 여덟째, 다양한 독서 코칭 기법을 연구하기 위해 책 속에서 인생의 답을 찾아갈 것이다. 아홉째, 진짜 나 찾기 자기혁명 프로젝트 회원들을 늘려 목표 실천 습관을 들이고 자기계발 시간을 가질 수 있도록 도울 것이다. 열째, 사단법인 한국청소년지도학회 서울센터장으로 회원들과 학회활동을 통해 더욱 연구하며 성장해 갈 것이다.

내 인생의 레시피는 '긍정, 열정, 도전, 나눔'이다. 사람의 마음을 사로잡을 수 있는 긍정과 사람의 마음을 끌어당기는 열정, 누군가에게 꿈이 될 수 있도록 함께 성장하고자 마음먹는 도전이고, 마지막 레시피는 긍정과 열정, 도전이 만들어 낸 행복의 열매를 누군가를 위해 다시 나누는 나눔이다.

나의 인생 레시피에는 모두 다른 사람이 들어 있다. 꿈은 누군가를 위한 것일 때 빛이 난다. 석류알처럼 알알이 박혀 빛이 나며 오밀조밀 함께하는 삶 속에서, 다른 이에게 도움이 될 수 있는 나눔 활동을 할 것이다. 석류는 꽃도 예쁘지만 그 열매가 약재로도 쓰이기에 더욱 아름답다. 교육 공동체라는 테두리 안에서 함께 손잡고 성장해 가는 명강사 교육과정 안의 신뢰와 배려심 역시 '함께 꿈꾸어 미래가 행복한 석류인'들의 모습을 보여 준다. 앞으로도 알알이 빼곡하게 박혀 영롱한 빛을 발하며 함께 있는 것만으로도 더욱 빛날 수 있도록 과정을 키워 나갈 것이다.

빛나는 석류알이 무르익어 드러나듯이 열정적이고 아름다운 삶이 절정을 이뤄 스스로 주체할 수 없이 설레는 가슴이 터져 버려 선한 영향력을 마음껏 흩뿌리며 내 삶에 미쳐 보리라. 지금 아니면 안 되는 일들을 실천하며 새콤달콤한 석류의 육즙으로 힘겹게 살아가는 많은 사람의 갈증을 풀어 주겠다고 다짐해 본다.

빛나는 석류알이 무르익어 드러나듯이 열정적이고 아름다운 삶이 절정을 이뤄 스스로 주체할 수 없이 설레는 가슴이 터져 버려 선한 영향력을 마음껏 흩뿌리며 내 삶에 미쳐 보리라. 지금 아니면 안 되는 일들을 실천하며 새콤달콤한 석류의 육즙으로 힘겹게 살아가는 많은 사람의 갈증을 풀어 주겠다고 다짐해 본다.

내 생의 일출

'절대로 지지 않을 거야.'

'지켜봐. 내가 어떻게 우리 아이를 지키고, 우리 가족을 지켜가는지 두 눈 똑똑히 뜨고 나한테서 한순간도 눈을 떼지 마.'

가장 절망적일 때 세상에 도전장을 내밀며 악다구니를 쓰고 자리를 털고 일어났다. 살아가면서 누구나 한번쯤 나를 바꾸어 줄 인생의 터닝 포인트, 반전을 갈망해 보았을 것이다. 반복되는 지루한 일상, 구렁텅이 같은 힘든 삶 속에 자신을 던져 둔 채 아무것도 행하지 않는 사람은 없을 것이다. 노력은 하는데, 빠져나와 보려고 움직이는데 그러면 그럴수록 점점 수렁 속으로 빠져들어가는 일도 많다. 그럼에도 불구하고 끊임없이 변화를 꿈꾸는 사람들, 시련 속에서도 그 꿈을 향해 전진하는 사람들, 하고 싶은 일들로 심장이 뜨거운 사람들도 있다. 그 사람들은 자신의 인생을 디자인할 줄 아는 인생 디자이너다. 인생은 장거리 마라톤과 같아서 달리다 보면 불쑥불쑥 장애물이 나타나기도 한다.

세상살이가 편하기만 하다면 그 또한 무슨 재미가 있을까 싶다. 이제는 장애물도 즐길 줄 아는 선수가 되어 웬만한 장애물은 가볍게 넘어서면서 완급을 조절할 수 있는 장거리 경주를 펼쳐 보자.

나는 태생부터 너무 가난해 누가 봐도 철저한 흙수저였다. 내 어릴 적 부모에 대한 최초의 기억은 나를 더욱더 열심히 살게 만든다. 아버지가 가족과 멀리 떨어져 고모 댁에서 살면서 다른 아저씨들과 머슴일을 하고 계셨던 모습이 기억난다.

언젠가 엄마는 동생을 등에 업고 어린 내 손을 잡은 채 고모 댁에 찾아갔었다. 어머니는 홀시어머니를 모시고 자식들을 키우며 매일매일 남의 집 농사를 지으러 다니셨다. 그러면서도 할머니 때문에 말로 표현하지 못할 정도의 시집살이를 하셨다. 엄마는 가끔씩 "책을 써도 열 권도 더 쓰겠다."라고 하시며 서러워 우시곤 하셨다.

그런 모습을 보고 자랐던 나는 어릴 때부터 가족 앞에조차 나를 내세울 수 없었다. 늘 주눅이 들어 눈치 보기 일쑤였고 말 한마디 꺼내지 못하고 꾀죄죄한, 어디서나 존재감이 없는 아이였다. 학교라는 것을 다녀 보지 못한 부모님, 늘 남의 집 일을 하면서 근근이 풀칠해 가며 저녁이면 비좁은 방에서 들려오던 끙끙거리는 신음소리가 참 슬프기도 하고 싫었다. 항상 한숨을 쉬던 부모님 밑에서 살면서 참기만 하다 보니 나 역시 한숨 쉬는 것이 버릇이 되었는데 어린애가 한숨 쉰다며 더러 혼이 나기도 했다. '왜 우리 집은 이렇게 가난할까? 이 넓은 땅덩어리에 우리 땅은 왜 한 뼘도 없을까?' 신세를 한탄하며 긴 숨을 내뱉었던 기억이 남아 있다.

그런 환경에서 학교에 보내 주지 않아도 가고 싶다는 말은 언감생심 할 수조차 없었다. 하고 싶은 말들을 모두 삼켜 버리는 버릇도 생겼다. 한숨이라도 쉬지 않으면 숨이 멎어 버릴 것 같아 그랬다. 초등학교를 졸업한 후 바로 농사에 투입되어 내 손가락과 발뒤꿈치는 늘 피가 나고 갈라져 반창고로 덕지덕지 감겨져 있었다. 한 조각의 빛바랜 추억들이 불현듯 고개를 내민다.

가난도 유전인가? 6남매가 모두 어렵게만 살아왔다. 잘 살아 보려고 아무리 발버둥 쳐도 제자리걸음을 하고 있는 느낌이 들었다. 결혼 전이나 후나 먹고 살기 바빠서 문화생활하고는 거리가 멀다 보니 그것도 습관이 되어 버렸다. 50년이 훌쩍 넘은 지금까지 극장에서 영화를 본 기억이 거의 없다.

어떻게든 그 굴레를 벗어나 변화하고 싶었다. 제때 공부를 하지 못한 것이 한이 되어 39세에 야간대학 공부를 시작하면서부터 가슴이 열리며 벅차올랐다. 가슴속에 새 공기가 들어오면서 숨이 쉬어졌다. 몸으로만 부딪히며 해 오던 일들에 둘러싸여 있다가 가슴이 먼저 시키는 일들을 할 수 있게 된 것이다. 하루 24시간을 48시간처럼 쪼개 써 가며 날마다 새로 태어나기 시작했던 시기다. 직장 일에, 학업에, 육아에, 가사노동에 아무리 바쁘고 힘들어도 구름 위를 걷는 기분을 느꼈다. 하나씩 배움을 통해 알아 간다는 것 또한 즐거운 일이었고, 그동안 찾을 수 없었던 내 안의 무궁무진한 창의력이 발동하기 시작하며 너무나 행복했다.

대학 교수가 되겠다는 꿈을 꾸며 대학원까지 다니면서 시간강사로서 두 대학을 오가며 5년 동안 꾸준히 강의도 했다. 친정 식구나 시댁 식구 중에는 공무원이나 대학 강사가 전혀 없었다. 가문의 영광이었고, 개천에서 용이 난 것이었다. 속으로 우쭐할 만도 했다. 그렇게 몇 가지 일을 병행하며 구름 위를 걷고 있을 때, 불현듯 찾아온 불청객이 있었다. 한두 시간 자면서도 철인처럼 살아가는 내 모습에 하늘이 아무래도 질투를 느꼈나 보다. 폐암 말기인 아버지의 병 수발을 들어야 했고, 패혈증으로 부작용이 생긴 남편의 병 수발까지 들어야 했다. 그렇게 나를 가둔 채 살다가 이제 좀 사람답게 세상에 고개를 내밀며 살아 보나 했더니 시련이란 녀석들이 껌딱지처럼 달라붙기 시작했다. 아무래도 내가 행복해지는 꼴을 보지 못하는 세력이 있었나 보다.

맞서 싸워 악다구니를 써 본들 나만 손해였다. '그래, 우리 친구가 되어 보자'라는 생각으로 모두 받아들이기로 했다. '덤빌 테면 덤벼 봐라.' 얕잡아 보았다 해도 과언이 아니다. 생각을 바꿔 긍정의 힘으로 정성을 다해 대하다 보니 병세도 점점 호전되었다. 그렇게 한숨을 돌리고 숨 좀 쉬려 했으나 여전히 쉴 틈이 없었다.

　내 인생에 초강력 태풍이 몰아와 모든 것을 휩쓸고 가며 우리
집에 검은 그림자를 드리우고 초토화한 사건이 찾아왔다. 나이
탓인지, 그때 흘려보냈던 눈물이 바닥이 나서 안구 건조증이 생
겼는지, 지금은 눈물이 나오질 않는다.

　딸의 급성 백혈병은 나뿐만 아니라 우리 가족 모두에게 무시
무시한 태풍과 같은 것이었다. 아무리 생각해도 그건 가혹한 시
련이었다. 무방비 상태에서 태풍이 휩쓸고 간 자리에 털썩 주저
앉아 무균병실에 딸을 홀로 보내 놓고 망연자실 넋을 놓고 수도
꼭지를 틀어 놓은 것 마냥 하염없이 눈물만 흘리고 앉아 있었다.

　폭포수처럼 주르륵주르륵 흘러내리던 눈물이 바닥나고 가슴
은 새까맣게 타들어 갔다.

　여러 날을 지푸라기처럼 널브러져 앉아 있다가 문득 정신을
차렸다. '절대로 지지 않을 거야.'라는 오기가 생겼다. 정정당당
하게 세상에 도전장을 내밀고 싶었다. 악다구니를 쓰고 자리를
털고 일어나 '백혈병 환우를 살려 달라. 우리 아이를 살려 달라.'
고 적힌 전단지를 만들어 골수 공여자를 찾아 나섰다. 국내외를
아무리 뒤져도 없는 조혈모세포(골수)를 내 손으로 꼭 찾아내고
싶어 구걸하듯 피 검사만이라도 해 달라고 여기저기 애원했다.

　아무리 달려도 끝이 보이지 않고 물 한 모금 없는 사막을 걸어
가는 기분이었다.

　딸의 위태롭고 처절한 사투를 지켜보며 안타까움에 한순간도
멈출 수가 없었다. 사람들과 마주할 때마다 '이 사람이 맞을까?

저 사람이 맞을까?'라는 생각에 사람들의 몸속에 흐르는 피만 보였다 해도 과언이 아니다.

　끝이 없는 터널 속의 몸부림은 눈물겨운 울부짖음으로 계속되었다. 그런 내가 불쌍해 보였을까? 아니면 초강력 태풍을 보냈던 세력이 백기를 들었나? 그렇게 애타게 찾던 공여자가 나타났다는 소식에 '세상에 이보다 더 좋을 수는 없다.'며 입고 있던 재킷을 벗어 들고 얼쑤 얼쑤, 학춤을 추듯 덩실덩실 춤을 추었다.

　검사 결과 이식 가능 판정이 나오고 혈액형이 바뀌는 골수 이식일이 정해진 후에도 성공 여부가 불확실하니 벼랑 끝에 선 심정이 되어 한순간도 마음을 놓을 수가 없었다. 부작용이 많다고 들었기에 이식한 후도 걱정이었다. 이식일을 기다릴 때까지 하루하루가 너무 초조해서 피가 마르는 기분이었다. 내가 정신을 차리고 힘을 내서 살아야 가족을 지켜 낼 수 있을 것 같아 명강사과정을 다니며 열심히 공부했다.

　아이가 골수 이식 수술을 성공적으로 마치고 회복하던 중에 어느 날 나는 꿈을 꾸었다. 꿈속에서 고속도로를 시원스럽게 달리고 있었다. 달리다 보니 넓은 요금소가 나타났는데 하이패스 선을 따라 기분 좋게 진입하여 통과하였다. 그때부터 근심걱정이 사라지고 두 어깨에 날개가 달린 듯 마음이 홀가분해졌다. 그 후로는 일도 잘 풀리는 것 같았다. 마음을 고쳐먹으니 꿈마저 좋은 기운을 보내며 힘을 보태 주는 것 같다. 그 좋은 기운으로 계속 희망을 전하며 나눔 활동을 하면서 살기를, 그리하여 맺게 될 아름다운 마무리를 꿈꾼다. 모든 이에게 널리 약으로 쓰이는 알알이 빛나는 석류처럼 아름다운 교훈을 주는 사람으로 기억되고 싶다.

마음먹기에 따라, 어떻게 행동하느냐에 따라 시련은 빛이 들어오는 문이 된다. 벼랑 끝에 있는 활주로를 반드시 찾을 수 있다. 세상이 편하기만 했다면, 비단길만 걸었다면 이런 아름다운 인생의 묘미를 느낄 수 없었을 것이다.

우리의 삶에 예고 없이 찾아오는 역경과 좌절을 다 막을 수는 없다. 변화된 내일을 꿈꾼다면 무엇보다 회복 탄력성의 기본인 긍정의 마인드가 중요하다. 가장 절망적이고 막막할 때, 내 손으로 아무것도 해낼 수 없을 것 같은 때가 있다. 손가락 하나 까닥할 수 없을 정도로 무기력할 때가 있다. 위기에 직면해 가장 힘든 때일수록 자신을 벼랑 끝에 세워라. 위태로운 벼랑 끝에서 자신이 가진 것을 다 버려라. 주어진 고통마저도 즐기면서 목숨을 걸고 앞으로의 운명에 도전장을 내밀 수 있는 배짱을 가져라. 정신적으로 올인할 수 있는, 가장 이루고 싶은 한 가지 목표를 분명하게 세워라. 가장 큰 터닝 포인트가 될 것이다.

인생은 때론 장거리 경주가 아니라 단거리 경주의 연속이다.

이 때문에 매 순간 회복탄력성을 가지고 혼신의 노력을 다해 경주해야 한다. 나는 이 순간에도 100미터 단거리 선수로 전력 질주하고 있다. 목표를 세운 후에는 매일 하루를 어떻게 써야 할지 자신에게 질문을 던지며 정신을 집중하라. 벼랑 끝 다짐을 했다면 한 치의 망설임이나 의심도 없이 무조건 힘껏 박차고 날아 올라라. 벼랑 끝의 원대한 활주로가 반드시 열릴 것이다.

작전 개시! 긍정과 열정을 모아 당신의 벼랑 끝 꿈을 힘차게 응원한다.

위기에 직면해 가장 힘든 때일수록 자신을 벼랑 끝에 세워라. 위태로운 벼랑 끝에서 가진 것을 다 버려라. 주어진 고통마저도 즐기면서 목숨을 걸고 앞으로의 운명에 도전장을 내밀 수 있는 배짱을 가져라. 정신적으로 올인할 수 있는, 가장 하고 싶은 한 가지 목표를 분명하게 세워라. 벼랑 끝 다짐을 했다면 한 치의 망설임이나 의심도 없이 무조건 힘껏 박차고 날아올라라. 벼랑 끝의 원대한 활주로가 반드시 열릴 것이다. 작전 개시!

내 생의 밀출

써보실 꿈 노트

1. (   )의 사명서

_____

_____

_____

2. 나다운 장점

_____

_____

_____

3. 꿈을 이루기 위해 버려야 할 것들

_____

_____

_____

4. 나의 강점과 약점, 기회요인과 위협요인(SWOT 분석)

_____

_____

_____

5. 내가 가장 가치 있게 생각하는 것은 무엇인가?(핵심 가치, 이유)

_____

_____

_____

6. 나는 이런 사람으로 기억되고 싶다(이름, 관계, 기억되고 싶은 내용)

_____

_____

_____

7. 6번의 찬사를 듣기 위해 실천해야 할 것과 버려야 할 것

   (이름, 관계, 실천해야 할 것, 버려야 할 것)

_____

_____

_____

8. 내 인생의 버킷리스트

1) DO(하고 싶은 일)

_____

_____

2) GO(가고 싶은 곳)

_____

_____

3) GET(갖고 싶은 것)

_____

_____

4) BE(되고 싶은 모습)

_____

_____

5) SHARE(나누어 주고 싶은 것)

_____

_____

9. 나의 버킷리스트(중요하고 급한 순서대로 우선순위별)

　　– 우선순위, 해야 할 일, 주기

10. 주기적으로 해야 할 일(매주, 매월, 분기별, 매년, 기타 주기)

　　– 리스트, 해야 할 이유, 실행 계획, 기한, 예산, 달성 여부

11. 기간별로 해야 할 일(1년, 3년, 5년, 10년 등)

　　– 기한, 해야 할 일, 해야 할 이유, 실행 계획, 준비 정도, 예산,

　　　달성 여부

12. 나의 비전

_____

_____

_____

13. 나의 목표

_____

_____

_____

14. 사명 선언문

_____

_____

_____

15. 사명 실행 전략

_____

_____

_____

_____

16. 가장 이루고 싶은 꿈 best 3(개인, 가족, 사회적 측면)

17. 가장 이루고 싶은 꿈 best 5

18. (   )의 Action plan

19. 써보실 꿈 나눔 day 초대권

20. 기간별 미래 명함 만들기

_____

_____

_____

21. 내 삶의 100점 인생 솔루션!

_____

_____

_____

22. 멘토 만들기(존경하는 사람 이름, 닮고 싶은 점, 내가 변해야 할 부분)

_____

_____

_____

23. 나는 이런 사람이 되고 싶다(4가지 실천 약속)

_____

_____

_____

_____

24. 내 인생의 한 줄 카피(나는 이런 사람이다)

25. 내 인생 로드맵(꿈의 지도)

■ 써보실 꿈 노트 별책은 강의를 통해 만나 볼 수 있습니다.

2019년 연말에 출간하겠다던 나와의 약속이 조금 늦었다. 모두 완벽할 수는 없다. 조금은 어설프기도 하지만 진솔한 내 삶의 발자국을 진솔하게 이 책에 담아냈다. 어느 누군가에게 조금이나마 꺼지지 않는 불씨가 되기를 바라면서 이제 그만 세상에 보낸다. 가시덤불을 피하기보다는 피가 나더라도 내 손으로 걷어내며 벼랑 끝 활주로가 나올 때까지 한 순간도 고삐를 놓지 않았다. 살아오는 동안 남이 깔아준 멍석은 시시했다. 거저 얻을 수 있는 것은 내 것이라는 생각을 한번도 해보지 않았다. 조금 어렵더라도 스스로 수수께끼를 풀어야 내 것이라는 생각이 들었다. 부모님이 세상에 낳아 주셨지만 의식이 있는 순간까지 내 삶은 나 스스로 일궈 가야 한다는 생각이 지배적이다. 불모지를 개척해 옥토가 되었을 때의 기쁨은 땀을 흘린 농부만이 느낄 수 있는 특권이다. 옥토를 만들어 내는 농부의 마음으로 더욱 노력해서 나를 찾는 나의 고객들이 씨를 뿌려 열매를 얻을 수 있도록 터전을 만들어 나갈 것이다. 열린교육의 공간! 한국강사교육진흥원을 누구나 와서 채워갈 수 있도록 문턱이 없는 사랑방으로 만들어 갈 것이다.

　우여곡절이 많았던 내 삶을 나는 사랑한다. 온실 속 화초는 금방 시들고 말지만 잡초는 아무리 밟아도 죽지 않는다. 밟을수록 더욱 살아보려고 발버둥 치며 자생능력을 키우며 깊게 뿌리를 내린다. 지금까지의 내 삶이 그랬던 것 같다. 어쩌면 분노를 삭여 가며 그 분노에서 내가 살아갈 에너지를 뽑아내 원동력을 만들었다고 해야 맞을 것 같다. 분노를 감사와 배려로 녹여 내며 스스로 가뒀던 마음 속 감옥에서 탈출할 수 있었다. 『벼랑 끝 활주로』가 세상 밖으로 나오기까지 매일 새벽 파워타임을 깨워주고 함께 해준 자기혁명 프로젝트 동지님들께 감사드리며, 오늘의 내가 있기까지 음으로 양으로 관심과 사랑과 채찍을 주신 분들께 진심으로 감사드린다.

　지금 이 순간, 수많은 책들 중에서 이 책을 들고 있는 당신의 꿈에 '도전'이라는 의식의 불이 지펴질 수 있는 계기가 된다면 '우리 동반자가 되지 않을까?' 하는 바람을 가져본다.

　당신의 소망과 꿈이 모두 이루어지기를 간절히 기원한다.

깊은 감사의 마음을 담아,

행복멘토 **김순복**

마음만 먹는다면
못 할 것이 없다!

권선복
(도서출판 행복에너지 대표이사)

우리들은 종종 '탓'을 하곤 합니다. 이 탓이라는 것은 어딜 가도 잘 붙는 성질을 가지고 있습니다. 부모 탓, 사회 탓, 능력 탓, 지식 탓, 재산 탓…. 눈치조차 채기도 전에 은근슬쩍 달라붙어서 핑계처럼 들리지도 않게 교묘하게 자신을 숨기는 능력을 가지고 있죠.

여기, 그러한 '탓'을 과감하게 깨부수고 "I Can do anything"을 외치는 듯한 한 사람이 있습니다. 바로 이 책의 저자 김순복 씨입니다.

가난했던 어린 시절, 짧은 학력, 이미 중년에 들어선 나이, 뒷바라지를 해야 할 가족이 있는 삶…. 그 모든 장애물들, '탓'이 될 수 있는 환경들을 거뜬히 제치고 원하는 삶을 살아가고 있는 그녀의 모습은 모든 이들에게 귀감이 될 만합니다.

목표를 향해 달리며 꿈을 동력 삼아 인생을 불태우는 그녀의 거침없는 행보는 "나도 저렇게 되고 싶다"는 강력한 동기부여를 해 주며 그녀의 말에 귀를 기울이게 합니다. 인간이 마음만 먹는다면 무엇이든 해낼 수 있다는 것을 직접 보여 주는 그녀의 삶!

"아픔의 수렁 속에서 미친 듯이 발악하며 발버둥 쳐 본 적이 있는가?"

조개에서 진주가 만들어지는 데 5~10년이 걸립니다. 이물질과 끊임없이 사투를 벌이며 인고의 세월 속에서 영롱한 진주를 만들어 냅니다. 무엇인가를 견디기 위해 애쓰고 몸부림쳐 본 사람은 상처가 깊은 영혼에서 삶의 깊이가 느껴집니다.

책 속의 이 말이 깊숙이 와닿습니다. 과연 그렇지요. 고통 없이 피는 꽃이 어디 있겠습니까? 고통을 인내하는 자에게 성과가 값진 법입니다. 치열하게 인생을 살아내지 않으면 안 된다는 뜻이기도 합니다. "나에게 왜 이런 일이?"라고 말하며 시련 속에서 허우적거리며 속수무책으로 당한다는 느낌에서 벗어나지 못한다면 행복은 가까이 다가오지 않습니다. '벼랑 끝에 활주로가 있듯'이 우리는 나아가야만 합니다.

서른아홉이라는 나이에 뒤늦게 학업을 재시작하여 현재 명강사가 되어 많은 이들에게 영감을 주고 있는 그녀! 그녀가 지금껏 이룩한 성과들을 보고 있으면 과연 향후 10년 안에는 또 무엇을 이룰 수 있게 될 것인가 궁금해하지 않을 수 없게 됩니다. 분명한 것은 그녀의 행로를 통해 많은 이들이 영향을 받아 함께 무럭무럭 자라나는 나무가 될 것이라는 사실입니다.

자신의 인생뿐만 아니라 다른 이들의 삶에도 밝은 빛을 비추는 그녀를 통해 많은 사람들의 행복에너지가 팡팡팡!! 터져 나오길 기대합니다! 우리 모두 인생이라는 텃밭을 잘 일구어 아름다운 열매를 맺을 수 있기를 진심으로 기원하겠습니다. 여러분이 주인공입니다!

사랑으로 핀 꽃

박필령 지음 | 값 15,000원

유방암 4기를 극복하고 새로운 삶을 살고 있는 시인의 시 전반에 깔린 정서는 삶에 대한 축복과 애정이다. 기교 없이 단순하면서도 우아하고, 소박하면서도 마음에 포근히 꽂힌다. 시인은 우리의 삶에서 한결같이 아름답게 불려지는 사랑과 꽃에 대하여 노래한다. 봄기운처럼 얼음물을 녹이는 사랑과 작지만 온 우주를 품은 듯 충만한 꽃, 미소 하나로 작은 위로가 되기를 바라는 마음 등 결코 가볍지 않은 주제를 충분히 녹여낸다.

행복한 삼식이의
소소한 생활이야기

문삼식 지음 | 값 20,000원

저자가 살아온 세월 속에서 유달리 짓궂은 장난끼를 품고 불쑥 옆구리를 푹 찌르던 삶의 순간들을 맛깔스런 필치로 솔솔 풀어낸 수필집이다. 어디로 튈지 알 수 없으나 그만큼 짜릿하고, 다툼이 있어도 그 또한 해학적 망원경으로 들여다볼 수 있으며, 아찔한 경험마저도 킥킥거리며 회상할 수 있는 인생의 단면이 느껴지는 글이기도 하다. 짤막하지만 깊은 웃음을 담고 있는 단편들을 통해 즐겁고 유쾌하게 인생의 참맛을 뒤돌아볼 수 있을 것이다.

알 수 없는 라오스
몰라도 되는 라오스

우희철 지음 | 값 25,000원

한국-라오스 수교 25주년을 맞아 발간된 이 책에서 저자는 라오스에 7년간 거주하며 느끼고 생각한 것들을 솔직하게 이야기한다. 라오스의 독특한 문화에 한국인으로서 적응하기 어려운 면을 솔직하게 토로하면서도 라오스라는 땅과 사람들에 대한 가장 인간적인 애정 역시 숨기지 않는다. 아직은 우리에게 낯선 나라인 라오스의 종합적인 면모를 편견 없이 느낄 수 있는 신(新)인문지리서라 할 만하다.

이것이 진정한 서비스다

이경숙 | 값 20,000원

직무를 막론하고 '서비스 정신'이 '필수 요소'로 불리는 지금 이 시대, 버스, 택시 운전기사들에게 요구되는 서비스 정신에 대해서 자세히 다루고 있는 책이다. 버스, 택시 운전승무원들의 자존감을 높여 주는 한편 친절한 서비스 정신은 정확히 무엇이며, 어떻게 승객을 대해야 할지, 그리고 기사와 승객 모두가 행복해지는 win-win의 방법은 무엇인지 자세하게 망라하고 있는 것이 특징이다.

장기표의 행복정치론

장기표 지음 | 값 16,000원

2017년 발간된 『불안 없는 나라, 살맛나는 국민』의 개정판인 이 책은 전 인류의 문제를 해결하기 위해서 과거의 생산—소비적 관점을 과감히 포기하고 '자아실현'이라는 새로운 관점에서 인간의 행복을 정의해야 한다고 이야기한다. 특히 이윤 추구가 아닌 자아실현을 목표로 하는 시장경제와 그에 걸맞은 사회보장제도를 기반으로 하는 녹색사회민주주의를 주장하는 대목은 노동운동, 민주화운동의 선봉장 역할을 했던 저자의 경륜을 느낄 수 있다.

이승만의 나라 김일성의 나라

박요한 지음 | 값 25,000원

이 책 『이승만의 나라 김일성의 나라』는 이렇게 역동적이면서도 다양성이 강한 대한민국의 근현대사를 하나로 정리하기 위한 맥(脈)이자 구심점으로 대한민국의 초대 대통령, 우남 이승만 박사를 제시한다. 또한 저자 박요한 박사는 이승만 전 대통령을 중심으로 한 대한민국 근현대사 분석을 확장하여 현재 남한, 북한, 미국, 중국, 일본, 러시아 등을 둘러싸고 복잡다기하게 전개되고 있는 동아시아 외교 관계를 분석, 정리한다.

아름다운 만남, 새벽을 깨우다

장만기 외 59인 지음 | 값 25,000원

이 책 '아름다운 만남, 새벽을 깨우다'는 한국인간개발연구원 창립 45주년을 맞아 연구원을 통해 새로운 인연을 맺고, 자신은 물론 뜻을 같이하는 사람들과의 연결과 발전을 경험한 60명 저자의 인생과 생각, 그리고 시대정신이 담긴 책이다. '인간개발연구원'이라는 이름 아래 모인 다양한 성별, 연령, 직업, 생각을 가진 사람들의 글을 통해 인간개발연구원이 지향하는 사회 비전과 선한 영향력을 한껏 느낄 수 있을 것이다.

조합의 건강이 농어촌의 미래다

정운진 지음 | 값 20,000원

본 도서는 농촌조합에서 근무한 경험을 바탕으로 저자가 느낀 조합의 폐단과 문제점을 생생하게 기록하면서 어떻게 하면 이를 개혁할 수 있을지 역설하고 있다.

잇따라 드러나고 있는 조합의 폐단에 대한 근본적 해결을 위해 전문경영인에게 실질적인 경영을 맡겨야 한다는 게 이 책의 핵심 주장이다. 또한 산재한 각종 단체의 통합과 조합의 농어촌 컨트롤 타워 기능 회복을 통해 농어촌의 발전 청사진을 제시하고 있다.

경찰을 말하다

박상웅 지음 | 값 17,000원

우리가 미처 몰랐던 경찰 세계에 대한 방향을 제시해 주는 책인 동시에 한때 경찰이었던 저자가 통렬하게 느끼는 자기반성이 담겨있는 책이다. 사회정의의 최전선을 지키는 일선 경찰들의 애환을 그들의 시선에서 보는 한편 '민중의 지팡이'가 민중에게 외면 받는 현실을 환기하고 개선을 촉구한다. 하지만 무엇보다 이 책이 소리 높여 말하고 있는 것은 현장을 지키는 경찰관들에게 가장 불합리한 경찰조직의 근본적 개혁이다.

규소의 강력한 힘과 그 의학적 활용

선재광, 이시형 지음 | 값 17,000원

독일, 일본 등지에서는 이미 건강을 지키는 중요한 미네랄의 일부로 받아들여지고 있으나 국내에서는 아직 생소한 '수용성 규소'의 존재와 그 효과를 알려주고 있는 책이다. 일본, 영국에서 규소수의 보조적 활용을 통해 난치병 환자를 치료한 사례와 함께 저자 선재광 한의학 박사가 직접 고혈압, 고지혈증 등의 환자들을 대상으로 규소수를 활용한 사례 등이 눈길을 끈다.

하루 5분 나를 바꾸는 긍정훈련
행복에너지

'긍정훈련'당신의 삶을 행복으로 인도할 최고의, 최후의'멘토'

'행복에너지
권선복 대표이사'가 전하는
행복과 긍정의 에너지,
그 삶의 이야기!

인터파크
자기계발 분야 주간
베스트 1위

권선복 지음 | 15,000원

권선복

도서출판 행복에너지 대표
지에스데이타(주) 대표이사
대통령직속 지역발전위원회
문화복지 전문위원
새마을문고 서울시 강서구 회장
전 팔팔컴퓨터 전산학원장
전 강서구의회(도시건설위원장)
아주대학교 공공정책대학원 졸업
충남 논산 출생

책『하루 5분, 나를 바꾸는 긍정훈련 - 행복에너지』는 '긍정훈련' 과정을 통해 삶을 업그레이드하고 행복을 찾아 나설 것을 독자에게 독려한다.

긍정훈련 과정은 [예행연습] [워밍업] [실전] [강화] [숨고르기] [마무리] 등 총 6단계로 나뉘어 각 단계별 사례를 바탕으로 독자 스스로가 느끼고 배운 것을 직접 실천할 수 있게 하는 데 그 목적을 두고 있다.

그동안 우리가 숱하게 '긍정하는 방법'에 대해 배워왔으면서도 정작 삶에 적용시키지 못했던 것은, 머리로만 이해하고 실천으로는 옮기지 않았기 때문이다. 이제 삶을 행복하고 아름답게 가꿀 긍정과의 여정, 그 시작을 책과 함께해 보자.

『하루 5분, 나를 바꾸는 긍정훈련 - 행복에너지』